挺經

以盖世之功而能安然进退的
为人为官之道

曾国藩 著

当代世界出版社

图书在版编目(CIP)数据

挺经 /(清)曾国藩著. —北京：当代世界出版社, 2012.5

ISBN 978-7-5090-0829-4

Ⅰ.①挺… Ⅱ.①曾… Ⅲ.①曾国藩(1811~1872) -谋略 Ⅳ.①K827=52

中国版本图书馆 CIP 数据核字(2012)第 065896 号

书　　名：	挺经
出版发行：	当代世界出版社
地　　址：	北京市复兴路4号（100860）
网　　址：	http://www.worldpress.com.cn
编务电话：	(010)83907332
发行电话：	(010)83908410（传真）
	(010)83908409
经　　销：	全国新华书店
印　　刷：	北京军迪印刷有限责任公司
开　　本：	710毫米×1000毫米　1/16
印　　张：	21
字　　数：	230千字
版　　次：	2012年6月第1版
印　　次：	2012年6月第1次
印　　数：	1~8000册
书　　号：	ISBN 978-7-5090-0829-4
定　　价：	35.00元

如发现印装质量问题，请与承印厂联系调换。
版权所有，翻印必究，未经许可，不得转载！

前　言

　　曾国藩（1811—1872年），字伯涵，号涤生，湖南省长沙府湘乡县人，是中国近代史上一位引人注目的人物。

　　曾国藩幼年资质平常，23岁取秀才，次年以第36名中举，而后两次会试不第，直到28岁才以三甲第42名得到进士的身份。幸运的是，他在随后的朝考中成绩很好，得到翰林院庶吉士的职位，从此十年七迁，做到礼部侍郎，成为二品高官。

　　如果仅仅如此，那么曾国藩不过就是中国历史上比较成功的官僚之一罢了，然而晚清社会内忧外患接踵而至的动荡环境给了他更为广阔的舞台。在为母守丧丁忧期间，他依靠师徒、亲戚、好友等复杂的人际关系编练了一支地方团练，称为湘勇，并在此基础上发展出一支颇有战斗力的军队，成为镇压太平天国起义的具有决定性的力量。曾国藩因此受封一等勇毅侯，成为清代以文人而封武侯的第一人，官至两江、直隶总督，武英殿大学士，死后谥"文正"，获得了清代文臣最高的殊荣。能够以书生而克平世乱，戎马倥偬间亦为学不倦，并把学问事业均磨炼成功之人可谓极少，而曾国藩居其一。他在清王朝由盛转衰的过程中，以一介儒生力挽狂澜，成为"中兴第一名臣"和时人推崇的"末世圣人"。

在晚清江山社稷外侵内倾，摇摇欲坠的情况下，曾国藩何以能用一批曾经酸腐的文人和一群老实得近乎呆滞的乡民而精练一旅，荡平由杰出的军事将领石达开、李秀成等统领的太平军，孤军合围、攻破天京，以汉臣而成满清朝廷中的"国之藩篱"？在交相倾轧、嫉贤妒能的黑暗官场，面临功高震主之祸，曾国藩何以能安然躲过兔死狗烹之劫而化大难于无形，不仅保存了自己，还使整个家族及其弟子余泽不尽？在西方列强步步进逼、威胁华夏民族主权的压力下，曾国藩又何以能因势利导、首倡洋务，揭开中国近代化的序幕？解开这些谜底的钥匙，便是一部《挺经》。

曾国藩的孙女婿吴永在所著《庚子西狩丛谈》中提到，一次李鸿章与其闲谈时说，我老师的秘传心法，有十八条"挺经"，这真是精通造化、守身用世的宝诀。我试讲一条与你听：

一家子，有老翁请了贵客，要留他在家午餐。一早就吩咐儿子，前往市上备办肴蔬果品，但时已过巳，尚未还家。

老翁心慌意急，亲至村口看望，见离家不远，儿子正挑着菜担，在水塍上与一个挑京货担子的人对峙着，彼此皆不肯让。老翁赶上前婉言曰："老哥，我家中有客，待此就餐。请你往水田里稍避一步，待他过来，你老哥也可以过去，岂不是两便吗？"

其人曰："你叫我下水，怎么他下不得呢？"

老翁曰："他身子矮小，站在水田里，恐怕担子会浸湿，坏了食物；你老哥身子高大些，可以不至于沾水。因为这个理由，所以请你避让的。"

其人曰："你这担内，不过是蔬菜果品，就是浸湿，也还可将就用的；但我担中是京广贵货，万一进水，便是一文不值，安能叫我让避？"

老翁见劝让不过，乃挺近就曰："来来，然则如此办理：待我老头儿下了水田，你老哥将货担交付于我，我顶在头上，请你空身从我儿旁边岔过，再将担子奉还，如何？"当即俯身解袜脱履。

其人见老翁如此，过意不去，曰："既老丈如此费事，我就下了水田，让尔担过去。"当即下田避让。

他只挺了一挺，一场争执就此消解。这便是《挺经》中开宗明义第一条。

李鸿章说完，吴永觉得"意用何在，亦殊不甚明白"，后来冥思苦想，觉得这是说"大抵谓天下事在局外呐喊议论，总是无益，必须躬自入局，挺肩负责，乃有成事之可冀"之意。究竟是不是这个意思呢？后人不得而知。不得而知的原因，是曾国藩根本就没留下这么一本书！或者是仅仅有腹稿，或者是还有草稿，但未及誊录，曾国藩便去世了，书稿就没有传下来。

不过曾国藩的好友欧阳兆熊在《水窗春呓》里面写了不少关于曾国藩的史事。他说曾国藩"尝自称欲著《挺经》，言其刚也"。可见曾国藩有"挺经"心法，则当是确实的，而且似乎只和他最得意的弟子李鸿章谈论过详细的内容。

所谓"挺"，首先是发一谋，举一事的咬牙坚挺决心。曾国藩说："困心横虑，正是磨练英雄，玉汝于成。李申夫尝谓余伛气从不说出，一味忍耐，徐图自强。因引谚曰：'好汉打脱牙，和血吞。'此二语，是余生平咬牙坚挺之诀。"这是讲事功经验。要做成一件事就得横下一条心，不达目的不罢休，决不放弃，决不中途动摇。

但这仅仅是"外修成事"，而《挺经》真正的要义在"内修成人"，须将"正其德而修其身，蓄其气而长其志"作为每日功课，与孔、孟、墨、韩等古圣哲相通，刻刻用心，处处在意，才能修得一身正气，八面融通。而虚伪狡诈之人，则不可能承担天下兴亡，至多是"欺世之豪杰"，又如何能"挺膺负责"？

曾国藩曾评价门下子弟李鸿章和俞樾说:"李少荃拼命做官,俞荫甫拼命著书。"做官著书,不过是事功。李、俞二人把精力都用在了成就事功上,内修上德的机会自然就少了。这两个经常受曾国藩耳提面命、潜移默化的弟子都不能体悟"内挺"之道,旁人恐怕就更加难以企及。或许正因为曾国藩看透了这一点,便没有将《挺经》成书的强烈意愿。因为写出来,人们也未必看得懂,大多数人不过就像吴永那样曲解其义罢了。

本书根据李鸿章所述的"挺经"十八条提纲,从曾国藩诸多籍典著作中辑佚整理出若干精绝之言,以论为经,以事为纬,编成《挺经》十八章。希望读者可以以此窥探曾氏"挺"之奥义,了然于"精通造化,守身用世"的秘诀所在。

目 录

内圣第一

功修于内,发之于外;修己治人,秉鞭牧民。《内圣》乃《挺经》开篇,言主敬身强、坚挺拔俗之道。

一 内圣四端 2
二 君子慎独 7
三 修己四语 13

砺志第二

君子施仁,坚卓其志;帅以之气,贞之以恒。《砺志》乃《挺经》二章,言砥砺精进、峥嵘雄快之道。

一 君子立志 20
二 明理为先 26
三 行之有恒 31

家范第三

绵绵瓜瓞,薪火相继;光耀门楣,家范居先。《家范》乃《挺经》三章,言族门挺盛、源远流长之道。

一 八字八本 38

| 二 致败之由 | 43 |
| 三 孝友为家 | 49 |

明强第四

明者智也,强者勇也;明者鉴人,强者制人。《明强》乃《挺经》四章,言智勇兼备、纵横自在之道。

一 学问求明	56
二 明强为本	62
三 强于自修	68

坚忍第五

刚毅为坚,矢志为忍;壁立千仞,大海潮音。《坚忍》乃《挺经》五章,言竖起骨头、竭力撑持之道。

一 坚忍卓绝	74
二 浑厚不露	80
三 力撑穷骨	86

刚柔第六

过柔则糜,过刚则折;去忿养体,存强励志。《刚柔》乃《挺经》六章,言刚柔互济、日进无疆之道。

一 刚柔互用	94
二 降龙伏虎	100
三 强愎有别	106

英才第七

养育英才,担当大事;国之栋梁,业之根本。《英才》乃《挺经》七章,言擢拔简汰、陶铸英才之道。

一 得才适用 …………………………………… 114
二 忠耿难得 …………………………………… 121
三 磨炼生才 …………………………………… 126

廉矩第八

权贵之门,奔竞之风;繁文缛节,伤廉损明。《廉矩》乃《挺经》八章,言礼崇俭约、廉以生威之道。

一 廉吏难为 …………………………………… 132
二 君子守礼 …………………………………… 138
三 崇俭养廉 …………………………………… 143

勤敬第九

勤能补拙,敬能生明;勤敬而治,大道之行。《勤敬》乃《挺经》九章,言兢业克勤、贯注全神之道。

一 为治有术 …………………………………… 150
二 勤谦守身 …………………………………… 156
三 苦懊思遁 …………………………………… 162

诡道第十

兵者不祥,非贤不用;战者不定,非圣不明。《诡道》乃《挺经》十章,言兵家诡计,出奇制胜之道。

一 仁礼带军 …………………………………………… 170
二 兵为阴事 …………………………………………… 176
三 用兵如文 …………………………………………… 181

久战十一

蓄养锐气,观衅而动;且挺且韧,终奏全效。《久战》乃《挺经》十一章,言且挺且韧、蓄养锐气之道。

一 久战之道 …………………………………………… 188
二 浪战为忌 …………………………………………… 193
三 气不可竭 …………………………………………… 198

廪实十二

勤俭自持,百度修明;为商谋利,斯流不息。《廪实》乃《挺经》十二章,言内自奋发、徐图国强之道。

一 勤俭自持 …………………………………………… 206
二 君子言利 …………………………………………… 211
三 商战立国 …………………………………………… 215

峻法十三

　　重刑连罪,民不敢试;剜其腐肉,以生其新。《峻法》乃《挺经》十三章,言乱世重典、礼义并彰之道。

一　峻法为治 …………………………………… 222
二　简汰劣赢 …………………………………… 228
三　宽严兼全 …………………………………… 233

外王十四

　　万里缩地,天涯比邻;西力东渐,澎湃奔腾。《外王》乃《挺经》十四章,言师夷之智、博采众长之道。

一　自立自强 …………………………………… 240
二　据物为己 …………………………………… 244
三　自强之本 …………………………………… 249

忠疑十五

　　信而见疑,忠而被谤;廓然大公,乾坤朗朗。《忠疑》乃《挺经》十五章,言危身奉上、守己无求之道。

一　君子立身 …………………………………… 256
二　守一不贰 …………………………………… 262
三　尽性知命 …………………………………… 267

荷道十六

文以载道,民胥以效;鼓动存辞,达于政事。《荷道》乃《挺经》十六章,言因文明理、旁通无涯之道。

一 文章之道 ……………………………………… 274
二 文出精远 ……………………………………… 279
三 道多文醇 ……………………………………… 284

藏锋十七

穷则独善,达则兼济;收放有度,进退裕如。《藏锋》乃《挺经》十七章,言君子藏器、待时而动之道。

一 屈伸之道 ……………………………………… 290
二 君子退藏 ……………………………………… 296
三 英雄恭谨 ……………………………………… 301

盈虚十八

日中则昃,月盈则亏;福不多享,势不使尽。《盈虚》乃《挺经》结末,言势不尽同、善始善终之道。

一 人恒有缺 ……………………………………… 308
二 持盈保泰 ……………………………………… 315
三 惜福节势 ……………………………………… 321

内圣第一

古之欲明明德于天下者,先治其国,欲治其国者,先齐其家;欲齐其家者,先修其身;欲修其身者,先正其心;欲正其心者,先诚其意;欲诚其意者,先致其知,致知在格物。物格而后知至,知至而后意诚,意诚而后心正,心正而后身修,身修而后家齐,家齐而后国治,国治而后天下平。自天子以至于庶人,壹是皆以修身为本。

——《礼记·大学》

一　内圣四端

【原典】

细思古人工夫，其效之尤著者，约有四端：曰慎独则心泰，曰主敬则身强，曰求仁则人悦，曰思诚则神钦。慎独者，遏欲不忽隐微，循理不间须臾，内省不疚，故心泰。主敬者，外而整齐严肃，内而专静纯一，斋庄不懈，故身强。求仁者，体则存心养性，用则民胞物与，大公无私，故人悦。思诚者，心则忠贞不贰，言则笃实不欺，至诚相感，故神钦。四者之功夫果至，则四者之效验自臻。余老矣，亦尚思少致吾功，以求万一之效耳。

【释文】

仔细考察古人所下的工夫，其中成效特别明显的大约有四个方面：谨慎独处，就会心胸安泰；端肃恭敬，就会身体强健；追求仁义，人们就会心悦诚服；专守诚意，神灵也会钦敬他。所谓"慎独"，就是遏制自己的私欲，连非常隐蔽、微小的方面也不放过，循理而行，时时如此，内省而无愧，所以心里坦然。所谓"主敬"，就是仪容整齐严肃，内心思虑宁静专一，稳重端庄而不懈怠，所以身体强健。所谓"求仁"，就是从本性上能保养心性，从运用上要有爱民惜物的胸怀，大公无私，所以人们悦服。所谓"思诚"，就是内心坚贞无贰，言语笃实无欺，以致诚与万物感应，所以神灵也钦服。如果真能达到上述四方面的修身功夫，这四种效验就自然而至。我虽然老迈，但还想略微用功于此，以求万一能有效果。

【要义】

"内圣"之说，最早见于《庄子·天下篇》："圣有所生，王有所成，

皆原于一。"此即"内圣外王之道"。"内圣"是一种人格理想，它表现为："不离于宗，谓之天人，不离于精，谓之神人；不离于真，谓之至人。以天为宗，以德为本，以道为门，兆于变化，谓之圣人，以仁为恩，以义为理，以礼为行，以乐为和，熏然慈仁，谓之君子。"通俗地讲，"内圣"就是修身养德，要求人做一个有德性的人。一个人无论是读书从政，还是做工种田，亦或是经商做学问，都离不开他修身养性程度的高低和掌握的好坏。古往今来，凡是能够成就大事之人，无不具备一定的素质，因此要在修身方面下工夫。

《论语》有云："其身正，不令而行；其身不正，虽令不从。"也就是说，只要自己的行为端正，就算不下任何命令，部下也会遵从，如果自己的行为不端正，那么无论制定什么政策规章，部下也不会遵从的。不管什么时候，这个原则都是领导者必须牢记在心的。因为领导者的一举一动都受到部下的注意，在这种情况下，如果能以适宜的态度或行动出现在部下面前，就会立刻影响到部下的士气，如此一来，组织就会更加牢固。

内圣而谦虚的态度，是唐太宗受后世景仰的原因之一。唐太宗曾对众臣说："有人说当了皇帝就是得到了最崇高的地位，没有任何畏惧了。事实上，我却是常怀着畏惧之心，倾听臣下的批评与建议，一向以谦虚的态度处理政事。倘若因为自己是一国之君，就不肯谦恭而以自大的态度来对待臣下，那么一旦行事偏离正道时，恐怕就再没有能够指正过失的人了。当我想说一句话，做一件事的时候，必定先想一想如此一来是否顺了天意？同时也要自问有没有违反了臣民的意向。为什么呢？因为天子是那样高高在上，对底下的事一目了然，而臣民们对君王的一举一动十分注意，所以我不仅要以谦虚的态度待人，更要时时反省自己的一言一行是否顺应天意与民心。"

唐太宗李世民

这时旁边的魏徵接着说："古人说过'靡不有初，鲜克有终'。有好的开始并不一定能有好的结束。但愿陛下常怀畏惧之心，畏惧上天及人民，且谦虚待人，严格地自我反省。如此一来，吾国必能长保社稷，而无倾覆之虞了。"

一次，大臣们向唐太宗上奏："自古以来有所谓'夏之月可以居台榭'，现在夏天的酷暑仍未消退，秋季的长雨又将来临，宫中湿气太重，恐怕对陛下身体不太好。希望陛下马上建筑高殿。"

对皇帝来说，造一座宫殿简直如吃家常便饭，但是唐太宗却婉言拒绝了大臣们的好意："诚如各位所知，朕患有神经痛，这种疾痛若长年处于湿气重的地方当然不好。但是造一座宫殿需要一笔数目庞大的费用，从前汉文帝打算营造宫殿时，发现需要的费用相当于十户普通人家的资产，便打消了这个念头。虽然和汉文帝相比，我的德行远远不及，但所需的费用却要多得多，这不正是身为百姓父母的天子失职的地方吗？"

大臣们再三要求，唐太宗仍执意不肯。

唐太宗率先努力端正自己的行为，虽然已经十分努力了，但他仍然怀疑自己是不是做得不够彻底。有一次，他向魏征表示这种不安："我一直努力端正自己的行为，但是不管怎么努力，也及不上古代的圣人，因此不得不担心自己是否会受到世人嘲笑。"

魏征听后安慰他："从前鲁哀公曾告诉孔子：'有一个健忘的男子，在搬家的时候连自己的太太都给忘了。'孔子听后回答说：'不，还有更严重的呢。像桀和纣等暴君不要说自己的太太，甚至连自己都忘了呢。'陛下千万不要连这个都忘了，只要能时时留心自己本身，这样做至少不至于受到后世子孙的嘲笑。"

由此观之，如果领导者能够率先做出表率，修正自己的行为，那么部下才会群起效法，端正自己的品格行为。

曾国藩在研习内圣之法时，提出了慎独、主敬、求仁、思诚这四种最具效验的方面，并说明由此能达到心泰、身强、人悦、神钦的效果。

慎独，就是一个人在无人独处的时候，对自己的行为要加以检束。自修之道，最难的就是养心。能够做到慎独，就可以内省不疚，可以对天地、质鬼神，可以泰然处之，可以快乐、满足、欣慰、平静。曾国藩对儿子曾纪泽、曾纪鸿提出全面的修身养性的要求，其中第一条就是慎独。

敬，就是严肃认真。曾国藩对"敬"字还有一番特别的体验。朱熹是居敬而穷理，曾国藩是主敬则身强。他认为，恭恭敬敬就能强身健体，他常常感到，一天不敬不静，就会疲劳困乏。他说："庄重恭敬日益强大，安逸放纵则日益减少，这是很自然的事情。如果无论人多人少，不管事大事小，一一恭敬，不敢怠慢，那么身体之强健，是毫无疑问的。"

仁，是儒家思想的核心。孔子曰："己欲立而立人，己欲达而达人。"孟子云："取人为善，与人为善。"都是"仁"的表现。曾国藩说："我欲足以自立，则不可使人无以自立；我欲四达不悖，则不可使人一步不行，此立人达人之义也。"凡是一个严以律己的人，没有不待人忠恕的。人和人之间的冲突，不过是为了利害关系，一个严以律己的人，一定能把权利看得很轻，欲望看得很薄，在人与人交接中，他决不会待任何人有什么过度的苛求了。正如《诗经》中所说："自西自东，自南自北，无恶不服。"

"仁"的意思是爱，爱己、爱人、爱物，便合成为仁。曾国藩在《王船山遗书序》中说："昔仲尼好语求仁，而雅言执礼；孟子亦仁、礼并称，盖圣王平物我之情而息天下之争，内之莫大于仁，外之莫大于礼。"内圣心法的精髓都在这段话中体现出来了。对内有了仁爱心，对外有了平等心，就可以"平物我之情而息天下之争"。这是成人成事的根本智慧、大本之源。

孔子。儒家学说发扬了"仁"的思想

"仁"字是由"二"和"人"两个偏旁组合的。"二人"既是"你和我",合起来就是一个字。拆开来就你是你、我是我,那就不成其仁,而成其"独"了。"独"是"仁"的对立面。独占、独断、独揽、独霸、独吞、独享等等,这都是不仁之举,是不正确的解决方案。世界上一切问题都可以在"你和我"之间解决,小至一个家庭或家庭之间,中至一个团体或团体之间,大至一个国家或国与国之间,无不可用仁爱之心在"你和我"之间找出解决方案。尊重与被尊重,关爱与被关爱,信任与被信任,感动与被感动,人心互换,交互感应都属于"你和我"合而为一的"仁"。这是良性互动方案。反之,则是恶性循环。

值得特别注意的是,"欲立立人、欲达达人"与"善有善报、恶有恶报"是不同的。一个"欲"字就把这种区别分得清清楚楚。善有善报是事后评价;而欲立立人是事前动机,即方向、出发点,它不包括事后评估。不管这件事结果如何,对方的回应如何,我的动机、我的出发点是好的、仁爱的、善意的,而不是坏的、邪恶的、损人的,这就是难能可贵的求仁之念了。

忠诚,不仅对人,也对事。对人忠诚是有信,对事忠诚是有恒。朱熹说:"人不忠信,则事皆无实,为恶则易,为善则难,故学者必以是为主焉。"人只有诚,并且通过诚,才能认识自己的真实本性,也才能认识其他人的本性以及整个世界的本性。

曾国藩生在湖南山间,亢直的个性,使得他去"伪"而崇"拙。""诚拙"的态度,非但帮助他事业的成功,并且能变化他人的气质。李鸿章是他的学生,其才气被曾国藩所赏识,并且自以为所不及,但他那种江南人的虚伪性,远非朴质的曾国藩所能看得过。他看出李鸿章的才干可用,而浮巧为其弱点,所以当李鸿章第一次进入曾国藩幕府时,曾国藩便拿出他的"内圣"之法,磨砺起学生来。后来李鸿章的功业,未尝不是老师一番苦心所造成。

曾国藩以"内圣"法行世,深得古代圣贤之精髓和开明君王的治世之道。以经时济世的儒家礼学为依托,他的人格修养、道德学问自有特殊的造诣,绝不是当时一般的文官所能比拟的,因而被同时代的人称为"圣相"。

二　君子慎独

【原典】

尝谓独也者，君子与小人共焉者也。小人以其为独而生一念之妄，积妄生肆，而欺人之事成。君子懔其为独而生一念之诚，积诚为慎，而自慊之功密。其间离合几微之端，可得而论矣。

盖《大学》自格致以后，前言往行，既资其扩充；日用细故，亦深其阅历。心之际乎事者，已能剖析乎公私，心之丽乎理者，又足精研其得失。则夫善之当为，不善之宜去，早画然其灼见矣。而彼小人者，乃不能实有所见，而行其所知。于是一善当前，幸人之莫我察也，则趄焉而不决。一不善当前，幸人之莫或伺也，则去之而不力。幽独之中，情伪斯出，所谓欺也。惟夫君子者，惧一善之不力，则冥冥者有堕行；一不善之不去，则涓涓者无已时。屋漏而懔如帝天，方寸而坚如金石。独知之地，慎之又慎。此圣经之要领，而后贤所切究者也。

【释文】

所谓"独"这个东西，是君子与小人共同拥有的。小人认为自己是独自一人时，往往会产生非分的想法，非分之想积聚到一定程度就会肆意妄为，欺负别人的坏事就会发生。君子担忧自己是单独一人时，会产生真诚的意念，真诚的意念积聚多了就会谨慎处事，而唯恐自己有错，管束的功夫就下得多。君子、小人在单独处事上的微妙差异，是可以加以评论的。

《大学》讲"格物致知"，自穷究事物的原理而获得知识以后，过去的言行可以作为开阔眼界充实知识的资料；日常生活中的琐碎问题，也可以加深个人的阅历与识见。君子在遇到事情的时候，已经能剖析公与私的区

别；在联系道理的时候，又可以充分精辟地研究事理的得失。那么对于善事应当去做，不善之事不应去做，早已形象鲜明地认识到了。而那些小人，却不能有实在的见识，而去实行他所知道应做的事。因此当眼前有一件好事需要办时，唯恐别人不知道，因而去做时迟疑不决；对于一件不好的事，心存侥幸，以为别人可能窥视不到，因而改正得很不力。背地里独处之时，弄虚作假的念头就产生了，这就是欺骗。而君子，唯恐一件善事办得不力，在暗中有堕落的行为；唯恐一个坏毛病改正不了，就会像涓涓细流一样长年不断地犯错。暗室之中懔然不动仿佛面对天日，心里坚如金石。在只有自己知道的地方单独行事，而慎之又慎。这就是圣人经典中的准则，而为后世贤人所切实探究。

【要义】

人在大部分时间是一个人独处，心理活动基本上属于他一个人，与人交心谈心的时候是极少的，况且人在交谈时除了他所要表达的，还有他没有表达的，这没有表达的就是他自己的内心活动，说的与想的常常并不是一回事。所以人的内心世界是非常隐秘、难于觉察的。所谓"知人知面不知心"，有些想法他不告诉别人，别人是无法知道的。交谈是如此，何况一个人独处呢？说人心叵测道理就在于此：人的心理简而言之就处于一种独处的状态。正是因为人的心理具有这种隐秘性，《大学》才讲"诚意"，有诚意才能交流、共事或生活，不然的话，就只能伪饰或欺骗。然而，在生活中谁都不承认自己是不诚实的，即使他真的在欺骗别人，他也要显得是真诚的。他能骗得了别人，可骗不了自己，他是自己真诚的惟一的审判者，所以君子才要"慎其独"。

春秋时候，卫国国君卫灵公正与夫人夜坐闲聊，听到宫外车声阵阵由远而近，车行到宫殿门前的宫阙，声音就停了，过了好一会儿，才又有辚辚车声渐行渐远。

灵公问夫人："你能猜出门外乘车而过的是谁的车队吗？"

夫人回答:"想必是蘧伯玉的车队。"

灵公很奇怪:"为什么一定是他的车队呢?"

夫人解释说:"按照礼的规定,经过君王之门应该下车,见到国君乘坐的马车应凭轼行礼,以免惊扰国君,这是为了显示尊敬之心。真正的君子不会因是白天,众目睽睽之下张扬节操,也不会因天色昏暗就败坏品行。我听说蘧伯玉是卫国有名的贤大夫,仁义而聪慧,事奉国君十分谨慎,这样的人必不以暗昧废礼。所以我猜必是蘧伯玉。"

灵公派人出去探个究竟,果然不出夫人所料,这个人正是蘧伯玉。

卫灵公

蘧伯玉的言行赢得国君的承认和尊重。而他这种在无人监督的情况下还严格按照规矩办事的处世原则也影响了后人。综观曾国藩的一生,他的"克己慎独之学"从不稍懈,坚持终身。这也使他在困窘潦倒时坚而不拔,在功成名就时谦而不傲,使他学识渊博,为人清正,终身廉洁,晚节纯粹。

曾国藩又认为,"慎独"是立诚主敬的集中表现。只有自慎无欲,才能静,故"慎独则心安"。

《中庸》说:"道也者,不可须臾离也,可离非道也。是故君子戒慎乎其所不睹,恐惧乎其所不闻。莫见乎隐,莫显乎微,故君子慎其独也。"在古代,"慎独"是一种流行的内圣修养方法。内圣的道德原则是一时一刻也不能离开的,要时刻检点自己的行动,警惕是否有什么不妥的言行而自己没有看到,害怕别人有什么意见而自己没有听到,因此,一个有道德

挺经

的人在独自一人、无人监督时，总是小心谨慎地不做任何不道德的事。坚持慎独就是要每时每刻都不能放松在"隐"和"圣"上下工夫，即有人在场和无人在场都是一个样，不允许有任何邪恶性的念头萌发，才能防微杜渐，使自己的道德品质高尚。慎独修养的方法，实质就是提倡高度的自觉性。

《后汉书》记载了一则"暮夜无知"的故事：

东汉名臣杨震为人非常正直，而且从小就以博学闻名。因不愿意与州郡官员同流合污，所以50岁时才出仕。后来，大将军邓骘听到他的贤名，举荐他为秀才。从此，杨震的才学得以发挥，经过多次升迁，做到了荆州刺史，又转为东莱太守。在去东莱赴任的时候，途经昌邑，正巧昌邑的县令王密是杨震在荆州时候举荐的秀才。

东汉太尉杨震

王密见是老熟人，就在夜里去驿馆拜见杨震，一见面便拿出十斤金子表示感谢。杨震不悦，质问道："故人知君，君不知故人，何也？"这句的意思是，我们是老朋友，我了解你所以才举荐你，你为什么不了解我呢？

王密打圆场说："暮夜无知者。"

岂料杨震说："天知，神知，我知，子知，何谓无知？"

王密无言以对，只好惭愧地离开了。

王密送给杨震金子，并不是贿赂，只不过是为了感谢过去的知遇之恩。王密说"晚上不会有人知道"，就是说"接受了我的礼物也不会有损您的清名"，可是杨震义正词严地提出了"四知"，表示根本不存在无人知道的事情，至少，神灵和当事者本人是知道的。

"四知"使杨震做到俯仰无愧的境界。杨震本人也被称为"慎独"的典范。"暮夜无知"这一典故也世代流传。

清代的思想家吕坤从这则故事中引申说:"暮夜无知,这四个字是百恶之根。"大部分的恶念都是从"反正别人也不会知道"这种侥幸心理中催生的,而无数人的一生都毁于此。

修为内圣者善于控制自己的情感,掌握自己的心境,约束自己的言行。他们无论受到什么刺激,都能保持沉着、冷静,而不产生冲动行为。必要时能节制自己的需要,忍受身心的苦痛和不幸,克制自己各种消极情绪,表现出高度的耐性、纪律性和组织性。

如果想做一个平庸的领导者,也许这种自我节制并不十分重要。但是若想成为一个杰出的领导者,就必须要藉着坚强的意志力,来贯彻自我节制的内圣决心。这个原则不仅是在公的方面,即使在个人生活中也是不可缺少的。

一个慎独功夫深厚的人,他是独立不撼,凛然难犯的,能始终保持自信和人格的尊严。在尊重他的人面前,他宁可卑下;而在卑下他的人面前,他独守自尊。在成功时,即使周围的人一齐喊更上一层楼,他却可以激流勇退,另辟蹊径,不为热浪所吞噬;在失败时,即使周围的人一齐喊逃跑,他却可以从容冷静,独撑危局,挽狂澜于既倒。对别人,他可以不以众人之非为非,而处处以人为是,而不是处处以人为非。对人我关系,他可以不讲前嫌,不听流言,独自思考"我如何对不起别人",而不会天天想"别人如何对不起我"。对世态炎凉、机谋权变,他不会随波逐流,跟着学坏,趋入投机取巧之路,而能独守老实本质,守诚守拙,一味向平实方向努力。

人生下来就是有善性的,每个人都是好人,没有一个人是坏人。人的变坏是善性的失散、灵魂的一时堕落所致。而这种堕落,又是"慎独"失守,一念之妄造成。因此,守住"慎独",就是爱护自己的不二法门。

为达"内圣"的境界,曾国藩在慎独方面着实下了苦功,有"修法十二课":

主敬。衣冠外貌保持整齐,心思神情端正严肃,时时刻刻都要警惕、

检查自己的念头、举止中有无背离义理之处。平日闲居无事的时候宁静安泰，保养德性，一旦投于事务之中则专心致志，不存杂念。精神状态清澈明朗，就如同旭日东升，光彩照人。

静坐。每天不限什么时候，要拿出一定时间用来静坐养性，反省体悟自己天性中隐现的仁义之心。正襟危坐，凝然镇定，如同宝鼎一般沉稳。

早起。天色初亮就赶紧起身，睡醒了就不要再恋床。

读书不二。一本书没有读完时，不要再看其它书籍。东翻西阅随意读书，对自己的道德学问毫无益处。

读史。丙申年购置了一套《二十三史》，自此之后，曾国藩每天都仔细读上十页。

谨言。说话谨慎，对此要时刻注意，这是修身内圣的最重要的工夫。

养气。真气存蓄于丹田之中，彻里彻外光明正大，所做所为毫无羞于对人说之处。

保身。爱护身体，节制操劳，节制欲求，节制饮食，时刻以此作为健体却病的准则。

日知所无。每天读书时将自己的心得记录下来，如果刻意从书中凿空，求取深意，那就是偏私他人。

月无忘所能。不可荒疏旧技能，每月写作几篇诗文，以此检验自己积存义理的多少。

作字。饭后写半时辰的字。所有文字方面的交际应酬，都可以作为练习写字的机会。凡事不可留待第二天去做，事情越积越多，就越难清理。

夜不出门。它使人耽搁正事，精神疲惫，务必戒除。

曾国藩自少年开始就有吸烟和晚起的毛病，后来决心改掉。开始时毛病很顽固，很难改掉。曾国藩视之如大敌，决心彻底克服才肯罢休。他以后能率湘军与太平军作战十余年，与他能改掉长年的陋习是同一种内圣的精神作用。曾国藩在军队里，每天必写日记，读书数页，下围棋一局，终身如此。这正是他克制有节，行之有恒，实为内圣修炼的第一大事。

三　修己四语

【原典】

修己治人之道，止"勤于邦，俭于家，言忠信，行笃敬"四语，终身用之有不能尽，不在多，亦不在深。

古来圣哲胸怀极广，而可达于德者，约有四端：如笃恭修己而生睿智，程子之说也；至诚感神而致前知，子思之训也；安贫乐道而润身睟面，孔颜曾孟之旨也；观物闲吟而意适神恬，陶白苏陆之趣也。自恨少壮不知努力，老年常多悔惧，于古人心境，不能领取一二。反复寻思，叹喟无已。

【释文】

自身修养和治理国家的道理，归根结底是四句话："勤于政事，节俭持家，说话忠信可靠，行事诚实无欺。"话不在于多少也不在于深刻与否，关键是能终身使用，就会受益无穷。

古代圣哲的胸襟十分宽广，而达到至圣大德的，约有四种境界：诚恳谦恭，注重自我修为而萌生出聪明睿智，这是程颢和程颐的主张；诚恳到了极点以至于感动神灵，达到可以生而知之的效果，这是子思的遗训；安于贫穷的境遇，乐于奉行自己信仰的道德准则，所以身体健康面无忧色，这是孔子、颜回、曾参、孟轲的宗旨；欣赏自然的美妙，吟诗作赋，所以意态闲适神色恬然，这是陶渊明、白居易、苏轼、陆游的人生乐趣所在。悔恨自己少年壮年时不知道应当努力，到老来就常有悔惧之意，对于古代圣贤的心境，不能领略一二。反复寻思，只能不停叹喟罢了。

【要义】

"勤于邦,俭于家,言忠信,行笃敬",话虽简单,做起来却并不容易。取巧和虚伪,固然可以取得一时的便宜,但终究必定是失败的。曾国藩的一生事业,就靠着四句而成功。

咸丰元年,曾国藩以在籍侍郎的身份练团训勇,他常说:"越是处境艰难,就越需要有坚定的意志。待到转战江西之时,处境更加困窘,事态发展不如人意,一切行动大都叫人动容:一分钱一粒粮,不苦心经营,就不能获得;一将并一兵勇,不苦心训诫,就不能参战。"曾国藩正是在这困苦不堪之中,树立起坚忍不拔的意志,终于训练出一支劲旅。这就是"勤于邦"。

他一生清淡节俭,常给人一种家世清贫的感觉。为官所得的一切薪俸,都全数用于公事,不曾建造一栋房屋,添置一块土地。吃的是蔬菜,穿的是薄衣,甘于恬淡寡欲,连每次吃饭都不超过四小碗;而男女婚嫁,花费不超过二百两纹银,而且作为家规家训代代相传。他的内圣修为,具有唐代宰相杨绾和宋代做过宰相的李流的遗风。这就是"俭于家"。

他为人处世平和朴实,不求标新立异。他平日严于遵循而又持之以恒的,一是"不说假话",二是"不迟起床"。即使是对外安抚夷人,对内接受降将,交往中一定开诚布公,言谈质朴;对于中外远近的人,他都以诚相待,而被他人认定为办事认真,一丝不苟。这就是"言忠信"。

无论是在军营还是在朝廷做官,他都从早到晚不曾有稍微懈怠,即使是风雨交加的天气,抱病忧怀的时候,也常常是一听到鸡啼就起床,直到夜半才休息,几十年如一日。这就是"行笃敬"。

崇尚节俭、鄙视奢侈是中华文化积淀中的传统美德。老子将"俭"视为三宝之一;孔子认为礼的根本"与其奢也宁俭";荀子说"富国之道,节用裕民";墨子说"俭节则昌,淫逸则亡";老子说:"百姓遭到饥荒,这是因为官员谋取的赋税过多,因此百姓就受到饥荒;百姓之所以难得管理,这是因为官员的苛政,强作妄为,因此百姓就难得治理;百姓之所以轻生不怕死,这是因为官员的俸养过于丰厚奢侈,刮尽了民财,所以百姓才轻生不怕死。""历览前贤家与国,成自勤俭败由奢。"古往今来,无论是繁荣富强的国家,还是家存万贯的富户,如果平日不注意节俭,一味地挥霍浪费,长此下去,只能是毁了自己,祸及家庭。

墨子的一个弟子从齐国回到鲁国,来见老师。墨子问他:"你在齐国看到了什么?"

弟子长叹一声,说:"齐国的百姓很苦,他们没有衣服穿,没有东西吃,到处是饿死的人,惨极了!"

墨子难过地沉默了一会儿,缓缓地说:"这都是因为做国君的不爱护百姓。"

弟子说:"现在各国的国君都是这样,哪有一个提倡节约的呢?"

墨子说:"可是古代的圣贤就不这样!尧做国王的时候,北到幽都,南到交趾,东到日出的地方,西到日落的地方,没有人不服从他。可是他特别注意节俭。凡是要使用民力的时候,只要这件事不会给百姓带来好处,他就不做。他吃饭的用具是简单的陶器,一顿饭不同时吃两种食品,不喝两种带肉的汤。他穿的衣服,只要冬天能保暖,夏天能防热就行了。

墨子,名翟,墨家学派创始人

他住的宫室,只要能遮挡风雨霜雪就行了,决不把它盖得十分豪华。就是死后的丧葬,也只穿三套衣服,决不用珠宝器物作陪葬品。正因为尧这样节俭,所以,老百姓的生活才过得好。他也才得到老百姓的拥护呀!"

弟子听了,也说:"要是现在的国君都像尧就好了。可是没有一个像的。他们厨房里的肉臭了,也不肯分一点给百姓。他们的马都肥得走不动了,可百姓连粮食也吃不上!"

正因为这样，墨子才不遗余力地宣传节俭的道理。

勤勉的人应该努力在品德上下功夫，然而有的人只是依仗勤奋来解决自己物质上的贫乏；俭朴的人应该把财货和利益看得淡泊，然而有的人却假借俭朴为由来遮掩自己的吝啬。勤奋和俭朴本来是有才德的君子立身处世的信条，不料往往成为徇私营利的工具，真令人感到惋惜。可见，不管什么东西产生的客观效果首先要由运用者来决定。运用者的内在素质低，思想境界差，再美好的东西都会成为营利的工具。所以，君子应以勤俭立德，而不是以勤俭图利。

在这方面，唐太宗十分严格地自我要求。他说："身为国君必须先以人民的生活安定为念。压榨人民而自己却过着奢侈浪费的生活，无疑是割取自己腿上的肉吃一样，虽然吃饱了但是身体也糟蹋了。倘若希望天下安泰，首先必须端正自己的姿态。迄今为止，尚未听说直立的身体却映出弯曲的影子，也没听说过端正的君主治理下的政治，百姓会胡作非为。还说：自取灭亡的原因不外乎是为政者为了满足自身的欲望罢了。吃山珍海味，又沉溺于歌舞升平之中，则欲望会越发膨胀，如此一来，不但无暇顾及政治，甚至会使人民陷于困苦的地狱之中。结果国君只要说出一点不合理的话，人民的心就马上起伏不定，谋反的人趁机出现。由鉴于此，我极力压抑自己的欲望。"

魏征听后说："自古以来被尊崇为圣人的君主都努力实践这件事，所以才能够开创理想的政治。从前楚庄王聘请詹何来询问政治的要义，詹何回答他：'君主首先要端正自己的行为。'楚庄王又问他具体的政策，但他的回答仍是：'从未听过国君本身行得正而国家混乱的事情。'陛下所说的，其实正和古代贤者的意思相同。"

曾国藩修身之智，首在内心，使身心之间充溢一种清纯之气，来冲淡、缓和变乱中的浮躁与不安。他的成就并非一日之功，而是经历了整整一辈子辛苦磨炼的功夫。

荀子《劝学篇》有一句名言："君子博学而日参省乎己，则知明而行无过矣。"这里最难的不是"博学"，也不是"省乎己"，而是"日"和

"参"，不仅"每天"，而且"多次"反省自己。曾国藩比荀子还严格，要求也更具体。在道光二十二年正月的日记中，他这样写道："一切事都必须每天检查，一天不检查，日后补救就难了，何况修德做大事业这样的事。"

曾国藩求过的方法便是记日记。日记的功效是很大的，要能诚实不欺，无事不记，曾国藩的日记，便能做到这一步。曾国藩依照倭仁的办法，在日记中写出自己的过失，时时警惕以求改过。他的日记中自己找自己过失的例子很多，直到他年衰官高，勤求己过仍不肯稍宽。他说：记日记并不是难事，而日记终身不间断，却不是一件容易的事情，非有极大毅力的人是不容易做到的。

曾国藩求过的第二个方法，便是请求朋友和兄弟直言相告。他说："若得一二个好友，胸怀宽广、豁达，博学多才，能文善诗，批评我，可对我大有益处。"许多居大位的人，因为听不到一句逆耳的话，听不到一句真实的舆论，结果把他的前程葬送了。曾国藩这种"勤求己过"、"喜闻诤言"的态度，是很难得的。

曾国藩不仅逐日检点，而且事事检点，天下能够做到这一步的人，大概寥若晨星。曾国藩的这种检点思想，并不是他心血来潮的奇思异想，实在是扎根于深厚的文化传统的自然秉承。孔子就说过："见贤思齐，见不贤而内自省也。"看到别人有毛病就反省自己，孔子大概是中国第一个善于反省的大师。孟子也是一个善于反省的大师，曾国藩最服膺于他，表示"愿终身私淑孟子"，"虽造次颠沛"，也愿"须臾不离"，而孟子是从别人对自己行为的反应中来反省生活的，他最著名的方法就是"反求诸己"：爱人不亲，反其仁；治人不治，反其智；礼人不答，反其敬。曾国藩认真钻研过的程朱理学也强调"正己为先"。曾国藩正是在这样的一个背景下来"逐日检点"的，事关进德修业的大事，所以他才对自己要求得那样严格，不可有一天的怠慢。

刘备临终前对儿子刘禅说："勿以恶小而为之，勿以善小而不为。"这句话在现今更为珍贵。内圣修养如同逆水行舟，不进则退。有人在人前或顺境中，能注意自己的言行，而在孤独或逆境中就又颓唐、萎靡起来。

砺志第二

坚志者,功名之主也;不惰者,众善之师也。登山不以艰险而止,则必臻乎峻岭矣;积善不以穷否而怨,则必永其令问矣。

——[东晋]葛洪《抱朴子·广譬》

一　君子立志

【原典】

君子之立志也，有民胞物与之量，有内圣外王之业，而后不忝于父母之生，不愧为天地之完人。故其为忧也，以不如舜不如周公为忧也，以德不修学不讲为忧也。是故顽民梗化则忧之，蛮夷猾夏则忧之，小人在位贤才否闭则忧之，匹夫匹妇不被己泽则忧之，所谓悲天命而悯人穷，此君子之所忧也。若夫一身之屈伸，一家之饥饱，世俗之荣辱得失、贵贱毁誉，君子固不暇忧及此也。

【释文】

君子建立远大的志向，应当有以民众为同胞，并奉献出他们的所需的胸襟气度，应有高尚的道德情操，有为国家与民族的振兴建立功绩的雄心壮志，只有这样，才无愧于父母的生养恩情，才有可能成为顶天立地的完人。所以他们的忧虑，是以自己不如舜帝、不如周公而忧虑，以自己不专修德行、不精通学业而忧虑。于是就会忧虑百姓强悍的民风没有受到教化，忧虑边远地方的人没有完全归服于华夏，忧虑小人当道，贤人失意，忧虑还有人得不到自己的帮助，关注时运昌盛与天下百姓安居乐业，这就是君子忧虑的事情。至于自己的成败，一家的温饱，世俗的荣辱得失、地位名誉等，君子是没时间为这些事去忧虑伤神的。

【要义】

人的成功与否，与他对自己的期许和定位高下有着密切关系。一个自视甚高但又不狂妄自大的人，一个志向高远并能踏实肯干的人，无疑会有

更大的成功机遇。若一个人妄自菲薄,目光短浅,做一庸人而自乐,无疑则会成为一个失败的凡夫俗子。所谓"取法乎上,仅得乎中",亦含此意。换句话说,做人的第一件事就是立志,也就是要使自己振作起来,抖擞精神,给自己制订一个目标,一个方向。王阳明说得好:"志不立,如无舵之舟,无衔之马,漂荡奔逸,终亦何所底乎。"人无志向,则柔弱无刚。很多人并不是智力不如人、意志不如人、条件不如人,然而很多年过去后,他就是不如人,这主要是因为他没有确立远大的志向。汉高祖刘邦人生理想目标的初步确定,是从他见到秦始皇出行的那一刻开始的。《史记·高祖本纪》记载:"高祖尝游咸阳,纵观,观秦皇帝,喟然太息曰:'嗟乎,大丈夫当如此也!'"刘邦的志向果然不小,他就是想做一个顶天立地的"大丈夫",而且在他的理想模式中,"大丈夫"就等于皇帝。这对当时身为草芥小民的刘邦来说,的确可以说是惊人之语,狂妄之想了。但是,成为一个"大丈夫"或者说当皇帝,确实激励着刘邦百折不挠地去奋斗。

汉高祖刘邦

曾国藩从少年起,就"困知勉行,立志自拔于流俗。"他常说:"志不立,天下无可成之事。"但真正的立志却是从他21岁那年"欲求变化"开始的。这一年,他的父亲曾麟书让曾国藩离开家乡到衡阳汪觉庵所办的唐氏家塾念书,后来又回本县莲滨学院学习。经名师指点,曾国藩懂得了要向自己进攻,在内在修炼上下足功夫,方能有造就、有前途,于是立志法古今贤圣,做天地完人。他给自己起了一个别号叫"涤生",表示涤旧生新,日新月异,从头做起。自此面貌一新。

曾国藩有一次在给家人的书信中说道:"我常常忧心忡忡,不能自持,若有所失,到今年正月还是如此。我想这大概是志向不能树立时,人就容易放松潦倒,所以心中没有一定的努力的方

向。没有一定的方向就不能保持宁静，不能宁静就不能心安，其根子在于没有树立志向啊！……另外我又有鄙陋之见，不能容忍小的不满，所以一点点小事，就会踌躇一晚上；有一件事不顺心，就会整天坐着不起来，这就是我忧心忡忡的原因啊。志向没树立，见识又短浅，想求得心灵的安定，就不那么容易得到了。现在已是正月了，这些天来，我常常夜不能寐，辗转反侧，思绪万千，全是鄙夫之见。在应酬时我往往在小处计较，小计较引起小不快，又没有时间加以调理，久而久之，就是引盗入室了啊！"

从中能看到，曾国藩也有斤斤计较的时候，有见识浅短的时候，有心浮气躁的时候，但与大多数人不同的是，他敢于面对自己心灵中最黑暗的部分，无情地加以拷问。韩非子说："立志难也，不在胜人，在自胜。"曾国藩正是在战胜了自己，才得以确立志向。

纵观曾国藩的一生，几乎无时无刻不在立志，或立志德业惊人，或立志出人头地，或立志扫平"洪杨"。而其中最值得一提的却有两件事，一件是青年曾国藩在任翰林后，写下《五箴》自勉；一件则是官拜帮办团练大臣后，却受同僚之辱，因而愤走衡阳，练成了湘军。

道光十八年，曾国藩借钱入京赶考，得中第38名进士。接着复试、殿试、朝考成绩都很优异。引见皇帝之后，年仅28岁的曾国藩被授予翰林院庶吉士。科举时代的翰林，号称"清要词臣"，前途最是远大。内则大学士、尚书、侍郎，外则总督、巡抚，绝大多数都出身翰林院。很多人到了翰林这个地位，已不必在书本上用太多的功夫，只消钻钻门路，顶多做做诗赋日课，便可坐等散馆授官了。曾国藩来自农村，秉性淳朴，毫无钻营取巧的习气；在京十余年来勤读史书，倒培养出一股"以澄清天下为己任"的志气来。为此，他将名字从"子诚"改为"国藩"，即暗寓"为国藩篱"之意，立志报效国家。

立志从哪里立起？从"没有"立起。自己没有，家庭没有，社会没有，国家没有的，都可以成为自立目标。曾国藩所处的时代，内忧外患，民生困苦，吏治腐败，人心离散。社会上缺的是直臣，是廉吏，是圣贤。

因此曾国藩立的就是"直臣之志、廉吏之志,作圣贤之志"。他的成功,正是看准了社会所需而把自己的身心全部投入进去,把自己的潜质发挥得淋漓尽致的结果。

一个人的志向并不是天生的,而是在后天的生活中确立的,尤其是在对平庸、琐细、放纵的生活的不满中形成的。作为一个人,我们常常感到生活的庸俗,但是我们并没有产生改变它的志向。社会发展到今天,大概很少有人还会固步自封,与世隔绝,过着一种洋洋自得于个人小天地的孤陋生活,把自己变成一个穷居陋巷老死不相往来的人。儒家的优秀传统,培养了中国人把个人命运同国家命运紧密结合起来的自觉。治国平天下的追求与"天下兴亡,匹夫有责"的箴言,已经成为社会普遍认可的理想人格和道德规范。

注重道德修养,是中国传统伦理文化的一个重要特征。古人认为人都有向善的能力,能不能真正成为一个"有德"的人,关键就在于能否进行道德修养;而"修身"是"治国平天下"的基础。因此古人把"德量涵养,躬行践履"本身视为一种重要的美德。如果说,在古人看来人们的一切德行都是同他自身的道德修养分不开的,那么我们也可以说,中华民族的一切传统美德,也是同古人注重"德量涵养,躬行践履"的美德紧密相联的。

"砺志自强"是道德修养的起点,也是其内在目标和精神动力之所在。这里讲的"志",也就是一种道德理想。古人指出:"志当存高远。"又说:"志高则品高,志下则品下。"这说明,并不是所有的道德之"志",价值都是一样的。同时,即使是高远之志,若只讲不做,徒托空言,并不能成为德行,只有躬行践履,高远之志才是一种美德。这种美德所体现的是一种对理想人格的不倦追求。所以从道德上讲,"砺志"实质上是一种自强不息的精神,一种自我超越的品性。

说到砺志修德,志向高远,出身低微的陈胜是个典型的人物。

  陈胜,字涉,阳城(今河南登封县)人。他和吴广一起,揭开了我国历史上第一次农民大起义的序幕。他既是杰出的农民起

义领袖,也是志向远大、机智聪慧的政治谋略家。

据《史记》记载,陈胜出身农民,家境很穷,少年时代就以帮人耕作求生。但他人穷志大,很想有所作为。他常常感叹人世,有时惆怅,有时慷慨激昂。有一次,他在劳动休息时,坐在田埂上默默长思,突然自言自语地说:"倘若有朝一日我发了,成为富贵的人,我将不忘记穷兄弟们。"与他一起劳作的佃农们听后都不以为然,并笑话他说:"你一个帮人干活的农夫,何来富贵之谈?无非是说大话而已。"陈胜对于大家的取笑十分遗憾,深有所感地说道:"嗟乎!燕雀安知鸿鹄之志哉!"有志者终成大事。不久,陈胜便以自己的实际行动,向人们证实了他的豪言壮语,不是痴人说大话,而是他的宏愿和决心的表达。

内外双修,双向立志,这是从我们的老祖宗孔老夫子"达则兼济天下,穷则独善其身"的双重价值标准而来的。一个人有两个世界,内部世界是自己的身心;身心以外则为外部世界。如果把两个世界比喻为一棵大树,那这棵树的根可以深入九地之下,枝叶可以高入九天之上,横枝可以拓宽到八荒之外。而一个人立志之高低,全在对自己内部世界的发现和发掘,即全在"立根"之深浅。根愈深则树愈大。心体有多大,宇宙就有多大;视野有多宽,活动舞台就有多广;理想有多远,事功前途就有多远。故立志为高官,必先立志为忠孝;立志为巨富,必先立志为善良。用功于内,必收获于外,瓜熟蒂落,水到渠成。专事于外者,其内必虚浮草莽。那种全不向心内打算而只想大富大贵的人,是不配称"立志"的。

实现远大抱负,总是从突破一点开始的。认准突破口,制定和完善切实可行的方案并分步实施,是一个聚英会贤、相互激励、共展宏图的过程。曾国藩在40岁以前,作直臣作廉吏,法圣贤都做了,并且做得很好。但他渐渐发现,这一切都好比杯水车薪,于事无补,改变不了大清朝国势日沉的现状,他开始寻找能振作全局的突破口。太平天国农民起义帮了曾国藩的大忙。从精练一支劲旅入手,这就是曾国藩在跌跌碰碰一无所得之后找到的突破口。

在曾国藩出山之前,身为布衣的挚友刘蓉给曾国藩写过一封劝其挺身自任的长信。刘蓉在信中说:

> 志有两种,有"妇人之志",有"君相之志"。……君相之志则是"行道于天下,以宏济艰难为心"。你有欧阳修、苏轼那样的志节,有韩愈、黄庭坚那样的词体,这在承平无事的时代是足以立世的。但现在是救济乱世的时代,在祸乱方兴之时,你托文采以庇身,优养大臣的身望,就只不过是"妇人之志"而不是"君相之志"。既然你曾经自诩不爱钱,不惜死,以身殉国,那就应当说到做到,肩负起天下兴亡的重任,立定君相之志,挺身自任,救世治乱,尽大臣报国之忠,而不能以文采自娱而令寄热望于你的天下贤豪为你失望,为你羞愧,象韩信离开项羽一样掉臂而去。

刘蓉这封信净净直语,披肝沥胆,却深深感动了曾国藩。曾国藩是那种具有自发功,响鼓不用重槌的人物。他接受亲友的励志,常常是从善纳计,聚英会贤的一条重要管道。曾国藩在回信中表示折服,同时不无诙谐地说:"我不愿听你谈那些宿腐之义理,也不愿听你论肤浅的军政,但愿与你朝朝相处,共襄大计,吾心自适,吾魂自安。天下纷纷,鸟乱于上,鱼乱于下,郭嵩焘深藏在樟木洞,亦当强之一行,哪能让他一个人悠悠闲闲地睡安稳觉呢?"于是把郭嵩焘也掺和进来,一起办团练。曾国藩对管钱粮的助手吩咐说,对刘蓉和郭嵩焘,"薪水惟所支用,不限数也"。但刘、郭二人在府数年,却从不支一文薪水,这使曾国藩愈感不安,只有奋力向前,以不负挚友之信任与厚爱。

郭嵩焘,湘军创建者之一,中国首位驻外使节

二　明理为先

【原典】

明德、新民、止至善，皆我分内事也。若读书不能体贴到身上去，谓此三项与我身了不相涉，则读书何用？虽使能文能诗，博雅自诩，亦只算得识字之牧猪奴耳！岂得谓之明理有用之人也乎？朝廷以制艺取士，亦谓其能代圣贤立言，必能明圣贤之理，行圣贤之行，可以居官莅民、整躬率物也。若以明德、新民为分外事，则虽能文能诗，而于修己治人之道实茫然不讲，朝廷用此等人作官，与用牧猪奴作官何以异哉？

【释文】

明道德、教新民、以达到才德完美无缺的最高境界，这些都是我分内的事情。如果读书不能落实到自己身上，认为以上三项与自己毫不相干，那么读书还有什么用处？即使能写文章作诗篇，这样就自以为高雅渊博而沾沾自喜，其实不过就是会识几个字的养猪人罢了！怎么能够说得上是深明大理的有用人才呢？朝廷是依据科举制度来选拔人才的，认为这些人既然能够宣扬圣贤的理论，也必然能够明白圣贤治世为民的道理，能够做符合圣贤规范的事情，可以居官来管理百姓，以身作则来为民表率。如果认为发扬美德、教化民众这些事是分外的事情，那么虽然他会写诗作文，却对修养自身，治理国家的这样的道理茫然不知，朝廷用这样的人做官，与用一个养猪的人来做官有什么差别呢？

【要义】

《礼记·大学》开篇就说："大学之道，在明明德，在亲（新）民，

在止于至善。""明明德"即彰显美好的德性,"新民"即革新民心,"止至善"即达到道德完善的境地。"明明德、新民、止至善"是儒家仁学思想的"三纲",也就是三条基本原则。儒家思想认为:人人都具有美好的德性,只是人世以后,这些美好的德性被尘心蒙蔽,需要经过教育和自省,弃旧图新,去恶扬善,才能达到道德完善的境地。后者"日新"是从成汤沐浴的盘器上的铭文引申出来的,其意是说,如果你想自新,那么你天天都应该自新,不断进步。

明德、至善、日新,是一代又一代古圣先贤包括曾国藩在内立身处世的哲学思想和理想信念,是中华民族文化精髓。在今天看来,它不仅是追求道德和品行的完善,也是对待一切人事应持的态度。明德、至善、日新,这三者的关系应当是:明德是自新的方向,至善是自新的目标,日新是实现自新的方法。

欲成大业,首要任务在于读书,正如《贞观政要·崇儒学》中所说,虽然像大蛤本性含水,要等月光照射才喷出水来;木材本身包含火的因素,要靠发火的工具才能燃烧;人的本性中包含着聪明灵巧,要到学业完成时才能显现出美的本质,人不教化何以成人?人不学习何以做人?古往今来,看无数英雄,凡成大器者必要励志,必要读书。曾国藩自入翰林院任侍郎后,仍在不懈地努力读书,还为自己编定了一个自修的课程:凡是读书的心得、人情的历练、自身的修养、诗文的创作,莫不分别记录下来。这些记录共分五类,命名为:茶余偶谈、过隙影、馈贫粮、诗文钞、诗文章。经过一番苦读,曾国藩在学问上可以说颇有见地,自成一家之说了。

但读书不是为了识字作文,而是要"明理"。尤其是作为官员,如果不明是非,不修道德,不如"回家卖红薯",把官位让给识字的养猪人来做。遗憾的是,以前大部分读书人都不明此理,只有郑板桥那样的人才能悟透这一点。

郑板桥少时家贫,中年以后才中了举人,在山东当过两任县令。他在任淮县县令时,正遇上灾荒,断然开仓赈济,并且"尽封私粟之家,责其平粜";判案子又帮穷人说话,得罪了豪绅,终于罢官而去。大概就在这

个时候,他的儿子满六岁要进学了。郑板桥对儿子说:"读书中举,中进士做官,此是小事,第一要明理作个好人。"

"难得糊涂"郑板桥

郑板桥自己就是个读书人,他并不是瞧不起读书。他瞧不起的是,读书就是为了做官。他曾说:"我想天地间第一等人,只有农夫,而士为四民之末。""使天下无农夫,举世皆饿死矣。"他认为读书人本来应该是懂道理,"人则孝,出则悌","得志泽加于民,不得志修身见于世,所以又高于农夫一等。"可是,"今则不然,一捧书本,便想中举、中进士、作官,如何攫取金钱、造大房屋、置多田产。起手便错走了路头,后来越做越坏,总没个好结果。"即使是"其不能发达者,乡里作恶,小头锐面,更不可当。"虽然也有好人,"束修自好者,岂无其人;经济自期,抗怀千古者,亦所在多有。而好人为坏人所累,遂令我辈开不得口,一开口,人便笑曰:汝辈书生,总是会说,他日居官,便不如此说了。所以忍气吞声,只得捱人笑骂。"

他认为,"工人制器利用,贾人搬有运无,皆有便民之处。"只有这种为当官而读书的人,"独于民不大便,无怪乎居四民之末也!且求居四民之末而亦不可得也!"他并不是主张不读书,只是主张不要为当官而读书。"凡人读书,原拿定不发达。然即不发达,要不可以不读书。主意便拿定也。料名不来,学问在我,原不是折本的买卖。"

真正伟大的理想,必须以"明德、新民、止至善"为目的,古往今来能做到这一点的人屈指可数,其中就有"先天下之忧而忧,后天下之乐而乐"的范仲淹。范仲淹,字希文,苏州吴县人,北宋著名军事家、政治家、文学家。他两岁的时候,父亲就去世了,母亲改嫁了一个姓朱的人,他也就跟着继父姓了朱。等他到成人以后,知道了自己的家世,就告别了母亲到应天府读书。他读书异常刻苦。每天清晨,他煮一锅粥,凝结后用刀划成四块，早晚各吃两块，再切几根腌菜，加一些盐拌在一起就当作一天的伙食。这样的生活足足持续了三年。就这样经过五年的勤学苦读，范仲淹考中了进士，开始走上仕途。他博览群书，特别喜欢纵论天下大事，每每坚持自己的意见，又为人坦率，看到不合理的事情，他就一定要说话，这个脾气让他触犯了不少人。当时的宰相吕夷简喜欢安插自己的亲戚朋友当官，范仲淹看到这种营私的行为，气愤地写了一篇《百官图》指责吕夷简。结果吕夷简挑拨宋仁宗，将范仲淹贬到饶州。

宋仁宗宝元元年，西北的夏国王李元昊建国称帝，亲自率领军队进攻延州，守卫在那里的宋将范雍无能，被西夏军打得大败。宋仁宗把范仲淹调到边关，抗击西夏的进攻。这时范仲淹已经被贬一年多了，在他接到皇帝的诏书以后，却毫无怨言，很快赶到了延州。到达延州之后，他训练州兵，组建了一支一万八千人的军队，分为六个部，严格训练之后轮流抗击敌人。在军中，范仲淹非常爱护自己的士兵。士兵们生活艰苦，就经常出去抢老百姓的东西。范仲淹知道了，便从军费里拨出一笔钱来，每月把钱分给战士们，当作他们的补助费。这样不但士兵们练兵的热情大大提高了，而且当地的老百姓生活也安定多了。

当时在北宋与西夏的边界之间，居住着羌人，他们曾经归顺过西夏。宋军的一些将领主张杀死羌人，但范仲淹和一些人却决心说服羌人使他们投靠北宋。于是范仲淹冒着生命危险去羌人住的地方游说他们的首领，最后说服了他。羌人自此真心归顺了北宋。实际上也是这样，西夏人见到北宋的边防巩固，就不敢轻易来犯，只好与北宋求和。

宋夏议和后，宋仁宗将范仲淹调回京城，任命为参知政事。这时的北宋朝廷已经十分腐败了，官员的数目多得令人吃惊，有的官不但不办正事，反而还贪污钱财，欺压老百姓。范仲淹提笔写下十项治国良策，主张在官员管理、加强备战和鼓励生产等方面进行改革。他的主张为宋仁宗所

采纳，因为这时仁宗的年号是"庆历"，因此这次改革叫做"庆历新政"。改革的各项政策在宋仁宗的有力支持下顺利地公布到全国各地。范仲淹和富弼等人为了国家和人民，整顿官僚机构，对不称职的官员决不手软，全都撤职；同时还规划农业生产，提倡廉洁节约、反对腐化贪污的歪风。每天他都特别忙，就是到了躺在床上就要睡觉的时候，他也要回顾一下白天所做的事情，看看是不是对得起自己所领的薪俸。如果他觉得问心无愧的话，他便安心地睡着了；如果他觉得自己对不起所领的薪俸，便会十分不安，整夜难以入睡。第二天便要尽量多做事，以示弥补。

"先天下之忧而忧"的范仲淹

范仲淹的以身作则，带动了一批官吏，朝廷上下呈现了一派蒸蒸日上的气象。可是好景不长，一些顽固的皇亲贵戚和大官僚们被范仲淹打击，便怀恨在心，对范仲淹与富弼极力诬陷、攻击。他们不停地向宋仁宗告状，宋仁宗便把范仲淹派到边关去了。范仲淹走后，那些保守派就更得意了，他们凶狠地打击、排斥所有推行新政的官员。在他们的阻挠下，庆历新政实行不到一年便被迫结束了。

范仲淹一生多次遭到贬黜，但他的正直高尚的品质却从来没有改变。他为人善良忠厚，在家中孝敬自己的母亲，自己生活十分简单朴素；在外边，他家乡的族人与他做官去过的地方的人，很多都曾得到过他的帮助。无论是识字的人，还是不识字的老百姓，全知道他的名字。他也真正实践了他"先天下之忧而忧，后天下之乐而乐"的胸怀。

三　行之有恒

【原典】

累月奔驰酬应，犹能不失常课，当可日进无已。人生惟有常是第一美德。余早年于作字一道，亦尝苦息力索，终无所成。近日朝朝摹写，久不间断，遂觉月异而岁不同。可见年无分老少，事无分难易，但行之有恒，自如种树畜养，日见其大而不觉耳。进之以猛，持之以恒，不过一二年，精进而不觉。言语迟钝，举止端重，则德进矣。作文有峥嵘雄快之气，则业进矣。

【释文】

长年累月地奔走应酬，还能坚持学习，当然会每天都有进步。人生只有做事持之以恒才是第一美德。我早年对于练习书法这个事情，也曾经刻苦练习，但最终还是没取得什么成就，最近天天临摹书写，从无间断，就觉得书法有长进，可说日新月异。由此可看出，年龄无论大小，事情无论难易，只要持之以恒地做了，就像植树畜牧一般，天天看它长大却感觉不到。尽力前进，坚持不懈，过不了一两年，虽然没感觉，其实大有进步。言语沉稳，举止端重，说明品德性情有长进。文章有峥嵘雄快的气势，那么说明学问也长进了。

【要义】

王国维说："古今之成大事业，大学问者，必经过三种之境界：'昨夜西风凋碧树，独上高楼，望尽天涯路。'此第一境也。'衣带渐宽终不悔，为伊消得人憔悴。'此第二境也。'众里寻他千百度，蓦然回首，那人却在

灯火阑栅处。'此第三境也。"

这三重境界，正是励志的三个不同阶段。第一境是遭遇逆境，心志不衰，探索不止。第二境是为了理想不畏艰难，不惜牺牲。第三境是百折千回，矢志不移，豁然悟道，终获成功。

做事持久是一大美德，要成就一番事业，就必须持久的恒心。尤其是在经历千辛万苦后有了一点成功的曙光时，就更需要恒心了。王充曾说过："凿不休则沟深，斧不止则薪多。"中国人向来推崇那种坚持不懈、奋斗不息的精神。古代知识分子的必读书籍《孟子》中便有"一曝十寒"的典故，意在告诫人们做事必须坚持不懈、持之以恒。中国先秦时期的杰出思想家荀子也在其著名的《劝学》中说过这样一段话："骐骥一跃，不能十步；驽马十驾，功在不舍。锲而舍之，朽木不折；锲而不舍，金石可镂。"意思是说，只要有恒心，平凡之才也可以创造出骄人的成绩，缺乏恒心，即使天纵英才也将一事无成。古今中外无数鲜活的事例都证明了"恒心"对一个人事业成功的极端重要性。

曾国藩在励志过程中追求实绩而不骛虚名。他受到过许多唾骂非难，但他决不以血还血以牙还牙，而是反复从自己身上找原因，把每一次重创和非难都当作自我人格完善的机遇。在他看来，名义上，形式上，程序上的伤害无关紧要，自我本身实体上的清除致害原因，完善人格才更要紧。因此他采用"随事用中"的中庸之道，站在攻击者的角度想问题。如果在倒霉时对方认为自己是"报应"，那么我不仅也认定是"报应"，还要找出造成"报应"的心理病因，对症根治。而后对前面的事情不再想它。打成捆置诸脑后，重新开始一个再造自我的新阶段。因此，他遇到的每一个困蹇阶段都不是空白阶段，而充实了完善自我的新内容。

曾国藩在《咸丰七年十二月十四夜致沅弟书》中阐明了自己对"恒"的深刻认识："凡人作一事，便领全副精神注在此一事，首尾不懈；不可见异思迁、做这样想那样、坐这山望那山。人而无恒，终身一无所成。"

懦弱者宜败，败就败在没有恒字上下工夫；强健者宜胜，即把一件事认认真真做到底，做出个结果来。曾国藩具有那种"忧以终身，乐以终身"的识见，把修炼当成探求生命本质和人类善性的快乐来追寻。能从世

人望而生畏的难关步步捱过，从众目关注的焦点遁而淡出，从极迷惑处识破幻象，将最难释怀的事轻轻放下，从而使良心回归于清庭，真情呈现于细微，造就自己举重若轻、因果从空的海涵。

曾国藩小时候的天赋并不高，不是那种过目不忘、一目十行的神童。有一天，他在家读书，对一篇文章重复朗读很多遍了，还是没有背下来。这时候，家里来了一个贼，潜伏在屋檐下，希望等读书人睡觉之后捞点好处。可是等啊等，就是不见他睡觉，还是翻来覆去地读那篇文章。那个贼人在墙根底下等得不耐烦了，生起气来："这种水平读什么书？"然后将那文章背诵一篇，扬长而去。曾国藩被突然发生的事情惊呆了，等那小贼背完文章跑了，他才反应过来，哂然一笑，心想：这个人好厉害啊，听了几遍就能背熟，看来我还是用功不够啊，还需要继续苦读！

"勤能补拙"，正是凭着这股韧劲和恒心，曾国藩造就了自己的成功人生，成为中国近代史上一位重要的历史人物，被称为晚清"第一名臣"，成为中国传统文化的集大成者、中国近代文化的开创者、引进西方近代文化的带头人、中国近代洋务运动的创始人。

曾国藩从道光十九年开始做诗文钞，并且开始写日记。后来基本没有间断。从咸丰八年六月起，更是不曾中断过一天。行军、生病的时候，也仍然照记，直到他去世的前一天为止。就此一端，便可以看出曾国藩持之以恒的毅力。曾国藩虽然在科举上已达到巅峰状态，并且做了高官，却还在读书治学上按一个学生的要求，严格规定自己的功课，毫不苟且，按日施行。这种持之以恒的精神，不仅在今日很少见到，即在古人中，也很难得。坚持不懈是

晚年曾国藩

事业成功最基本的条件。

在曾国藩看来,"昏弱"二字是立身的最大障碍,去不掉这两个字,就做不了得志者。他是那种遵道直行的英雄,不怕孤立、不怕失败、不怕流言蜚语、不怕习惯势力,挺身任事,有万夫莫当之勇,死而后已之心。决不因倡而不和便退却,为而不成便气馁,败而众疑便丧气,故能成其大器。曾国藩不是那种暴风骤雨性格的英雄,他是江南梅雨季节润物无声的细雨,有春意常在连绵不歇的风格。他既已立定以"泛爱众"处世之志,就能始终坚持用平常心做人。管它身世浮沉,人鬼殊度,始终抱定初衷,常心常态,常德常贤,立人立己,达人达己。当其身处逆境时,石破而不可夺其坚,丹磨而不可夺其赤。而当其身处顺境时,位益尊而礼益卑,官益大而心益小;德行宽裕,守之以恭;博闻强记,守之以浅;功盖天下,守之以让;人多势众,守之以畏。任何时候都不放弃内外双修的立志取向。

曾国藩虽时时将自己对"恒"字的体会与他人分享,却从不认为自己已完全践守了"恒"字的标准,在他的日记和书信中,他多次对自己的"无恒"深自劾责。咸丰九年八月十九日,曾国藩在给友人的回信中写道:

> 国藩生平坐"不敬"、"无恒"二事,行年五十,百无一成,深自愧恨,故近习知交门徒及姻戚子弟,必以此二者相告……至于"有恒"二字,尤不易言。大抵看书与读书,须画然分为两事……看书宜多、宜速,不速则不能看毕,是无恒也;读书宜精、宜熟,能熟而不能完,是亦无恒也。足下观阅《八家文选》,即须将全部看完,如其中最好欧阳公之文,即将欧文抄袭几篇,切不可将看与读混为一事,尤不可因看之无味,遂不看完,致蹈无恒之弊。

这样的自责之语,在曾国藩的文字中不胜枚举。

曾国藩的有恒,也是深受其家庭影响的。曾国藩家世代务农,艰苦的农业生产养成曾家勤苦、有恒的家风。曾国藩常对家人谈起他的父祖辈一

生"皆未明即起","每夜必起看一二次不等"的习惯,这种勤苦的农家作风保障了曾家的小康生活局面,也使曾家有能力供养曾国藩十年寒窗苦读,去实现光宗耀祖的科举仕进之梦。秉承这种家训的曾国藩为官后,不仅自己在京城每日按课程苦读修养,还以家中长子的身份担负起了教育几位弟弟的责任,其中"有恒"是一项重要内容。他在道光二十四年十一月二十一日致诸弟的家书中写道:

> 余蒙祖宗遗泽、祖父教训,幸得科名,内顾无所忧,外遇无不如意,一无所缺矣。所望者再得诸弟强立,同心一力,何患令名之不显,何患家运之不兴?……欲别立课程,多讲规条,使诸弟遵而行之,又恐诸弟习见而生厌心;欲默默而不言,又非长兄督责之道。是以往年常示诸弟以课程;近来则只教以"有恒"二字。所望于诸弟者,但将诸弟每月功课写明告我,则我心大慰矣……以后写信,但将每月做诗几首,作文几首,看书几卷,详细告我,则我众喜无量。

曾国藩虽然极为重视对子弟在恒心毅力方面的教育,提倡"有恒常乃人生第一美德"。但他并不主张强逼迫人去做无趣的死功夫,他认为那样枯燥被动地学习是难以持久的。只有真正地对读书和所做的事业感兴趣,才有可能真正愿意投入精力去做,也才可能做到持之以恒。

曾国藩不仅不赞成那种"拘苦疲困"下的持之以恒,他认为有恒是可以和养生联系在一起的。同治五年,曾国藩在致其弟曾国潢的信中说:"养生之法约有五事:一曰眠食有恒……眠食有恒及洗脚二事,星冈公行之四十年,余亦学行七年矣……自矢永不间断……愿将此五事立志行之,并劝沅弟与诸子侄行之。"曾国藩所讲的有恒,不仅是指求学办事的恒心、毅力,还指读书、做事乃至养生的一种良好习惯和规律。任何事物都有一定的规律,遵循规律才可收到良好的效益。只有这样,才符合曾国藩所说"人生惟有常是第一美德"的真意。

家范第三

为家以正伦理、别内外为本,以尊祖睦族为先,以勉学修身为次,以树艺牧畜为常。守以节俭,行以慈让,足己而济人,习礼而畏法。可以寡过,可以静摄,而无扰扰于前矣。

——[明]方孝孺《侯城杂诫》

一　八字八本

【原典】

家中兄弟子侄，惟当记祖父之八个字，曰："考、宝、早、扫、书、蔬、鱼、猪。"又谨记祖父三不信，曰："不信地仙、不信医药、不信僧巫。"余日记册中又有八本之说，曰："读书以训诂为本，作诗文以声调为本，事亲以得欢心为本，养生以戒恼怒为本，立身以不妄语为本，居家以不晏起为本，作官以不要钱为本，行军以不扰民为本。"此八本者，皆余阅历而确有把握之论，弟亦当教诸子侄谨记之。无论世之治乱，家之贫富，但能守星冈公之八字与之八本，总不失为上等人家。

【释文】

家里面的兄弟子侄，应当牢记祖父教导的八个字："考、宝、早、扫、书、蔬、鱼、猪。"还要牢记祖父所说的三不信："不信地仙、不信江湖游医、不信僧人巫士。"我的日记中又谈八条根本的要求："读书以溯源求真为本，作诗文以讲求声调和谐为本，侍奉长辈以让其内心欢快为本，保养身体以戒除恼怒为本，为人立身以不胡乱说话为本，日常生活以早早起床为本，做官以不要钱财为本，行军以不扰民为本。"这八条，都是我亲身经历，而且行之有效的经验之谈，弟弟也应该教育子侄们牢记它们。无论世道是乱是治，家境是贫是富，只要谨守祖父的八字教导和我的八本之说，我们的家族总不失为上等人家。

【要义】

星冈公，指曾国藩的祖父曾星冈。曾星冈白手理家，凿石掘壤，家道才得小康。他的威仪言论，雄伟非常，气象尊严，凛然难犯。曾国藩的性情，多半是受他祖父的遗传。

曾国藩的父亲曾麟书就自幼受到其父的严格家训，指望他读书以猎取功名。但他天资愚钝，"平生劬劳于学，课徒传业者盖二十有余年"，直至43岁那年"始得补县学生员"，得到一个秀才身份。一年后，他的长子曾国藩就入县学，在"学历"上和父亲平起平坐了。

因为愚钝，曾麟书常常受到父亲的责骂，"往往稠人广坐，壮声诃斥"。但曾麟书对于父亲的指斥，总是默默承受，"起敬起孝，屏气负墙，踌躇徐进，愉色如初"。他自知才短，无望跻身仕途的更高阶梯，遂将光大门第的希望寄托在曾国藩兄弟的身上。

由于从小就接受过严格的封建传统教育，士大夫那种"修身、齐家、治国、平天下"的观念在曾麟书的头脑中留下了极其深刻的印象。他虽天资欠缺，忧郁不得其志，但他继承其父遗训，"发愤督教诸子"，为他们创造读书用功的条件，教导他们为人处世、治事做官的诀窍。他虽"僻居穷乡，而志存军国"，令诸子从戎平乱，使得曾国藩兄弟功成名就，本人亦因之而享其福，被世人称赞为一个教子有方、付诸艰辛于儿孙的长辈。

曾国藩的父亲事亲至孝，其母个性倔强，善事舅姑，嘉惠亲族，敦睦邻里。这一家的家风美德，于有形无形之中，对于曾国藩的学问事功，立身行己，均有极大的影响，曾国藩家庭教育的体系，便建基于此。

曾星冈所传的"八个字"，便是"考、宝、早、扫、书、蔬、鱼、猪"这八字家规。后人戏称为曾氏治家的"八宝饭"。

考，就是祭祀。曾国藩曾说："昔吾祖星冈公最讲求治家之法：第一早起；第二打扫清洁；第三修诚祭祀；第四善待亲族邻里。"中国人对于祖先的祭祀，素极重视，因为追念远祖，自然不敢为非作歹，民德自然归于纯厚，这与孝顺父母是一样的道理。

宝，就是善待亲族邻里。曾星冈曾说："人待人，无价之宝。"这就是说，一个人不能独善其身，一个家也不能独善其家。人与人的关系，是息息相关的，假若与亲族邻里不能和睦相处，这一家庭，便成怨府，迟早是要毁败的。曾星冈一面操持家庭，一面善待亲戚邻里，这是一个居家的

法宝。

曾国藩一生推崇康熙年间的大学士张英。张英早年任康熙的日讲官,在康熙身边随侍二十余年,凡关国计民生,直言无隐,"造膝前席,多社稷大计",对康熙的汉文化素养的提高功不可没。康熙经常手书"清慎勤"赐给张英。张英为人十分谨慎,与人无争。今天安徽桐城的六尺巷,就是张英的遗泽。

据说张英在京为官,留在祖籍桐城的家人与邻居吴家在宅基的问题上发生了争执。由于牵涉到张英,官府和旁人都不愿沾惹是非,张家人就写信告诉张英,让他想办法"摆平"吴家。张英见信,作诗一首,曰:"千里传书只为墙,让人三尺又何妨。万里长城今犹在,不见当年秦始皇。"令人寄回桐城。家人见诗,立即将垣墙拆让三尺。吴家得知,也将自己家的围墙向后退三尺。张吴两家的争端很快平息了,两家之间留下了一条六尺宽的巷子,得名"六尺巷"。

挺经

张英积一生为官经验,写成《聪训斋语》。书中"以务本力田,随分知足为戒"成为后世许多士大夫的座右铭。张氏传了十二代,历久不衰,使曾国藩经常以此作为教育子孙的例证。咸丰初年,曾家为建新宅黄金堂,与邻居发生争执,几至要打官司到湘乡县府。曾国藩收到其弟国潢书信告知,便以张英的诗告诫家人,很快便平息了两家的矛盾。

早,就是早起,日出而作,日

湖南娄底曾国藩故居

落而息。乡下的农民，老老小小，男男女女，几乎与太阳同起同落。提倡早起，就是奖励勤劳，增加生气，最合卫生。因为农民早起，商人也不得不早起，工人士子，也不得不早起。许多外省人，初到湖南，吃不惯三餐干饭，后来早起惯了，才知道非吃三餐干饭不可。

扫，就是扫除，包括洒洗。这一工作，大多由妇女为之。妇女早起之后，第一件事，就是洒扫工作。庭阶秽物，桌几灰尘，要洒扫干净，虽至贫至苦人家，也不会例外。年终的时候，屋前屋后，还要来一次大扫除。

书，就是读书。在过去的家庭中，除极少数的例外。大多数的青年子弟，总要读三年五年的书，即一般女子，也要至少读一二年的书，俗话说"三代不读书，一屋都是猪"。正由于此，所以中国文化，在过去历史上，一直处于领先的地位。旧时家庭，必有一个祭奉祖宗的神龛，设于堂屋的正中。神龛两侧，必然张贴一幅对联：把祖宗一炷清香，必诚必敬；教子孙两条正路，宜读宜耕。耕，代表生产基业；读，代表基本教育。耕读之家，最能维持长久。

蔬，就是蔬菜。曾星冈曾说：凡蔬菜手植而手撷者，其味弥甘。这不仅是心理作用，而且也是一个事实。

鱼。鸢飞戾天，鱼跃于渊，天机活泼，正是一种兴旺气象。曾国藩曾说："家中养鱼养猪种竹种蔬，皆不可忽，一则上接祖父相承以来之家风，二则望其外有一种生气，登其庭有一种旺气。"足见养鱼，不仅供应口福，而且可以增加生气，生气勃勃，则家道兴矣。湖南素称鱼米之乡，鱼的产量很大，在湖南的出产中，与米并驾齐驱。

猪。在湖南的农业副产品中，生猪占着一个极重要的地位。湖广熟，天下足。湖南有的是米，湖南的猪，是吃米糠长大的，因为池塘多，水沟多，猪吃饱了米糠，又加上一些水边植物，每只猪都是长得肥肥的，其肉味道之佳，实各省所不及。因此湖南猪，猪肉、猪鬃以及腊肉，销行至远。

这八个字是根据中国传统的家庭伦理和曾氏所居的湖南乡下的经济特点总结出来的，若能坚持不息，家业自然兴旺。

此外还有三不信：不信地仙，不信医药，不信僧巫。这也是曾星冈的

垂教。在过去乡村中，由于封闭落后，僧巫、地仙，民间信之者众，偏曾家独不相信，曾星冈对于游医、僧巫、地仙，一见即恼，斥之惟恐不远。曾国藩也一生不爱和这些人往来。大概是曾星冈受了朱柏庐先生《治家格言》的影响极深，而曾国藩又笃信其祖父所致。

而"八本"，更是曾国藩从经历学识各方面得来的妙谛，也就是他治家理念的张本。时维咸丰十年二月，正是曾国藩带领湘军反守为攻的大战初期，这位统兵大帅，却一面辑录经史百家杂钞，一面作书寄家，并以此名其所居曰"八本堂"。曾国藩的治家理念，以"八本"为经，以"八字"为纬，经纬连贯，脉络相通，便形成一套治家的理论体系。千百年来，中国谈家庭教育者，未能出其畴范。因此，曾国藩的家书家训，流行民间，至为广泛，等于一部家庭教科书。

曾国藩治家的智慧，来源于深厚的内圣之功。他是将修身大法运用于治家之道。家庭之"内和"法，来源于仁爱心；家庭之"外善"法，来源于平等心；家庭之"远祸"法，来源于清净心。移修身之道以治家，做到适情适理适时适势，人兴家旺势在必然。再移治家之道以治社会，国家，则春风鼓荡，四海祥和，天下长盛久安亦势在必然矣。

二　致败之由

【原典】

士大夫之家不旋踵而败，往往不如乡里耕读之耐久。所以致败之由大约不出数端。家败之道有四，曰：礼仪全废者败；兄弟欺诈者败；妇女淫乱者败；子弟傲慢者败。身败之道有四，曰：骄盈凌物者败；昏惰任下者败；贪刻兼至者败；反复无信者败。未有八者全无一失而无故倾覆者也。

【释文】

士大夫之家有的很快就衰败，往往不如在乡下种地读书的耕读人家那样能家运长久。究其原因，大致逃不出几点。导致家庭衰败的原因有四个：没有礼仪之家必然衰败；兄弟相互欺诈之家必然衰败；妇女淫荡秽乱之家必然衰败；子弟傲慢无礼，欺压他人之家必然衰败。导致个人身败名裂的原因也有四个：骄傲自满、轻侮别人的人必然衰败；昏暗懒惰、偏信下人的人必然衰败；贪婪而且苛刻的人必然衰败；反复无信的人必然衰败。从来没有见过完全没有这八种弊病而无缘无故败家覆身的事情。

【要义】

曾氏家风从曾国藩的曾祖父就开始营创，到曾国藩手里更臻于完善。良好的家风对曾国藩的成长起了重要的作用，这一点曾国藩念念不忘，正是有感于此，他对家庭倾注了毕生心血，使他的家庭成为晚清的"第一世家"。曾国藩常思身败、家败的主要原因，用以警诫家人，而他自己则以身示范，在居家中起到楷模作用。这里列出的都是致祸之因，把祸挑明了，就是为了远祸、避祸、救祸。远祸的办法，有遇家庭重大决策，必须

具备成熟条件和全部要素才可以考虑；要多与家庭其他成员商量，多听老人意见；有必请专家共事，不做不熟悉的项目等等，等等。但最根本的是当家人要对家庭负责任，要有福祸意识，防范风险意识。

好的家范，确实能够造就为民事国的人才，也能使家族绵延不绝，这是中国人历来注意家范的原因。诸葛亮是以政治家、军事家的荣誉载入史册的。而他对于孩子的培育，也曾为后人留下许多有益的鉴诫。

诸葛亮早年无子，以他哥哥诸葛瑾之子诸葛乔为继子。诸葛乔后来娶了皇家闺秀，与刘氏帝室为婚，因而拜为驸马都尉，平步青云。但是，诸葛亮不仅教育他要生活简朴，切忌安荣乐贵，而且在自己行军打仗时，也有意识地将他带在身边，让他随军服役。诸葛亮曾写信给东吴的哥哥诸葛瑾说："乔本当还成都，今诸将子弟皆得传运，思惟直同荣辱。今使乔督五六百兵，与诸子弟传于谷中。"在诸葛亮看来，要想儿子们成器，必需经受锻炼，劳其筋骨，体验艰苦生活。

诸葛亮在46岁时，亲生儿子诸葛瞻出生。他很喜欢这个儿子，希望儿子将来能成为国家栋梁。就在他辞世那一年，还曾写信告诉哥哥诸葛瑾说："瞻今八岁，聪慧可爱，嫌其早成，恐不为重器耳。"

诸葛亮曾写过不少有关教育儿子的书文，有《诫子书》流传至今。书为：

诸葛亮

夫君子之行，静以修身，俭以养德，非淡泊无以明志，非宁静无以致远。夫学须静也，才须学也，非学无以广才，非志无以成学。淫慢则不能励精，险躁则不能治性。年与时驰，意与日去，遂成枯落，多不接世，悲守穷庐，将复何及！

从这篇《诫子书》中，可以看出诸葛亮是以政治家的襟怀，从国家利益的高度去教育儿子的。他要求儿子们要以修身养德为起点，立志成学，免得日后因虚度年华而悔恨终身。其中"非淡泊无以明志，非宁静无以致远"两句，无疑是他个人生活经验的总结，也是他教诫儿子们的至理名言。在《诫外生（甥）》书中，诸葛亮也谆谆告诫两位姐姐的孩子们，要做到"志当存高远"，生活上应"绝情欲"，与人交接时能够"忍屈伸"。

曾国藩认为，傲气太盛，说话太多，这两条是历代官场导致灾祸的原因。官宦之家，一有权，二有势，有权有势就少有顾忌，多有优越感。人一旦有了优越感，那灾祸也就为期不远了。有优越感的人，总喜欢对他人颐指气使，指手划脚，评头论足。常言道，言多必失。也许你并非有意，也许你并无恶意，也许真理真的在自己这一边，但别人还是受不了，还有比这更不明智的吗？有了优越感往往不太在意他人，不尊重他人，言谈举止总有不可一世的感觉。时时处处都会自觉不自觉地显示高人一等、更胜一筹的做派。有时他并不想显示，可是在关键场合他还是不自觉地显示了。久而久之，也就霸气逼人、盛气凌人、傲气欺人了。也许别人并不在意你的优越，但就在乎你的优越的感觉；也许别人可以容忍你的一次傲气，但不能永远容忍你的傲气；也许某一个人可以长久容忍你的傲慢，但不是所有的人都可以长久容忍你的傲慢。

唐代名臣房玄龄就经常告诫他的子女们，不要骄奢淫逸，误入歧途，也不要由于出身名门大族，而盛气凌人。他收集了古今圣贤治家的格言，亲自书写在屏风上，然后召集子女，分给他们每人一扇屏风，对他们说："如果你们能按着这些格言去做，那就足以保全自身，功成名就了。"

从道光十八年曾国藩被点为翰林以后，他鲜有回家的机会。教育子女全依赖他在家书中殷殷教诲。从咸丰二年到同治十年的20年中，他写给两个儿子近二百封信，包括其教子如何读书、作文、做人。在家书中曾国藩不厌其烦地教育儿子，只求读书明理，不求做官发财。如果说曾国藩不过是一个二品侍郎、团练大臣，并无实权，算不上是名贵，可在咸丰十年以后，他身为总督，权缩四省，俨然是清王朝封疆大吏，而教子则更为严格。他在给子侄的信中写道：

挺经

凡世家子弟,衣食起居无一不与寒士相同,庶可以成大器;若沾染富贵气习,则难望有成。吾忝为将相,而所有衣服不值五百金。愿尔等常守此俭朴之风,亦惜福之道也。其照例应用之钱,不宜过啬。

曾国藩教育子女不许有"特权"思想。他十分清楚,沉湎于权贵之中的子女,往往骄纵,且甘居下游。因此,曾国藩身体力行,戒奢、戒侈。他曾说:"世家子弟,最易犯一奢字、傲字。不必锦衣玉食而后谓奢也,但任皮袍呢褂俯拾即是,舆马仆从习惯为常,此即日趋于奢矣。见乡人则嗤其朴陋,见雇工则颐指气使,此即日飞于傲矣。《书》称:'世禄之家,鲜克由礼'。《传》称:'骄奢淫使,宠禄过也'。京师子弟之坏,未有不由于骄奢二字者。"曾国藩曾反复告诫曾家后代,一定要一边种地,一边读书,以保持先人的老传统,千万不要沾染半点官场习气。他曾对儿子约法三章:不许坐轿,不许使唤奴婢做取水添茶的事情;拾柴收粪之类的事情,必须一件一件去做;插秧除草之类的事情,必须一件一件去学。

曾国藩不主张留大笔财产给子孙后代,他在《致澄弟》书中说:"我觉得我们弟兄身处这样的年代,名声远扬,应以钱少,产业少为好。一则可以平日里避免别人看了抢着掠取的期望,有动荡的时候也可以避免遭抢掠。二是子弟之辈看到家中窘迫的状况,也不至于一味讲究奢侈了。"

曾国藩特别注意历史的经验,说:"观《汉书·霍光传》,而知大家所以速败之故。"

霍光

霍光为东汉大将军,总揽朝政20年,炙手可热,他的儿孙及女婿无不高官厚禄,起阴宅,缮阳宅,晏游无度,骄横无礼，最后被灭族，连坐者数千家。

当初霍家奢侈之时，茂陵有个姓徐的书生预言道："霍氏一定灭亡。他奢侈又不谦逊，不谦逊定轻怠了皇上，轻怠了皇上就背了礼。权倾朝野，妒忌他的人很多。天下人妒忌他，他言行又不注意，怎能不亡！"徐生的话不幸而言中。

而与霍光同时代的另一位姓金的官员则相反。他见长子与宫人淫乱，亲手杀之；皇帝赐给他宫女，他"不敢近，其笃慎如此"。

曾国藩要求弟弟把以上这些正反事例"解示后辈"，意在要后辈戒奢戒骄。曾国藩说，一般人多希望子孙后代做大官，我不愿意子孙后代做大官，只想他们成为读书明理的正人君子。一般人之所以希望子孙后代做大官，是因为做大官有权有势，有显赫的门第，有丰厚的钱财；曾国藩之所以不愿做大官，是因为他看到了荣华富贵是暂时的，阅尽了盛极而衰后的艰难、悲惨和世态炎凉。

在曾国藩看来，银钱和田产最容易助长骄气和逸气。而不积蓄银钱就可使子弟们"一无所恃"，逼迫他们勤劳，进而自立自强。一次，曾想再买一块地，改葬先人，以求得富贵福祉。曾国藩却不以为然，他教导家人说："改葬先人，一定要根除求富求贵的想法。如果免除了水蚁之害就可以告慰先灵，如果免除了凶煞之灾就可以安抚后嗣，倘若存有一丝一缕求富求贵的念头，则必定会被造物鬼神所忌恨。根据我的所见所闻，凡是已经发达的家庭，没有再想寻得更大的田地的。"

曾国藩的弟弟中，九弟曾国荃是最有出息的一个。不过曾国荃太过招摇，让长兄非常不安。一次，曾国藩与心腹幕僚赵烈文谈论曾国荃在家乡盖的新房子，"费钱很多，还招来怨恨"。曾国藩说：

"我们家乡本来没有大树，有的话，一定是坟墓旁边的树，或者是房屋旁边多年长成的树，人家都用来遮挡阴凉，大多不愿意卖。我的老弟以为，只要出高价就能让别人卖，因此武断行

事,一定让人家出卖。这些树大多是松树,油脂多又容易生蠹虫,并不是盖房子的好材料,民间往往值一缗钱的,我的老弟往往要用二十缗,而且还怨声载道。他从湘潭购买的杉木,运回时逆流而上三百里,中间又有旱路必须牵拽,所花费的钱又好几倍。买田产的价格也比平常高出不少,但也招致怨恨。比如有田一大片已经买到手,但中间混杂着外姓的田有几亩,因此一定要买归自己,这样的人家或者是没有多少家财的贫困户,或者是世代相传的祖产,因为不愿意卖,故只好强买。本来,我们湖南做官之后退休回到乡里的,像李石湖、罗素溪等人,购买的田地不知比我的老弟多几倍,但从来没有人议论他们,而我的这位九弟,则大遗口实给别人。其巧拙之分,有如天壤之别。"

可以说,功成名就之后的曾国藩为了其家势的绵延费尽了心思,他既爱他的兄弟手足,又对不能彻底纠正他们的一些"不当"做法而苦恼。既想保持为官者的操守,又不能不尽一个大丈夫对家庭以及亲族的责任。家庭中的每一个成员,都必须修身正德,才可能友善于外。倡私德并不意味着就会损害公德。恰恰相反,私德是公德的基础,重视蓄养私德,只会有益于公德的倡行。如果家长一味教孩子赚钱、求富、升官、成名,而不强调内圣、修行、积德、行善、养智、助人,那就完全有可能把孩子引向"一心向外"的单向人生之路,为日后成长埋下祸因。

三 孝友为家

【原典】

凡天下官宦之家，多只一代享用便尽，其子孙始而骄佚，继而流荡，终而沟壑，能庆延一二代者鲜矣。商贾之家，勤俭者能延三四代；耕读之家，谨朴者能延五六代；孝友之家，则可以绵延十代八代。我今赖祖宗之积累，少年早达，深恐其以一身享用殆尽，故教诸弟及儿辈，但愿其为耕读孝友之家，不愿其为仕宦起见。若不能看透此层道理，则虽巍科显宦，终算不得祖父之贤肖，我家之功臣。若能看透此道理，则我钦佩之至。澄弟每以我升官得差，便谓我肖子贤孙，殊不知此非贤肖也。如以此为贤肖，则李林甫、卢怀慎辈，何尝不位极人臣，焄奕一时，讵得谓之贤肖哉？予自问学浅识薄，谬膺高位，然所刻刻留心者，此时虽在宦海之中，却时作上岸之计。要令罢官家居之日，己身可以淡泊，妻子可服劳，可对祖父兄弟，可以对宗族乡党。如是而已。

【释文】

天下所有的官宦人家，他们的家运大多一代人就享用殆尽，他们的子孙先是骄逸懒散，继而放荡不羁，最终走向堕落，家运能够延续一两代的都很少见。经商的家族，勤俭的能够延续三到四代；种田读书的耕读之家，谨慎俭朴的能够延续五六代；孝敬长辈，与人友善的家族则可以延续长达十代八代。我今天依赖祖宗积德，年纪轻轻就取得不凡的成就，非常害怕家运被我一个人享用殆尽，因此告诫各位弟弟和儿子辈的人，希望你们能够努力耕作、勤奋读书、孝敬长辈、友爱乡邻，使家族成为耕读孝友之家，而不要仅仅被人看作官宦之家。如果不能看透这层道理，即使在科

举考试中名列前茅，取得显赫的仕宦官位，也终究算不上先辈的贤德孝顺的后代，算不上我家的功臣。如果能明白这层道理，那我就异常的钦佩。每次我官位升迁，得到差事，澄弟就说我是肖子贤孙，哪里知道我这并非贤德孝顺。如果这也是贤德孝顺，那么李林甫、卢怀慎之流，何尝不是达官显贵，位极人臣，岂不也称得上是孝子贤孙吗？假如到了弃官回家的时候，我自能放下名利之心，我深知自己学识浅薄，误得高位，所以处处留心，时时在意的，是我虽在仕途宦海之中，却时刻作着弃官归里的打算。假如真到了辞官归里的时候，家属也可以自食其力，也算对得起祖父兄弟，对得起宗族乡邻。这就是我所想的。

【要义】

中国传统社会是以"家族"为基本单位的，并不太推崇个人的功业。这种传统对社会的稳定是有利的。曾国藩不仅以道德文章功业著称于世，而且他治家有方，兄弟多有建树，子孙也人才辈出，家中一团和气，尊老扶幼，子孝妻贤，世世代代广为流传。要延续家族的兴旺，曾国藩提出三个要点：勤俭、谨朴、孝友。其中"孝友"最为关键。孝友之家，可以绵延十代八代。

重视家庭伦理建设是中华文化的一个传统。"尧舜之道，孝悌而已。""孝"是子女对父母的尊敬与服从；"悌"是弟弟对兄长的尊敬与服从。据传我国夏朝就有不孝之罪，商朝沿用。西周文王时规定了一条法律，将"不孝不友"定为"元恶大憝"之罪，应用文王的法律从重从快严加惩处。在儒家看来，王道政治的"修齐治平"中，"修"、"齐"的核心问题是个"孝"字，"修身"以孝，"齐家"亦以孝，身修了，家齐了，何患国不治天下不平？所以《孝经》又说："明王之以孝治天下也。"

曾国藩是在父亲和祖父的厚爱之下成长起来的。26岁那年他赴京赶考，回来时向同乡、睢宁县令易作梅借了一百两银子买回一部《二十三史》，随身的皮袍冬衣也送进了当铺凑足盘缠回家。父亲不仅没有责怪他，还帮他还清了欠债。一个庄户人家，一百两银子需要积攒好几年。家庭的浓浓爱意，使曾国藩自小就懂得"全家扶一人，一人扶全家"是天经地义的道理。

曾国藩曾在给他的儿子曾纪泽的信中写道："你应当体会我的心意，在叔祖及各位叔父、叔母前多尽些敬爱心。要心存全家同为一体的概念，不怀彼此歧视的见解，那么老辈内外亲长必然器重喜爱你。后辈兄弟姐妹以你为榜样，越来越亲密。如果能使宗族、乡党都说，纪泽的气量大于他父亲的气量，我就非常高兴。"

凡人都有个人的利益，都有自己的个性，都有自己的习惯。人与人相处便会有冲突，便是一家人也一样。俗话说："居家过日子，没有马勺不碰锅沿儿的。"家庭矛盾并不可怕，产生一点家庭矛盾也很正常。即使是一个人，也有自己跟自己过不去的时候，唇齿之间，也有不睦的时刻，更何况是年年月月生活在一起的另外一个或几个人呢？每个人都有自己的性格、兴趣、观念和独立性，这是矛盾产生的根源。解决家庭矛盾的唯一办法就是"和"。曾国藩说："家和则福自生。如果在一个家庭中，哥哥所说的话弟弟没有不听从的，弟弟所求的事哥哥没有不应承的，一家人融洽相处，和气蒸蒸，像这样的家庭不兴旺发达，从没有过。相反，兄弟之间相互争斗，婆媳之间彼此扯皮，夫妻之间两相计较，像这样的家庭不衰败，也从没有过。"

三口之家，尚还好协调，如若三代同堂，十几口人年龄、习惯差距就更大，如何才能使家庭和睦？对此，明代方孝孺提出要"绝私"。他说："厚己薄人，固为自私；厚人薄己，亦匪其宜。太公之道，物我同视。循道而行，安有彼此？亲而宜恶，爱之为偏。疏而有善，我何恶焉？爱恶无他，一裁以义。加以丝毫，则人为伪。天之恒理，各有当然。孰能无私？忘己顺天。"

在封建家庭关系中，人们崇尚孝悌和睦，尊敬孝子烈妇，希望人人能遵纲循道，相安太平。这就要求治家修身，待人处世讲究公正无私。作为家长，不论对内对外，都应杜绝私心，遵循天理，树立威望，管理族人。那么，怎样才能做到杜绝私心呢？方孝孺在这里对他的子孙们提出了自己的要求。

凡事偏爱厚待自己，轻视苛刻别人，这是很明显的自私自利，当然是不对的。然而，遇事过于宽容别人，轻视自己，丧失了衡量事理的公正标准，这也是不合事理的。在行仁道的核心内容——孝悌方面，对物对事，对人对己，都应当是一视同仁的。孝敬父母，敬兄爱弟，不能分什么你我，更不能此一时彼一时。生活时，喜欢和讨厌不该有什么别的标准，而都应遵从于礼义，稍微掺入一点点个人感情，则会产生虚假。天经地义永恒不变的道理，往往都是如此。那么，到底怎样才能够做到杜绝私心呢？这就是忘却个人，顺应天理。

应当指出，方孝孺在这里指的礼义、天理等，都可以归结于封建儒学的核心仁道。在特定的封建社会历史条件下，他用孔孟礼教训戒子孙，要求他们用封建伦理道德约束自己，顺天应人，在那时是天经地义的，我们可以理解为这是他的历史局限性所在。但是，倘若我们把他的礼教变换为一个客观事理来看的话，应该说，他的说理分析颇能说服人的。首先，他用辨证的观点指出，私

方孝孺

心不仅是对己而言，对别人也会有私心的，这个私心就是不尊重客观事理而有所偏向，这一点是应当注意克服的。其次，他认为对人对己都应杜绝私心，不偏不倚，以客观事理为准绳，这样才能避免人为的偏颇。理解了上述两点，就可以自然过渡到第三点，即只要忘却私心杂念，尊重客观事理，就能做到杜绝私心，以维护客观事理为己任，于己于家，都是十分必要和有益的。

方孝孺的苦心，不只在于训诫子孙们杜绝私心，孝悌和睦，还像他在《家人箴序》中所说的，更希望子孙们察乎物理，修身齐家，使方家成为君子治天下之标准，维护封建伦理道德和文化。家庭是社会的细胞，无论

过去和现在，家庭的稳定和幸福，都是国家安定强盛与否的基础，所以，我们现代家庭的人们，也可以借鉴方氏训诫子孙的箴言，在处理家庭关系中糊涂一些，忘我一些，不要太聪明，对个人的利益考虑的太多。古人尚能如此气度宏大，今人也应做到。

唐代宗李豫在位18年，既无璀璨的文治，也无显赫的武功，被认为只是"中材之主"。但他在涉及到亲属子女的问题上，往往能够从大局出发，妥善处理，可谓"治家有方"。《资治通鉴》记载了这样一件事：

> 四女升平公主平时最得代宗欢心。十余岁时，下嫁平息安史之乱的大功臣郭子仪第六子郭暧为妻，"恩宠冠于戚里，岁时赐赏珍玩，不可胜纪"。可是在一些重大问题上，代宗却从不迁就姑息她。
>
> 郭暧曾与升平公主发生争执，郭暧说："你依仗有个天子的父亲吗？我父亲还不愿做皇帝呢！"公主气愤异常，乘车回宫上报父亲，说郭家有谋反之心。代宗说："这事你不知道，就和郭暧说的一样，假如他父亲想做皇帝，那天下怎么会是你们李家的呢？"安慰教导一番让公主回去了。郭子仪听说这事，就把郭暧抓了起来，带进皇宫去领罪。代宗说："有这么一句俗谚：'不痴不聋，不作家翁'。小两口在家里吵架说的话，那里能听信呢。"最后郭子仪回到家，把郭暧打了几十棍，算了结了这件事。

据说那时郭暧不过14岁，而升平公主还要小。十几岁的孩子赌气说出那种"不稀罕做皇帝"的话，应该没有什么奇怪的。公婆若当真或因此生气，那与孩子又有何区别。只为争口气出口气而把亲家满门抄斩，让升平公主做寡妇，自然不是好主意。唐代宗身为皇帝，能够深明大义，不因家庭问题妨害君臣关系，不以子女之言为进退，且能教育子女妥善处理家庭关系，对家庭成员之间应有的关系看得如此透彻，诚属难能可贵。

所谓"父慈子孝，兄友弟恭"，中国家庭生活中的亲情原则，是一件好东西，应该继承。维持好一个家庭，没有一种克已、无私的精神是绝对

不行的。在"克己"、"绝私"方面，中国传统文化有着深厚的文化资源供我们开发。

读了曾国藩的许多家训、家书之后，我们越来越清晰地看到，所有的治家格言、警句所强调的都离不开三个要点：祥和、友善、远祸。曾氏家族久盛不衰绵延数代而余泽长存的秘密武器也就在这三个要点上了。

明强第四

子路问强。子曰：南方之强与？北方之强与？抑而强与？宽柔以教，不报无道，南方之强也。君子居之。衽金革，死而不厌，北方之强也。而强者居之。故君子和而不流，强哉矫。

——《中庸·明道》

一　学问求明

【原典】

三达德之首曰智。智即明也。古豪杰，动称英雄。英即明也。明有二端：人见其近，吾见其远，曰高明；人见其粗，吾见其细，曰精明。高明者，譬如室中所见有限，登楼则所见远矣，登山则所见更远。精明者，譬如至微之物，以显微镜照之，则加大一倍、十倍、百倍矣。又如粗糙之米，再春则粗糠全去，三春、四春，则精白绝伦矣。高明由于天分，精明由于学问。吾兄弟忝居大家，天分均不甚高明，专赖学问以求精明。好问若买显微之镜，好学若春上熟之米。总须心中极明，而后口中可断。能明而断谓之英断，不明而断谓之武断。武断自己之事，为害犹浅；武断他人之事，招怨实深。惟谦退而不肯轻断，最足养福。

【释文】

《中庸》所说的智、仁、勇这三大品行中，排在首位的是智。智就是明。古代的豪杰，常称之为"英雄"。这里的"英"也是明。所谓"明"有两种：他人只看到近前东西，我则可以看到极远的东西，这叫高明；他人只看到粗大的东西，我则可以看到精细的东西，这叫精明。所谓的高明，好比身在室内，所能看到的距离毕竟有限，登上高楼所能看到的就远了，登上高山的话，看得就更远了。所谓的精明，好比是极为细微之物，用显微镜来观察它，它就会放大一倍、十倍、百倍了。又好比是粗糙的米，捣两遍的话，就可以把粗糠全部除去，捣上三遍、四遍，那么它就精细白净至极了。人是否高明取决于天赋，精明则有赖于后天的学问。我们曾氏兄弟如今侥幸居高位，天赋都算不上十分高明，全靠学问来求得精

明。喜好提问如同购置显微镜观察事物，喜好学习如同捣击熟透了的米。总而言之，必须心里明白，然后才能说出自己的决断。心里明白再做决断这叫英断，心里不明白就做出决断，这叫武断。武断自己的事情，产生的危害还不大；武断他人的事情，就会招致很深的怨恨。只有谦虚退让而不肯轻易决断，才能保住自己的福份。

【要义】

"明强"二字是从《道德经》"知人者智，自知者明"引出的。古之豪杰都称英雄，英即明也。雄即强也。明强，讲的是英雄之道。人生在有限的时间里经营好自己，坚忍图强，以求用有限的能量尽最大努力把可能做好的事情真正做得"止于至善"，便可称英雄。

清朝末年，国家内忧外患，但是却缺乏治国强兵的人才。曾国藩曾说："孔子曾经说，能治理好自己的国家，又怎么会有羞辱他的人呢？全在于自强而已，又何必靠别人。就拿非常棘手的洋务来说，中国如果有人才，又怎么害怕外国人的欺凌？"

但是强大必须有智慧最为后盾，即以"明"助"强"，而不能以"强"害"明"。以"强"害"明"便是刚愎，而刚愎是人性中最大的败德之一，它集中了许多的恶劣的习惯和性格，如自满、褊狭、无知、嫉妒等，是为人处世致败取祸的一大主因。历史上由此致败者不绝于书，如项羽，如袁绍，可以不夸张地说，一般的人所以失败，都或多或少与刚愎有点关系。"倔强"得过了头，就很容易滑向刚愎一端，好事也就变成了坏事。历史上王安石变法的失败，也和王安石刚愎的性格不无关系。

王安石在少年时代就喜好读书，诗书一经他过目便终身不忘，他作文章落笔如飞，初看他似乎漫不经心，写完后，读过的人都佩服他文章的精彩绝妙。王安石考中进士后，名列上等，任签书淮南判官职。按照旧制度的规定，任职期满，准许呈献文章请求投考馆阁的职位，但王安石却没有这样做，他只是到鄞县做了名知县，后调任舒州通判。当时文彦博做宰相，他以王安石淡于名利而向朝廷推荐，请求对他越级进用，以遏止追名

逐利的风气。不久，朝廷让王安石参加馆阁职位的考试，他却谢绝应试。欧阳修推荐他为谏官，他也以祖母年老为由辞谢不任。后调他到江东担任提点刑狱，仁宗嘉祐三年，又入京任度主判官。

王安石的议论高深新奇，能以辨析和旁征博引来增强自己看法的说服力，他果敢地按自己的见解来处理问题，有慷慨奋行、矫正世风、改变世俗的志向。为此他向仁宗上了万言书，他认为，如今天下的财力日益困乏穷尽，风俗日益衰弱败坏，问题的症结在于不知道法规、不效法先王政令的缘故。效法先王的政令，主要是效法政令的主要精神。只有遵循它的主要精神，那么所推行的更改变革，才能被天下人认为合乎先王的政令而欣然接受。自古以来的太平治世，从未曾因财物的不充足而成为国家的忧患的。忧患倒在于治理财政没有把握它的规律。皇帝不能长久地依赖上天的厚赐，而要有一旦出现灾患的忧虑。但愿皇帝能明察朝中得过且过、因循守旧的弊病，明文诏令大臣，逐渐克服弊病，以期迎合当世变化的形势。这里所讲的一切，流于颓废、萎靡、世俗的人是不会说的，而议论朝政的人又以为是不切实际的老调重弹。后来王安石治理国家，他所执行的政策措施，大体上都根据如上所书。

熙宁二年二月，王安石升任参知政事。一日，神宗对他说："很多人都不了解你，以为你只知道经学，不通晓世上实际事务。"

王安石

王安石答道："经学正是用来治理世上的实事的，但后世所谓讲经学的读书人，大抵都是平庸之辈，所以世俗都认为经学不可以施行到事务上。"

神宗问："那么最先施行的该是什么呢？"

王安石说："改变风俗，

建立法规,这是眼下的当务之急。"神宗认为确是这样,于是设立了制置三司的条例司,任命王安石与枢密院事陈升之共同主持。王安石又令吕惠卿负责条例司的日常事务。不久,农田、水利、青苗、均输、保甲、免役、市易、保马、方田等法陆续兴立,称为新法,王安石又先后派出提举官40多人,将新法颁行于天下。

旧史评价说,王安石性格坚强刚愎,遇到事情不管可与否,都固执己见。在议论变法时,在朝廷百官全部持不可变法观点情况下,王安石附会经义,提出了自己的各种主张,辩论起来动辄数百言,众人皆不能使他屈服。他甚至说:"天变不足以畏惧,祖宗不足以效法,人们的议论不足以顾忌忧虑。"这段话显然有失公允,但也透视出王安石性格中的刚烈之风。所以朝中旧党一股脑地反对王安石。王安石缺少可靠的政治盟友,新法也有很多漏洞,变法很快结失败了。

在多种力量竟相角逐的态势下,不一定实力最强的就是成功者。因为多种因素使多种力量互相利用和被利用,会产生许多意想不到的结局。刘项逐鹿天下,项羽的实力远强于刘邦,结果反而惨败于刘邦;秦晋淝水之战,符坚的前秦军兵强将勇,实力远胜于谢安的东晋军,但却以八公山上"风声鹤唳、草木皆兵"而惨败于谢安。

"明强"是"智强",即以清净之智而见强。上智者可以慷慨地为众所利用,而后人心悦诚服地共被其用之;中智者相互利用而以各得其所方宁;下智者被人利用反而以为自己在利用别人。曾国藩恪守"愚必明,柔必强"的原则,娴熟驾驭纷争局面,他是上智者。

曾国藩无时无处不在强调这挺经中的明强大法,同治二年七月,在给他弟弟曾国荃的信中写道:"强字本是美德,我以前寄给你的信也讲明强二字断不可少。但是强字必须从明字做出,然后始终不屈不挠。如果对事情全不了解,一味蛮横,等到别人用正确的道理进行驳斥,并用事情的实际后果来验证,这时再俯首服输,前倨后恭,这就是京师讲的瞎闹。我也并不是不要强,只是因为见闻太少,看事不明不透,所以不敢轻于要强。"

在这一点上,唐顺宗的叔父,慕王李叔文就有王安石不可企及的政治智慧。

唐代的顺宗在当太子时,亦好作壮语,恍然以天下为任。太子有盛名,服人心,自然也是使自己顺利当上皇帝的一个先决条件。但太子胜过父皇,又往往有逼父退位的举动,所以又常会遭父皇的猜忌而废黜。聪明的太子因此必须不能表现出太强的才干,造成太响的名气。顺宗作太子时,一日曾对僚属说:"我要竭尽全力,向父皇进言革除弊政的计划!"

但慕王却告诫他:"作为太子,首先要尽孝道,多向父皇请安、问起居饮食冷暖之事,不宜多言国事,况且改革一事又属当前敏感问题,你若过分热心,别人会以为你邀名邀利招揽人心,如果陛下因此而疑忌于你,你将何以自明?"

太子听得如雷贯耳,于是立刻闭嘴哑言。德宗晚年荒淫而又专制,太子始终不声不响,直至熬到继位,方有了唐后期著名的顺宗改革。

"陶朱公"范蠡

这种含才不露、不显身手的风格,就是明强,也就是知道如何对待自己的特长,在这个问题上处理得最好的历史人物大概应推范蠡了。范蠡在助越王勾践灭吴之后,"以为大名之下,难以久居,且勾践为人可与同患,难以处安",就激流勇退,放弃了上将军之大名和"分国而有之"的大利,退隐于齐,

改名换姓，耕于海畔，手足胼胝，父子共力，后居然"致产十万"，受齐人之尊。范蠡虽居相安荣，但又以为"久受尊名，不祥"，乃归相印，尽散其财，"闲行以去，止于陶"，从事耕畜，经营商贾，又致货累矩万，直至老死于陶。这就是历史上有名的"范蠡三徙"。范蠡之所以辞官退隐，就是考虑到不要让尊名大利给自己带来身家性命之忧。事实上他的考虑是有道理的。与他共扶勾践的文种就因不听范蠡的规劝接受了越国的尊荣大名，结果死在勾践手下。说到底，像顺宗、范蠡这样处理名位的方式，都是为了形式上放弃之后，更永久地保有它。

曾国藩在给曾国荃的信中对强毅与刚愎作了明确的区分，他说："强毅之气，决不可缺少，但是强毅与刚愎自用截然不同。古人说：自胜称为强，说强制也好，强恕也罢，或是强为善，都是自胜的意思。如果不习惯早起，就强制自己天未明即起床；不习惯庄重尊敬，就强制自己参加祭祀方式，感受庄重尊敬的气势；不习惯劳苦，就强制自己与士兵同甘共苦，勤奋不倦，这才是强。不习惯持之以恒，却强制自己做事有恒心，有耐力，这就是毅。不像上面说的这样，反而以气势压人，这就是刚愎。二者表面相似，实际上有天壤之别，不可不察，不可不慎。"能认识到这一点，曾国藩在塑造成功人格方面已达到了深层次的修养境界。曾国藩虽非将才，然而他能够审时度势，深谋远虑，从不求一时之功，从不轻举妄动。因此，曾国藩的"明强"之法值得人称道。

二　明强为本

【原典】

担当大事，全在明强二字。《中庸》学、问、思、辨、行五者，其要归于愚必明，柔必强。凡事非气不举，非刚不济，即修身养家，亦须以明强为本。难禁风浪四字譬还，甚好甚慰。古来豪杰皆以此四字为大忌。吾家祖父教人，亦以懦弱无刚四字为大耻。故男儿自立，必须有倔强之气。惟数万人困于坚城之下，最易暗销锐气。弟能养数万人之刚气而久不销损，此是过人之处，更宜从此加功。

【释文】

有担当，做大事，全要在"明强"二字上下工夫，《中庸》所说的"博学之，审问之，慎思之，明辨之，笃行之"这五个方面，就是使不明白的弄明白，使柔弱的变得坚强。做事情没有志气就不会产生扎实的行动，不坚强就不会成功，即使修养身心治理家庭，也必须以明强为根本。用"难禁风浪"这四个字打比方，说得非常好，我觉得很安慰。古来豪杰之士都以得"难禁风浪"这四字为大忌。我家祖父教导别人也以"懦弱无刚"四字为最大的耻辱。所以男子汉立身于世，一定要有倔强的气概。只是数万人被困在坚城之下，久攻不克，最容易暗中消磨锐气。老弟能够长时间保持数万人的刚猛锐气而不消磨损失，这是你的过人之处，更应该在这方面下工夫。

【要义】

曾国藩常以"明强"之法，用以修炼自己，因此他遇到困难时多半都

能挺性十足。而在湘军营中，他也以"明强"之法砥砺全体将士，使得将校相和，重信义，共患难，打胜了相互不争功，打败了则相互援救。曾国藩在致江忠源书中，曾经论及将校士兵背离不和的弊病，因此他命将出师之时，教导将士们以此为诫。

男子汉立身于世，一定要有倔强的气概，要把"懦弱无刚"四字视为最大的耻辱。胡林翼曾说："胆量人人都小，英雄只不过是平日胆小，临时胆大而已。"湘军是一支由文人组建起来的军队，而文人的特点就是思虑过多，贪生怕死。曾国藩想练就一支艰难百战的劲旅，就必须首先焕发出其将士的豪气与英姿。因此，他在挑选将官的时候，主要考察他是否血性方刚。

明强之人的一个特点就是敢争。毛遂便是敢争者中尤其敢争的一个。

《史记·平原君虞卿列传》记载，秦军包围了赵国都城邯郸。平原君赵胜，奉赵王之命，去楚国求兵解围。平原君把门客召集起来，挑选20个文武全才一起去。经过挑选，最后还缺一个人。门下有一个叫毛遂的人走上前来，向平原君自我推荐说："听说先生将要到楚国去签订'合纵'盟约，约定与门客20人一同前往，而且不到外边去寻找。现在还少一个人，希望先生就以毛遂凑足人数出发吧！"

平原君说："先生来到赵胜门下几年了？"

毛遂说："三年了。"

平原君说："贤能的人处在世界上，好比锥子处在囊中，它的尖梢立即就要显现出来。现在，处在赵胜的门下已经三年了，左右的人们对你没有称道，赵胜也没听到赞语，这是因为先生没有什么才能的缘故。所以先生不能一道前往，请留下！"毛遂说："我不过今天才请求进到囊中罢了。如果我早就处在囊中的话，就如锥子那样，整个锋芒都会露出来，不仅是尖梢露出来而已。"

平原君终于与毛遂一道前往。

到了楚国，楚王只接见平原君一个人。两人坐在殿上，从早

晨谈到中午,还没有结果。毛遂大步跨上台阶,远远地大声叫起来:"出兵的事,非利即害,非害即利,简单而又明白,为何议而不决?"

楚王非常恼火,问平原君:"此人是谁?"

平原君答道:"此人名叫毛遂,乃是我的门客!"

楚王喝道:"赶快下!我和你主人说话,你来干吗?"

毛遂见楚王发怒,不但不退下,反而又走上几个台阶。他手按宝剑,说:"如今十步之内,大王性命在我手中!"楚王见毛遂那么勇敢,没有再呵斥他,就听毛遂讲话。毛遂就把出兵援赵有利楚国的道理,作了精辟的分析。毛遂的一番话,说得楚王心悦诚服,答应马上出兵。不几天,楚、魏等国联合出兵援赵。秦军撤退了。平原君回赵后,待毛遂为上宾。他很感叹地说:"毛先生一至楚,楚王就不敢小看赵国。"

曾国藩的性格有如毛遂。当一种判断确定后,曾国藩从不迁就他人的意见,有主见,敢斗争。他出山不久向朝廷伸手要权的事,就颇能代表他的明强品格。

大概从咸丰二年十二月出办团练至咸丰七年二月弃军奔丧,这是曾国藩最为困难的时期。他事事草创,不断碰壁,客军虚悬,无权无位,兵微将寡,屡遭挫败,既无太多的事情可做,也无太多的钱养士。而对当时一般知识分子来说,充任曾国藩幕僚,既可能要担生死风险,又无看得见的实际利益。

咸丰七年二月四日,曾国藩的父亲曾麟书病死在湖南湘乡原籍。二月十一日,曾国藩在江西瑞州军营得到父亲的死耗后,哀毁悲痛之情无以自抑,"仆地欲绝"。十六日上《报父丁忧折》,不待准假,就与曾国华从瑞州回籍奔丧。按例军营大员父母丧亡,应该先行奏请开缺守制,得到朝廷批准后,才能回籍奔丧。曾国藩这次却不是这样,他上奏的时间是二月十六日,脱离军营奔丧回籍是二月二十一日,显而易见,他奔丧回籍并没有得到朝廷的批准,这种情况是少见的。但清政府念他犬马之劳,二月十七

日给曾国藩赏假三月，在籍治丧，发给治丧费四百两，以示恩宠，并命他于假满后仍回江西军营。然而，曾国藩要的是兵权，是部队，而不是虚荣。

六月六日，曾国藩上《历陈办事艰难恳终制折》，在这个奏折中，他和盘托出了他为什么不愿重回江西军营，要求开缺在籍守制的理由。曾国藩说："按照定例军营职位有空缺，先从在军人员拨补。我所带的湘军，多是招募来的湘勇，不仅参将、游击、都司、守备以上无缺可补，即如把总外委也不能递补空缺。武弁跟我出生入死数年，有的虽然保举至二品、三品职衔，而充当哨长者，仍领哨长薪饷，充当队目者，仍领队目薪饷。一旦告假，即时开除，终不得国家正规军照绿营廉俸之例长远支领。弁勇互生猜疑，徒有保举之名，永不履任之实，长此以往，湘军弁勇，难免'长生觖望'。"

国家定制，各省文武升迁罢免之权，责成督抚。督抚的喜怒，关系到州县官的荣辱进退。曾国藩办理军务，处处与地方官打交道，文武僚饷一事，诸如地丁漕折、劝捐抽厘，地方官从中阻挠。征收漕粮，百姓以浮收为苦。漕粮大事，循例由巡抚专主其事。身为客官，专办兵营军事，有劝捐扰民之实，而无能加惠百姓之事，"不敢越俎代庖，纵欲出一剀切说明之告示，以儆官邪，而慰民望而身非地方大吏，州县未必奉行，百姓亦终难信。此办事艰难之一端也"。曾国藩仔细观察局势，认为"非位任巡抚，有察吏之权"，决不能治军，决不能兼及筹饷。

曾国藩伸手向清政府要督抚的官位，并不仅仅为个人争地位，主要是为湘军争权利，争政治待遇。按照清朝的惯例，曾国藩带的兵如此之多，作战能力又远较八旗、绿营为强，立下的军功又如此之大，授予巡抚，功赏过薄，不足塞其欲壑，若授予总督，则军政大权集于一身，又为朝廷所不甘。而恰在此时，胡林翼等已攻占了武昌，形成了高屋建瓴之势，水陆师直捣九江。长江下游方面，自咸丰七年四月何桂清接替怡良为两江总督后，江南大营日有起色，正在进攻镇江，捷报频传。所以清廷便决定将长江上游战事责成湖广总督官文、湖北巡抚胡林翼，将下游战事、攻陷天京的希望寄托在何桂清与和春的身上。认为这样处理，定操胜券。因此，断

然拒绝了曾国藩干预朝廷用人大政，并撤销了他兵部侍郎的职务，将他开缺在籍守制，削除了他的兵权。同时命署理湖北提督的杨载福总统外江水师，惠潮喜与彭玉麟协同调度。这样的结果，致使江西湘军很快陷入了涣散状态。后来，胡林翼虽然一度派李续宜等往江西统率陆师，依然无济于事，而且李续宾、李续宜兄弟对清政府削除曾国藩的兵权也极为不满，心怀退志。

毫无疑问，曾国藩被削除兵权，瓦解了湘军的斗志，涣散了湘军的士气，削弱了湘军的战斗力，使江西湘军陷入群龙无首的局面。清军的力量在消衰下去。如果这时太平天国的内部不发生天京事变等一系列大的变故，就能用兵长江上游，重开湖北根据地。

后来朝廷任命曾国藩总督两江督办江南军务，对曾国藩与湘军将领鼓舞很大。胡林翼得到曾国藩署理两江总督的消息后，亦"气息为之一壮，耳目为之一明"。后来，胡林翼又得知曾国藩被任命为钦差大臣，并实授为两江总督，所有大江南北水陆各军悉归其节制后，兴奋地说："涤帅实授两江总督，殆如国相司之气象。诚明之至，上感九阍，军气孔扬。"全军欢欣鼓舞，"或者数年抑塞之气，至是将畅然大舒乎"。

曾国藩晚年，仍谓："'倔强'二字，却不可少，功业文章，皆须此二字贯注其中，皆从'倔强'二字做出。"又说他兄弟皆禀母德居多，好处是天性"倔强"。他虽衰老，"亦勃常有不可遏之候"。

"风流儒将"胡林翼

曾国藩一再强调"强"字应自"明"字出。在智慧处求强，在自修处求强，这样才能使人坚挺地挺进。他始终主张持之以恒，绝不灰心泄气，绝不矫揉造作，一如既往。然而在功名渐盛、地位渐高的时候，则其势不同，就需要持盈保泰，恬退谦谨了。他虽说"亦渐老于事，锋芒钝矣"，实则故乐谦德,"喜闻迕直之言",而以贞固自守。同治六年三月初二日书云:"弟当此百端拂逆之时,想心绪益觉难堪,然事已如此,亦只有逆来顺受之法。仍不外悔字诀、硬字诀而已。……弟当此艰危之际,若能以硬字法冬藏之德,以悔字启春生之机,庶几可挽回一二乎?"

"悔""硬"二字诀,是国藩立身处世思想之化境。照一般的解释,总以为曾国藩悔悟其往日强矫之非,而毋认柔道行之了。其实是他"可屈可伸,可行可藏"和"取人为善,与人为善"的对立一致之合。悔是"悟"的意思,"明"的意思,觉悟出真道的微妙处,知"自己全无本领",正见得自己"本领甚大"。"能立"、"能达"、"不怨不尤",方刚柔体用之极致。

三　强于自修

【原典】

凡国之强，必须得贤臣工；家之强，必须多出贤子弟。此亦关乎天命，不尽由于人谋。至一身之强，则不外乎北宫黝、孟施舍、曾子三种。孟子之集义而慊，即曾子之自反而缩也。惟曾、孟与孔子告仲由之强，略为可久可常。此外斗智斗力之强，则有因强而大兴，亦有因强而大败。古来如李斯、曹操、董卓、杨素，其智力皆横绝一世，而其祸败亦迥异寻常。近世如陆、何、肃、陈亦皆予知自雄，而俱不保其终。故吾辈在自修处求强则可，在胜人处求强则不可。福益外家，若专在胜人处求强，其能强到底与否尚未可知。即使终身强横安稳，亦君子所不屑道也。

【释文】

所有强盛的国家，必须得到贤德的人才来辅佐；家庭要兴旺，必须多出贤良的子孙。这也与天命有关，不全靠人力能作做到的。至于一个人自身的刚强，则不出北宫黝、孟施舍、曾子这三种情形。孟子能够义气相聚，慷慨处世，这和曾子的自我反省、能屈能伸一样。只有曾子、孟子和孔子教导仲由的"强"的道理，才可以长久。另外，斗智斗力的"强"，有因为"强"而兴盛的，也有因为"强"而失败的。从古至今，像李斯、曹操、董卓、杨素这些人，他们的智慧、能力在当时都是最强的，而他们惹祸失败也异乎寻常。近代的像陆、何、肃、陈也都是雄健过人，而他们都不得善终。所以我们的"强"要强在自身修养上，而不能为了超过别人而争强好胜。处身立世要兼顾别人，假如专门为了超过别人而争强好胜，能否强到最后还不得而知。即使他终身都能强横并能安稳度日，这样的强

法，君子也是不屑一顾的。

【要义】

曾国藩提倡自强、倔强，这都是大丈夫立世所必不可缺的。但强悍是来源于自身的修为，而不是为了和别人争斗。曾国藩以历史上的人物为例，提出要坚持孟子的集义而强、曾子的从自我反省中崛起，反对李斯、曹操、董卓、杨素那样的强，因为他们的强都用于谋一己私利上，所以没有好下场。

李斯本是上蔡布衣，原是荀况的学生，他看到世乱人争的形势可以改变自己的命运，因而毅然辞别自己的国家楚国，行前与老师大讲大丈夫得道而进的道理。后来到了秦国，受到重用，成为丞相，子孙也都做了大官。但李斯并非不知道谨慎，有一天他拉着儿子的手说："子孙们要好自为之，今天得来的荣华富贵不一定哪一天会招来祸害。"后来秦始皇死了，关键时他退让了，虽然与赵高斗争了五六个回合，但最后还是立了胡亥为皇帝。后来，赵高又陷害李斯，李斯受到"具五刑"，即五种刑罚的惩处，并被灭三族。临死前，他又与他的儿子相见，他哭着说：我现在非常怀恋你们小的时候，我带着大黄狗到山中去打兔子的日子。那时虽穷困，却很快乐。如今想回到那种日子也不可得啊！

司马迁在写《史记·李斯列传》时也对李斯抱以极大的同情，说李斯本是周公一类人物，但该坚持的不坚持，不该坚持的却要坚持，这是不明智啊。曾国藩饱读史书，对历史上这种因显示才能而招来杀身之祸的例子早已了熟于胸，尤其是身处官场，又值乱世，各种激烈的矛盾冲突随时会把自己卷入漩涡。因此，曾国藩无论是在官场，还是在带兵之际，都时时提醒自己要小心谨慎，不让自己处在太显眼的位置。

求强是可以的，但在逞能斗狠上求强就不是明智之举了。逞强斗狠，

说到底就是要获得对他人的超越感和优越感,从而谋求他人对自我的肯定、服从或尊敬,然而这种优越感的获得往往以压抑他人、伤害他人为代价。在某一时间,某一场合或某一范围内,你确实征服了他人,但在另一时间,另一场合或另一范围内,你又征服不了他人,而且你的这种征服必然激起他人持久的抵抗;倘若你征服的人越多,那么你所激起的反抗也就越广大。最后你就把自己人为地陷入到一个孤立的境地,结果你发现路越走越窄,越走越难。所以逞强斗狠最终会失败。

然而如果一个人在自修处求强呢?此时你追求的不再是对他人的优越,而是自我超越,当然也就不会形成对他人的威胁或者伤害,也就不会存在征服与反抗的持久的矛盾,因为你所要征服的人不是别人,而是你自己。你在不断修正自我,完善自我。所有的反抗来自于你的内部,是旧我对新我的反抗;这一反抗有时会刺激你更强烈地征服自我,恶行得以消除,善举得以光大,你就在这征服与反抗中不断前进。到一定时候,你就因为自修而完美和强大,这种强大就是曾子、孟子和孔子告知仲由的强大。是君子所要尽力珍惜、保持和追求的。

好强是好事,说明这个人有上进心。但是,如果把这股劲儿用在和他人一争高下上,时间长了,难免会对强于己的人产生嫉妒。久而久之,就会变得心胸狭窄,喜怒无常,甚至因心理不平衡而做出损人不利己的事。

春秋末期三家分晋。其中魏国势力最为强大,魏惠王野心勃勃,意图称霸天下,于是四处招贤纳士,收拢人才。庞涓和孙膑同为当世高人鬼谷子的学生。两人在鬼谷子的指导之下,文韬武略无所不习,成为当时的奇才。但庞涓为人较为心浮气躁,在学艺未得大成之时,便急欲立功扬名,于是便下山投奔魏国。在魏国,庞涓深得魏惠王信任,授封为大将军。他将学得的本领来训练兵马,在与卫、宋、鲁、齐等国的交战中,屡战屡胜,备受魏国朝野尊重。

不久,孙膑也学成下山。他德才兼备,智谋非凡,是个百世难遇的奇才。下山之初,因为没有根基,所以孙膑也前往魏国。魏惠王得到消息,便征询庞涓的意见。

庞涓心知自身逊孙膑一筹，便说："孙膑是齐国人，我们如今正与齐国为敌，他若来了，恐怕有所不妥。"

魏王说："如此说来，外国人就不能用了？"

庞涓无奈，只得同意让孙膑前来。孙膑来到魏国，一谈之下，魏王就知道孙膑更有将帅之才。就想拜他为副军师，协助庞涓行事。庞涓听了忙说："孙膑是我的兄长，才能又比我强，岂可在我的手下？不如先让他做个客卿，等他立了功，我再让位于他。"实际上，这是个计谋。庞涓是为了不让孙膑与之争权，然后再伺机陷害。而孙膑还以为庞涓是一片真心，对他十分感激。

庞涓原以为孙膑一家人都在齐国，因而不会在魏国久留，便试探着问他："你怎么不把家里人接来同住呢？"

孙膑

孙膑说："家里人非亡即散，哪里还能接来呢？"庞涓一听，顿时一惊。如果孙膑真在魏国待下去，自己的地位可真是岌岌可危了。

后来，一个齐国人捎来了孙膑的家书，大意是让他回去。孙膑回了一封信，言称自己已在魏国做了客卿，不能随便走。凑巧的是孙膑的回信竟被魏国人搜出来，呈给了魏王。魏王便问庞涓如何处置此事。庞涓一见机会来了，应答道："孙膑是大有才能之人，如果回到齐国，对魏国十分不利。我先去劝劝，如果他愿意留下，那就罢了，如果不愿意，那就交由我来处理。"魏王点头答应。

庞涓当然没有劝孙膑，而是对他说："听说你收到一封家信，怎么不回去看看呢？"孙膑说："只怕不妥。"庞涓大包大揽，劝

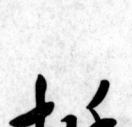

孙膑可放心探亲,孙膑颇为感动。第二天,便向魏王告假。

魏王一听孙膑要回乡,便称他私通齐国,命庞涓审问。庞涓故作惊讶,先放了孙膑,又伪装向魏王求情。尔后,又神色慌张地向孙膑解释,他费了九牛二虎之力才保住了孙膑性命,但黥刑和膑刑却不能免除。于是,孙膑脸上刺字,膝盖被剔,终身残废。后来,庞涓阴谋为人揭破,孙膑佯疯逃出魔掌。两人相对成仇。在马陵之战中,庞涓以前所犯罪孽,终得报应:身败名裂,客死他乡。

求强是每一个有上进心的人必做的事,但是,在自修处求强则可,若像庞涓那样,在胜人处求强,则是万万不可的。这一点值得后人谨记。

老老实实地做学问,向自己发起进攻,充分发挥了自己的潜在特质,而克服了自己性格上的致命弱点,这就叫在自修处求强。这种强,是内强,乃安身立命之本。但是,个人的内强,个人的能力才智,如同一座金矿,开采出来投入使用,才能变成财富,如果没有投入使用,那就不过纯是一堆深埋地下不见天日的石头。由于生命有限,个人的能力才智还不如金矿。金矿这一代没有开采下一代还可以开采,而人的智慧才能这辈子没用上,就不存在下一辈子再用的问题了。

英雄之道,就是将自己内蕴的"金矿"开采出来,投入使用,将个人内圣外王的深厚内功变为众人共享的财富。又在相与交流中将众人的勇敢、智慧等能量变为自己格物致知,加深内力的资源。

坚忍第五

舜发于畎亩之中，傅说举于版筑之间，胶鬲举于鱼盐之中，管夷吾举于士，孙叔敖举于海，百里奚举于市。故天将降大任于是人也，必先苦其心志，劳其筋骨，饿其体肤，空乏其身，行拂乱其所为，所以动心忍性，曾益其所不能。

——《孟子·告子下》

一　坚忍卓绝

【原典】

子长尚黄老，进游侠，班孟坚讥之，盖实录也。好游侠，故数称坚忍卓绝之行。如屈原、虞卿、田横、侯嬴、田光及此篇之述贯高皆是。尚黄老，故数称脱屣富贵、厌世弃俗之人。如本纪以黄帝第一，世家以吴太伯第一，列传以伯夷第一，皆其指也。此赞称张、陈与太伯、季札异，亦谓其不能遗外势利、弃屣天下耳。

【释文】

司马迁崇尚黄老之学，敬仰游侠，而班固批评他，这都是记录的事实。敬仰游侠，所以司马迁多次称赞坚忍超绝的操行。例如屈原、虞卿、田横、侯嬴、田光以及在他这篇文章中提到的贯高都是这类型人物。崇尚黄老之学，所以多次赞赏那些睥睨富贵、厌世弃俗的人。例如在《本纪》诸篇中以黄帝为第一篇，在《世家》中以吴太伯为第一篇，在《列传》中以伯夷为第一篇，都反映了他的这个宗旨。这篇文章的称赞中说张耳、陈余与太伯、季札还不同，也就是讲他们两人不能回避势利，抛弃天下。

【要义】

"忍"字在中国传统文化中的地位可谓特殊之至，因为它包含的内容极为广泛，小到忍受饥饿病痛，大到为争夺天下忍辱负重，等待时机。一个"忍"字，似乎是人人必由之径，也是成大事者必不可少的考验，因此，有许多先哲便把这一"忍"字提炼出来，作为座右铭，作为修身功夫，作为有无德行的一个标志，作为能否成事的试金石。可以说，一个人

要想成为圣贤，要想称王称霸，离开了这个"忍"字，便都是空话一句。

隐忍中有所成的事例，实在是很多，如张释之为王生结袜，韩信为老人穿鞋这一类。又《太史断》说："伍子胥在江边很困顿的时候，在道路旁向人乞讨食物。"所以在隐忍中成就功名，不是大丈夫谁能这样做？楚奇议论说："能屈从于一人之下，而得到君主信任的人是汤和武王。汉高祖仿效他们隐忍，率巴蜀的军队夺取了三秦之地，成就了汉室四百年的社稷。这就是勇敢而能够忍耐的人。"

忍，总是要付出代价的，但是，从坚忍所包含的实质内容来看，它的目的是让对方付出更大的代价。这个"忍"字的作用究竟有多大？越王勾践卧薪尝胆的故事应是一个最好的回答。

吴王夫差拜伍子胥为大将，亲自率领大队去攻打越国。吴越两军会战于夫椒，越王勾践被迫求和，到吴国服侍吴王。

然而，没顶之灾与奇耻大辱并没有泯灭勾践东山再起的雄心壮志。如果此时勾践变得心灰意冷，那他在历史上的英明至此也就完全消灭了。勾践夫妇在临去吴国前，召集大臣们商议国家大事。君臣们痛苦之心，自不必说，但大家都劝越王只管放心到吴国去，他们一定要把越国治理好，将来再报仇。勾践就把国家大事托付给文种等大臣，自己带着夫人和范蠡到吴国去做人质。

勾践夫妇在吴国过了三年。在这三年中，勾践总是很小心地伺候夫差，做到百依百顺，显得比夫差的其他仆人还要驯服。夫差以为勾践真的完全臣服自己，越国对吴国已经没有什么威胁了，于是将勾践夫妇放回了越国。

勾践为了能使自

越王勾践卧薪尝胆

己时刻牢记亡国的耻辱，不让舒适的生活消磨了自己的意志，就把自己卧室里的锦绣被褥撤了下去，而铺上了柴草当做褥子，休息时就躺在上面；他还在房间里挂上苦胆，每当坐卧起来，或吃饭之前，都要尝一尝胆的苦味。这就叫做"卧薪尝胆"。他平时亲自到地里耕作，夫人也亲自养蚕、织布；吃饭不吃肉，穿衣不要绸缎；经常放下国王的架子访问贤人，虚心听取意见，以礼善待宾客；对老百姓中贫穷的就想办法救济他们，死了的就帮助安葬，时时关心百姓的疾苦，同百姓一样劳作。后来，勾践终于"坚忍"成事，一举攻下吴国，成为春秋时一位有名的霸主。

司马迁在《史记》中处处高扬坚韧卓绝的品行，这似乎与他自己的经历有很大的关系。司马迁，字子长，西汉时期著名的史学家、文学家。其父司马谈，学识渊博，任太史令。曾打算撰写一部贯通古今的史书，可未曾动笔便去世了。司马迁很有志气，决心完成父亲的遗愿。

司马迁自幼便学习刻苦，从20岁开始出游各地，以增长自己的知识和见识，积累素材，为写书作准备。后来，他继任太史令，有机会查阅大量皇家图书。从42岁起，司马迁开始撰写这部史书。在尚未完成的时候，却因为替李陵辩解，而被夺职入狱。李陵是汉初名将李广的孙子，也是一员骁勇能战的猛将。他因李广利的陷害，仅率五千步兵深入到匈奴领地，与大批匈奴部队力战十余日后，因寡不敌众，被匈奴俘获，不得已投降了匈奴。司马迁认为李陵是有功之人，投降乃是不得已而为，将来一定会将功折过，报答汉朝的。可汉武帝却认为司马迁是在诋毁李广利，将他处以宫刑。司马迁本想一死，但为完成父亲的遗志和自己的抱负，忍处宫刑，承受了巨大的精神打击。出狱之后，他将自己的满腔不平和愤慨，全部倾注于笔端，经过多年不辍的努力，终于完成了我国第一部纪传体通史《史记》，成为历史上著名的史学家、文学家，对后代产生了深远的影响。

曾国藩崇尚坚忍卓绝，如同司马迁一样，敬仰屈原、田光等坚忍行世的人物。他成功的秘诀，全是"坚忍"，凡是不"埋着头苦干，吃着亏不说"的人，都是曾国藩所最瞧不起的。

"忍"是心字和刈字组合而成的一个古字，刀不藏锋时，叫"忍"。坚忍，一种以退为进的心理能量，一种积蓄力量、待机而发的战略战术。

忍是一种能力，是那些善于把尖锐的思想感情含蓄起来的人的本领，是他们行人所不能行，成人所不能成之事的首要条件。腰带宝刀的韩信，硬是从别人的胯下钻了过去，能够忍受胯下之辱的检阅，没有超凡的内在定力，恐怕是很难完成的。范蠡也是一个大忍者，辅佐勾践赢了夫差，面对盛大的功利，依然能够清醒地身退，这恐怕也绝非是那种以物喜、以己悲的愤愤者所能为。

忍常常也是一种韬略。圣人韬光，能者晦迹，收敛锋芒，隐藏才能，这一直是成大事者的必定策略。唐宣宗未即位前常常梦见乘龙升天，言之于母，母亲既喜又惊，千叮万嘱："此话不可再说了"。宣宗谨遵母命，甚至连别的话也不敢说了，宫中有人以为为慧，却被当朝的皇帝看成是有"隐德"，于是，竟以皇帝第十三叔的身份接了大唐江山。忍字作为成事之要诀，人人都理解，然而能如唐宣宗这样的韬略却是千难万难了。

忍是一种修养，其义应该相当深刻，相当广泛。世间取人，唯才、唯德，德才兼备，有才务须要忍，有忍才能有德；不能恃才便张扬，真正的才，是不张扬的。如此，才、德、忍便是一种互导和印证的必然关系。孔子弟子三千，贤者七十二，贤者之中又贤的，当推颜回。颜回在人人不能忍受的困苦生存状态中，却仍能不改其乐。这是才、德到了相当境界的忍，连为师的孔子也略有自愧不如之感叹。石崇是反面的例子。石崇富甲天下，却一丁点也不能忍受别人小觑了他的富，所以，生命的每一秒都在享受富、夸富和念富，只为富累之中气乎乎地渡日子，哪里有颜回的乐趣？忍是一种境界，石崇才小德薄，登不上这层境界，终于斩首东街。

正反两方面的事实，使忍成为一种文化。在春秋战国的大杀大砍、所有人都激昂好斗，诸多兵家、纵横家、法家、杂家大肆鼓吹争斗的历史时

期，中国的先贤们居然深思出了儒、老、庄、墨的仁、忍、柔、和的学说。孔子请教老子的故事，似乎也可以解释两种不同倾向的学说的消长。孔子问老子天下之道，老子没讲理论，却只默默张开了嘴。聪明的孔子一下子明白了牙和舌的隐喻：那张老嘴早已没有牙了，坚硬尖锐的牙没有了，和柔无锋的舌还在，"忍"与"忍"、短暂与长久，这其中的道理，何等简单，又何等深邃。

不能忍受挫折，不是害了别人，就是害了自己。不如忍耐下来，慢慢观察胜败。名誉在屈辱中彰显，德量自隐忍中增大。黥布自向负意气，认为刘邦会拜他为将，刘邦却坐在床上洗脚召见他，他气得差不多想自杀，当优待他如汉王同等待遇时，又高兴过了头。还没看到他以后立的功名，当天就看到了他的器量。

从曾国藩自己一生的经历来看，曾国藩确实也是"忍"过来的。

据说曾国藩在长沙岳麓书院读书时，与另一书生同居一室。那个书生性情怪僻。曾国藩的书桌离窗有数尺，为了借光，便移近窗前。那个书生发怒道："把我的光都遮了。"

曾国藩道："那我搁在哪里？"

书生指着床侧说："可以搁这里。"曾国藩依言搁在床侧。

长沙岳麓书院

半夜曾国藩仍读书不辍，那个书生又发怒道："平日不读书，这个时候了，还扰人清睡！"曾国藩便无声默念。

当然，懂得运用忍字，也并非一味忍耐，软得像泥，这种忍耐是没有出息的表现。我们在了解曾国藩的为人处事时，常常可以发现曾国藩总是在忍与不忍之间徘徊、抉择。

所谓"坚忍精神"，不仅在得意时埋头苦干，尤其在失意时要挺，绝不灰心。有一次曾国荃连吃两次大败仗，曾国藩写信去安慰他说："袁了凡所谓'从前种种譬如昨日死，从后种种譬如今日生。'另起炉灶，重开世界，安知少此两番之大败，非大之磨练英雄，使弟大有长进乎？谚云：'吃一堑，长一智。'吾生平长进，全在受挫辱之时。务须咬牙励志，蓄其气而长其智，切不可徒然自馁也。"曾国荃听了他的话，后来果然有所成就。可见"坚忍"是一切事业成功的基础。

二 浑厚不露

【原典】

昔耿恭简公谓，居官以坚忍为第一要义，带勇亦然。与官场交接，吾兄弟患在略识世态而又怀一肚皮不合时宜，既不能硬，又不能软，所以到处寡合。迪安妙在全不识世态，其腹中虽也怀些不合时宜，却一味浑含，永不发露。我兄弟则时时发露，终非载福之道。雪琴与我兄弟最相似，亦所如寡合也。弟当以我为戒，一味浑厚，绝不发露。将来养得纯熟，身体也健旺，子孙也受用，无惯习机械变诈，恐愈久而愈薄耳。

【释文】

明代恭简公耿定向讲过，做官要把坚挺、忍耐作为最重要的准则，带兵也应这样。在官场中应酬，我们兄弟的毛病都在稍微了解一点世态炎凉，却又有满肚子不合时宜的想法，这就使我们硬也不能，软也不行，所以到处显得孤立。李续宾的做法好在他全然不知世态，虽然他也有些不合时宜的想法，但他很委婉含蓄，永远不会直接表露出来。我们兄弟却时时表露出来，这总不是带来福气的办法。彭玉麟与我们兄弟最相像，所以也跟我们一样孤立。老弟应当以我为戒，要保持浑厚，永不外露。将来把这种工夫练到老练纯熟了，也会健康，子孙也能受益，不要沉湎于官场的机变伪诈，这样做恐怕越久德行就会越浅薄。

【要义】

坚忍既是一种意志力，又是一种修养功夫，其要旨之一是改过迁善，制怒控欲，古人云："小不忍则乱大谋"也含此意。

挺经

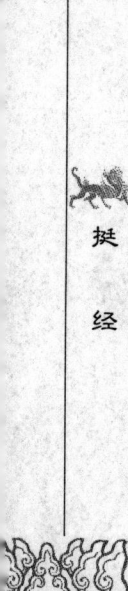

韩愈在《原毁》中说过："古之君子，其责己也重以周，其待人也轻以约。重以周，故不怠；轻以约，故人乐为善"。这里讲的是如何对待自己和如何对待别人的问题。善于团结的人，"善则称人，过则称己"，对自己严格，对别人宽容；私心极重的人，"忌称人之善""乐道人之恶"，功劳归于自己，错误推给别人，千方百计抬高自己，结果最后却落个孤家寡人的下场。究其原因，是因为后一种人胸襟太狭窄，名利心太重。曾国藩说过："胸襟广大，直从'平淡'二字用功。凡人我之际，须看得平；功名之际，须看得淡。"曾氏的这段话很有份量。试想，如果人人都淡泊名利、胸怀广大，"见善则迁，有过则改"，人世间还有多少人事纠纷？

唐光禄卿王守和，从来没有和别人发生过争执。他曾经在书桌间写了一个大大的"忍"字，甚至在帏帐中也绣上"忍"字。唐明皇知道后，认为他的名字有非议时政的意思，便把他召来说："你名守和，已经知道你不争，好写忍字，更见你的用心。"王守和上奏说："我听说坚硬的东西必会折断，刚强的就必然折弯，万事之中，以忍让为上策。"唐明皇说："对啊。"便赐给他布帛作为嘉奖。

《论语》记载，子贡问："如今从政的人怎么样？"孔子说："只有斗筲那么大器量的人，有什么可值得说的。"《尚书·旅獒》说："不矜细行，终累大德。"所谓"千里之堤，溃于蚁穴"，这个道理一般都是很清楚的。然而事关自己，有些人对小节小事却很忽视。

"凡人日用云为小小害道，自谓无妨。不如此'无妨'二字，种祸最毒。今之自暴自弃，下愚不肖，总只此'无妨'二字，不知不觉，积成大恶。""大德不逾闲，小德出入可矣"，这是孔夫子曾说过的话。这在一定条件下是适用的。不过它并不是说"小德"和"大德"没有关系。"小德出入既多，而大德之逾闲将继之矣。……细行之所以屡屡失检，必其习气之甚深者也，必其自治之脆薄而无力者也"。细行失检，恶习甚深而无力自治，这种人迟早会陷入泥坑。"善不积，不足以成名；恶不积，不足以

灭身"。"夫水之微也，捧土可塞，及其盛也，漂木石，没丘陵。火之微也，勺水可灭，及其盛也，盛都邑，燔山林。故治之于微，则用力寡而功多；治之于盛，则用力多而功寡。"正因为如此，我国古代的思想家历来都主张"明者慎微，智者识几"；"治于微"，以防止错误由微而著、由小到大。

娄师德为人深沉有度量。他的弟弟被任命为代州刺史后，娄师德对他说："我位至宰相，你又做了刺史，受宠幸太多了，是人们所嫉妒的，你打算怎样做来免除这些嫉妒呢？"

弟弟跪下说道："从今以后，即使有人唾在我脸上，我只是擦掉它而已。决不让兄长你担忧。"

娄师德不愉快地说："这就是我为你担忧的。人家唾在你脸上，是恼怒你。你去擦拭它，是忤逆了他的心意，所以更加重了他的怒气。应当不去擦拭，让它自己干掉，应当笑着承受。"

娄师德

中国有一句名言，"人在屋檐下，不得不低头"。意思是说当一个人在权势、机会不如别人的时候，不能不低头退让。对于这种情况，不同的人会采取不同的态度。有志进取者，将此当作磨炼自己的机会，借此取得休养生息时间，以利再进，那些经不起困难和挫折的人，却将此看作是事业的尽头，一味地消极乃至消沉，畏葸不前，不愿想法克服目前的障碍，只是怨天尤人。"坚忍"者，君子所为，于战则无敌，于礼则大治，于事业则会一步步接近成功，于生活才能真正体验到其甘味。

"打脱牙，和血吞"，是曾国藩坚忍之气的名言。在数十年的打拼中，曾国藩面对他人的不理解、不支持或是讥讽、嘲笑、轻蔑甚至侮辱，他从不怨天尤人，而是强忍着咬牙坚持，徐图自强。

曾国藩说自己一生"打脱牙之日多矣"，又说一生成功"全在受辱受挫之时"。他在写给次子曾纪鸿的信中阐述了"能渡过极困难之境，方是大英雄"的道理。他说：平常人遇到困难、挫折时便会停下来，放弃自己的目标，或绕道他处。实际上，"熬过此关，便可少进，再进再困，再熬再奋，自有亨通精进之日。"曾国藩通过古今豪杰成败的启示，得出结论说："凡事皆有极难之时，打得通的，便是好汉。"

曾国藩在江西带兵的时候，因为他所处的环境，当时虽是督师，实居寄客的地位，筹兵筹饷，一无实权，二无实力，州县官都不听他的话，各省督抚又常常为难他，只有胡林翼是诚心帮他的忙。湘军将士虽也拥戴他，可是他们的官级，有的比他还低，他好像一个道义上的统帅，当然是经不起败仗的。这时曾国藩靠的是什么？靠的是坚忍。他在父亲去世，弃军回籍奔丧，甚至欲急流勇退的情势下，耐心地听取了朋友的规劝，并且深深地做了自我反省。

自率湘军东征以来，曾国藩有胜有败，四处碰壁，究其原因，固然是由于没有得到清政府的充分信任而未授予地方实权所致。同时，曾国藩也感悟到自己在修养方面也有很多弱点，在为人处事方面固执己见，自命不凡，一味蛮干。后来，他在写给弟弟的信中，谈到由于改变了处世方法所带来的收获，而改变了的处世方法，无非是"坚"中多了一些"忍"，结合时势把"坚忍"二者的关系处理得更为妥帖了。为此，他说："兄自问近年得力惟有一悔字诀。兄昔年自负本领甚大，可屈可伸，可行可藏，又每见得人家不是。自从丁巳、戊午大悔大悟之后，乃知自己全无本领，凡事都见得人家有几分是处。故自戊午至今九载，与四十岁以前大不相同，大约以能立能达为体，以不怨不尤为用。立者，发奋自强，站得住也；达者，办事圆融，行得通也。"

依靠这种坚忍，曾国藩终于走出了那种阴霾笼罩的心境，度过了那段痛苦的日子。因此曾国藩在他的处世人生中，特别偏爱"坚忍"，他说：司马迁崇尚黄老，敬仰游侠，班固以此来讥讽他，确合事实。敬仰游侠，所以多次称赞坚忍卓绝的操行。比如屈原、虞卿、田横、侯嬴、田光以及

坚忍第五

贯高都是此类人物。

对于人生而言，坚忍就是忍受与等待。忍受现时痛苦与压抑，等待机缘到来实现理想与目的。暴躁的人难隐忍，性急的人不安于等待，常常由于这种天生的脾气把事情弄糟了。论其原因，天生的脾气难以压抑是一回事，但多少有些不明于世事也是一个方面。常言道：事理通达，心平气和。真正做到这样，在人生不利的时候能忍受、等待、不急不躁，既是明白人，也是追求事业成功的意志力表现。大凡一个有抱负，有才华的人，要实现自己的目标，在无所作为的时候，总是忍受等待的煎熬。

三国时期曹操的死对头刘备，是一个会忍、会等待的人。走投无路的时候，他到曹操门下栖身，正好，曹操借机死死地监视他，刘备心里明白，便也装着胸无大志。曹操给他右将军的官儿，他也喜孜孜接受。没事做他也不找事，就在公馆里种菜。关羽、张飞天天急得团团转，笼中鸟，池中鱼，什么时候能脱身呢？刘备叫他们别急。急则自投罗网，曹操早就准备收拾他们，只是没瞅着下手处。就这样，刘备耐心等待机会，甚至曹操和他面对面饮酒，说"天下英雄就只有你我二人"时，刘备吓得筷子都掉到地上并说他怕打雷。

一个大男人连打雷都怕，还能成大事吗？刘备骗过了曹操，忍受，等待，终于得到领兵进攻吕布的任务。从此，便是虎入丛林，龙归大海了。所以，在处世中，没有等待就没有成功。

湘军开始称为湘勇。它的性质是保卫地方治安，谁都不把它看在眼里。曾国藩在长沙训练这支武装时，多次与清朝的正规军绿营发生冲突。一次湘军弁勇试枪走

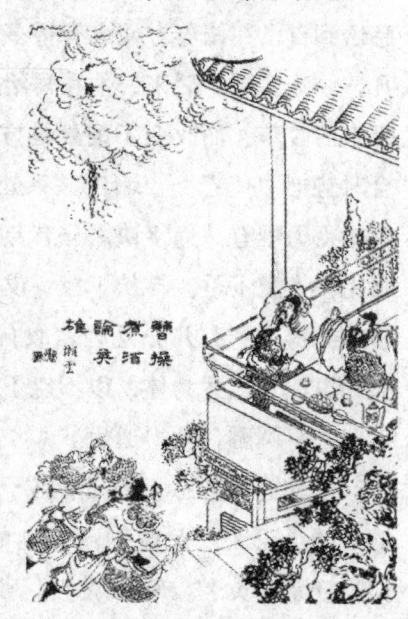

绣像《曹操煮酒论英雄》

火，伤及绿营长夫。曾国藩将弁勇责打二百军棍，暂时平息了这次乱子。但不久。绿营兵又因赌博与湘勇发生斗殴，绿营兵不仅冲击湘军参将塔齐布公馆，毁其内室，还包围了曾国藩的公馆，刺伤曾护兵，几乎刺伤曾国藩。巡抚骆秉章知情不敢过问，还指责曾国藩"罪有应得"。

曾国藩从一连串的冲突事件中清醒地看到，你要做强自己，在同僚眼里，不异于削弱他们。曾国藩下决心避开耳目众多、官多眼热的省城长沙，而移驻衡州练兵。于是，他对外打出为江忠源练兵帮助朝廷平乱的幌子，没有向户部讨一分钱，利用各种公私关系自筹兵饷，历时一年，筹建成一支具有水陆师的湘军。

湘军第一次出师攻击太平军，三败一胜，水陆兵勇折损大半。曾国藩的部将塔齐布因攻湘潭打了胜仗被擢升为湖南提督。在实际上地位已在曾国藩之上，但咸丰知道塔齐布是曾国藩一手提拔的，仍会听命于曾，于是着曾国藩戴罪立功，并给了"单衔奏事"权，湖南除巡抚以外的文武官员，都可由曾国藩视军务调遣。

曾国藩由此更相信暗暗做强是最现实的致强之道。第二次整训湘军之后，他将湘军中的骁将塔齐布、罗泽南、李续宾、李续宜、杨载福、彭玉麟、鲍超等相继放到湖北巡抚胡林翼手下去发展。胡林翼曾做过曾国藩的幕僚，在所有重大问题上都与曾国藩志同道合，而且军政能力在曾之上。这些湘军将领在胡林翼手下很快就一个个成为湖北名将，为收复湖北全境起了决定性作用。而胡林翼平定湖北之后遂以全省之财力支持曾国藩东征安徽，使湖北真正成为其后方基地。曾国藩困守南昌期间，将身边的得力干将李续宾、杨岳斌从江西统兵交胡林翼攻打武昌。胡林翼占领了武昌又命李、杨率师东下与曾国藩会合。这两员大将离开曾国藩一年多，战功卓著。但与曾见面时，对曾国藩的尊重不减当年。

三 力撑穷骨

【原典】

稍论时事，余谓当竖起骨头，竭力撑持。三更不眠，因作一联云："养活一团春意思，撑起两根穷骨头"，用自警也。余生平作自箴联句颇多，惜皆未写出，丁未年在家作一联云："不怨不尤但反身争个一壁清，勿忘勿助看平地长得万丈高"，曾用木板刻出，与此联略相近，因附识之。

夜阅《荀子》三篇，三更尽睡，四时即醒，又作一联云："天下无易境天下无难境，终身有乐处终身有忧处"。至五更，又改作二联，一云："取人为善与人为善，乐以终身忧以终身；"一云："天下断无易处之境遇，人间那有空闲的光阴"。

【释文】

稍微论述时下的局势，我的看法是应该挺起胸膛，硬起骨头，尽力支撑。三更时睡不着，于是作一幅对联："养活一团春意思，撑起两根穷骨头。"用来警示自我。我一生中写过很多很多用来自箴的对联，可惜都没有写出来，丁未年在家时写就一幅："不怨不尤但反身争个一壁清，勿忘勿助看平地长得万丈高。"曾经用木板刻写出来，与前幅联意思相近，所以把它附记在这里。

晚上阅读了《荀子》中三篇文章，三更后才睡，四更时就醒了，于是又作一联："天下无易境天下无难境，终身有乐处终身有忧处。"到了五更的时候，又把它改成两联，一联是："取人为善与人为善，乐以终身忧以终身。"另一联是："天下断无易处之境遇，人间哪有空闲的光阴。"

【要义】

"忍"字在中国传统文化中有着特殊的地位，因为它所包含的内容极为广泛，小到忍受饥饿病痛，大到为争夺天下忍辱负重，等待时机。一个"忍"字，似乎是人人必由之径，也是成大事者必不可少的考验，因此，有许多先哲便把这一"忍"字提炼出来，作为座右铭，作为修身功夫，作为有无德行的一个标志，作为能否成事的试金石。

曾国藩以一介书生统兵，能够最终战胜十倍、百倍于己的太平军，重要的原因就是意志的力量，是靠他过人的"坚忍"。双方的对抗与其说是军事的，不如说是意志与坚忍的较量。

曾国藩一生都非常重视坚忍的作用，他认为"有志就断然不肯甘居下流，坚忍就没有做不成的事。"对于坚忍的重视，可说是达到了极点。此外，曾国藩还认为："坚忍到达的地方，金石也会为之所开，又有何种力量能够抵挡呢？"

《忍经·修炼篇》引《吕氏童蒙训》说："当官以忍为先。"忍这一个字，是众多道理的关键，当官办事，更加是重要的前提。如果能在清廉勤政之外，再能忍让，什么事办不好？当官不能忍让，一定会失败。当官办事，不和别人争夺利益，常常得利还多；退让一步，常常能前进百步；索取很少的，后来得到的往往比最初多得多；现在克制自己的，以后一定有很好的回报。

康熙帝除权臣鳌拜，也是一种坚忍成功的事例。

康熙接位时，在四个辅政大臣中，由于索尼年老，遏必隆软弱，苏克萨哈势力小而且与鳌拜不合，结果造成了鳌拜的专权。他广植党羽，排除异己，对于"相好者荐拔之，不相好者陷害之"，于是，出现了"文武各官，尽出伊门"的情况，从中央到地方遍布他的心腹。鳌拜依仗权势，专权横行，经常在少年天子面前"施威震众"，而且多次背着皇帝"出矫旨"，事事凌驾于其

他辅政大臣之上。

康熙六年，康熙皇帝虽已亲政，但不能亲掌大权，这使他极为烦恼。他痛恨鳌拜的专权跋扈，倒行逆施，但鉴于条件不成熟，还不能一下子除掉鳌拜，因此不愿采取鲁莽行动。经过长期的考虑，一个周密的计划在他脑海中酝酿成熟。为了夺回权力，康熙帝陆续将一些忠于自己的人安排在自己的周围，并将一批亲信提拔到要害部门，如提拔索额图为吏部右侍郎，提拔明珠为刑部尚书。这样，一个集团已悄悄地在年轻的皇帝周围形成。随后，康熙帝又派亲信掌握了京师的卫戍权。为了最后解决鳌拜，康熙皇帝精心挑选了一批少年侍卫，在宫中练习布库游戏，他自己也经常和这些布库少年摔打玩耍，故意做出胸无大志的样子，以迷惑鳌拜。鳌拜每次上朝，都见到皇帝与少年们玩耍，竟以为"帝弱且好弄，心益坦然"，毫无戒备之心。

权臣鳌拜

康熙八年五月，康熙帝与索额图等设下计谋，事先在宫中埋伏了布库少年，并约鳌拜进宫。当鳌拜单身入宫时，十几个少年连说带笑地迎了上去，声称要与他练练功夫。鳌拜以为这些少年与其逗闹，本想喝退了事，不料少年们近身之后立即动起手来。当鳌拜被五花大绑推到康熙帝面前时，他才如梦方醒，不过为时已晚。接着，康熙帝宣布了鳌拜的30条罪状，将他永远拘禁，同时，迅速捉拿其兄弟子侄、心腹党羽，并全部处死。顷刻之间，鳌拜集团土崩瓦解。

当官的人先要戒除暴怒。事情有不好办的地方，应当缓慢而详细地去处理它,一定都能处理好。如果先暴躁发怒,只能害自己,怎么能害到别人呢?前辈曾说,凡事只怕'待'。待就是详处,就是缓慢地、详细地处理。这样就考虑十分周密,别人就不能中伤你了。元代人吴亮说:"韩琦器量过人,性情浑厚,不搞阴谋诡计。功盖天下,地位在群臣中最高,看不到他有喜色;担任了巨大的责任,面临着难以预测的祸患,生命危险如同叠起的鸡蛋,看不到他有担忧的神色。平时怡然自乐,从不因事物扰乱而改变,生平说话从不伪饰。他为人处世,显达时,在朝廷中和士大夫交谈;退隐时,在家休息和家人交谈,都完全出于赤诚之心。有人跟从他几十年,记录韩琦的言行,反复对照研究,言行表里都很切合,没有一处有不相应的。

做官第一重要的是坚忍,有耐性。曾国藩常以"坚忍"之法教诲弟兄及僚属,因此,在这方面,李鸿章值得一提。从个人性格和品质看,李鸿章虽说不上是杰出的,但也是突出的,特别在"坚忍"这方面,继承了曾国藩的衣钵。

同治元年去沪之前,李鸿章因急躁、傲慢两大缺点时常受人挑剔。他自检"素性激直",曾国荃封他为罕见其匹的"血性男子",曾国藩则讥其"误认简傲为风骨",断言他在与外人交际时要吃亏。好像他要改也难,因为他是那么喜欢骂人,那么目中无人,自夸"老子天下第一"。

然而,去沪后他与以前简直判若二人,虽不能说他已脱胎换骨,但确已改头换面。他变得老成了,外露少而内涵多,固然一骄二躁的劣根性到死仍在,也偶然爆发过,甚至更凶骇,不过他给人总的印象是神态和煦,语气纯挚可亲,有"明理克己"之容。他自誓:从此不再蹈袭旧风,不再"率性而行"。他还在军务倥偬之际,抽空以书法涵养心性,并持之以恒,号称临《圣教序》帖万余遍。他锻炼克制能力,学会坚忍不发,使其性格变得更为复杂。

李鸿章以坚忍为武器,协调与清廷各派政治力量的关系,往往明退暗进地缓和相互之间的矛盾,以达到保持或扩大自己力量的目的。而他与左宗棠、曾国荃、曾国藩的关系处理得体,也受益于他的坚忍。

左宗棠向来不是一个肯居人后和谦逊忍让的角色。当初,李、左在湘

军幕府时的陈怨旧帐就未了结,而朝廷有时又故意命李兼辖浙江政事,左宗棠偏偏也"志在乎吴",于是又增加了双方摩擦的机会。对照后来左宗棠骂淮军比土匪还坏,可知这时李鸿章为调整好双方的关系一定大费心思。

李对左以逢迎为主,来沪后致左第一封信就花言巧语吹捧其:"硕画远漠,妙手空空中已渐开出大千世界。不是我公精神、气魄,决不能胜任之,令人钦佩敬仰之至。"左爱戴高帽子,李便一顶顶廉价奉送,左爱被人比作诸葛孔明,呼其为"老亮"最高兴,李便言必称"老亮";左大权独揽,卧榻之侧不容他人鼾睡,李凡事关浙江之政均声明由左"主政",自己最多代行其职。后来淮军因越境入浙江作战,使左大光其火,但李对此事处理非常妥贴:一是马上撤退,二是代打疆土后撤退,三是俘虏、战利品等让给左。李自崛起后都特别注意不触犯左的利益,崛起之初更是极为小心,他对左常说的一句话就是:"岂敢于太岁头上动一撮土呢!"而李在苏浙战事紧张时给左的亲笔信读之更令对方动容:"威烈丕振,有疾风扫劲草劲叶之势,老亮指挥筹略,如今决无人可相比较。浙、苏如唇齿,倾听下风而犹能席卷余威。不以邻为壑实为荣幸,钦佩之余,尤所企祷。"

左宗棠

李的表面谦让,为自己博得了好名声。曾国藩就曾夸他:"阁下不与左帅争意气,远近钦企。"这一点对李与上海势力来讲,都是至关重要的,因为浙江一翼不会因内部倾轧而出大乱子。而左在李崛起时也未作难。

"坚忍"是两个奥妙的字,"坚"可理解为锐意进取,坚挺而不软弱;"忍"可理解为持之以恒、能屈能伸、不计屈辱。体现在李鸿章身上,坚字可达到拼命的程度。"拼命做官"是曾国藩送给李的雅谑,后此论不胫而走,天下人无不以为惟妙惟肖。清史馆为李立传,也用"自壮至老,未尝一日言退"概括他只想升、只想进的拼劲。

人类的生存条件越来越优裕,同时带来一个危机,就是人类的生存能力越来越弱化,坚忍能力越来越低下。一只野狼可以在冰天雪地的荒野里存活,而一个人常常在孤独困苦中崩溃。最能忍受孤独和困逆的杰出人物才能享受到受苦最深的殊遇,在困心横虑中以坚忍卓绝而变得更成熟、更坚强、更完善,解开常人难以解开的死结而获得为人所羡的成功。在曾国藩一生中,困顿于祁门是其最艰难的岁月。

李鸿章对于曾国藩将两江总督府设在进不能攻、退不能守的祁门向来持有异议,直通通地对曾国藩说那是"绝地",但曾国藩想做出一个径取苏、常的姿态给咸丰看,就是不采纳李鸿章"及早移军"的建议。声称"诸君如胆怯,可各散去"。一波未平,一波又起。李元度是曾国藩的救命恩人,"辛苦久从之将",这时因守徽州被李世贤攻破,回祁门之后又弃曾国藩私自离去,曾国藩一气之下,决定具疏弹劾,以申军纪。李鸿章"乃率一幕人往争",并称"果必奏劾,门生不敢拟稿"。曾国藩说:"我自属稿。"李则表示:"若此则门生亦将告辞,不能留此矣。"曾国藩更为生气:"听君之便。"曾坚持己见,将李元度弹劾去职。李鸿章见祁门奇险万状,便愤然辞幕,离开祁门返回南昌其兄家中。

李鸿章

　　这时曾幕因内讧而奄奄无生气。李秀成却带了大队人马逼近祁门大营。曾国藩急调鲍超驰援。未至，自料难逃一死，连遗嘱也写好了，见大营内乱作一团，乃心生一计。一天，对其中一人说："死在一起何如？"众幕僚默不作答，悄悄将行李运至舟中，准备逃走。一日曾国藩忽传令："贼势如此，有欲暂归者，支付三个月薪水。事平，仍来营，吾不介意。"幕僚听到这段话，大受感动，都表示生死同之，"人心遂固"。坚持了数日，鲍超援军至，击败李秀成，祁门之围暂解。

　　这次事件之后，曾国藩反思自己所作所为，认为在祁门驻兵问题上还是李鸿章颇识时务。及早移军东流的建议应采纳。于是按李前议移军东流。并情词恳切地写信给李鸿章敦促他回营相助。李鸿章于是捐弃前嫌赴至东流，重新投身曾幕。曾国藩"特加青睐，于政治军务悉心训诂，曲尽其熏陶之能事。"

　　从曾国藩处理祁门危机的全过程，我们可以看出，坚忍是在战略相持阶段，特别是在打缠仗的关键时刻死撑硬挺、克敌制胜的手段。"狭路相逢勇者胜"，勇有大勇小勇之分，坚忍不是小勇，而是大勇的代名词。相持阶段的结果常常是谁能硬撑到最后，谁便是胜利者。而杰出人物的杰出之处，恰恰是能够咬牙励志，硬撑到最后一刻。

刚柔第六

天下之至柔,驰骋天下之至坚。出于无有,入于无间。吾是以知无为之有益。不言之教,无为之益,天下希及之。

——《道德经·偏用》

一　刚柔互用

【原典】

从古帝王将相，无人不由自立自强做出，即为圣贤者，亦各有自立自强之道，故能独立不惧，确乎不拔。昔余往年在京，好与诸有大名大位者为仇，亦未始无挺然特立不畏强御之意。近来见得天地之道，刚柔互用，不可偏废，太柔则靡，太刚则折。刚非暴虐之谓也，强矫而已；柔非卑弱之谓也，谦退而已。趋事赴公，则当强矫，争名逐利，则当谦退；开创家业，则当强矫，守成安乐，则当谦退；出与人物应接，则当强矫，入与妻孥享受，则当谦退。若一面建公立业，外享大名，一面求田问舍，内图厚实，二者皆有盈满之象，全无谦退之意，则断不能久。

【释文】

自古以来的帝王将相，没有不是从自立自强而成功的。即使成为圣贤的人，他们也各有自立自强的方法，所以才能够独立不惧，确定不移。过去我在京城，喜欢与名重一时，位高权重的人较劲，也确实有特立独行，不畏强权的想法。近年来领悟了世间万物的生存之道，要刚柔互用，不能偏执，太柔了会萎靡不振，太刚了就容易折断。刚指的不是暴虐，而是说强矫；柔也不是说要卑弱，而只是谦恭退让。办事为公，就应该强矫，争名夺利，就应当谦退；开创家业，应该强矫，守成安乐，则应谦退；出去与人应酬交涉，应当强矫，回家与妻儿享受，则要谦让。如果一面建功立业，享有了很高的名望，一面又追求田地房产，希享富贵，这两者都求盈满，全无谦退之意，这是肯定不能长久的。

【要义】

刚是秉天地阳刚之气的进取精神、拼搏精神、竞争精神、冒险精神、积极奋进精神。没有这种精神，人生在世，一事无成。

柔是服从于刚，服务于刚，辅佐内刚转化成外强的亲和力、吸引力、转换力。柔是秉天地阴柔之气的退守、养怡、收敛、随和、顺适和自我保护。它的作用是节制血气，控制进取行为的恶性透支，不让欲望过头而残害主体的健康和寿命。

刚为阳，柔为阴，阴阳平衡才是自立自强之道。曾国藩的贡献在于明确指出了刚柔之间的主次关系，刚为主，柔为辅；刚是目的，柔是手段。他重视实力，不尚虚浮的思想在这里体现得很充分。刚柔之道，就处世哲学而言，其实不过是一种适应人们精神需求的游戏规则而已。

在曾国藩看来，君子自立自强，应有包容世间一切人和一切物的胸怀，有内以圣人道德为体、外以王者仁政为用的功业。他坚信，只要发愤图强，立下坚定之志，没有什么目的是不能达到的。一个没有志向的人，不可能有明确的目标；反之，志向则是人生前进的内在动力。一个人的志向不是天生的，都是在后天的生活中确立起来的，尤其是在对平庸、琐细、放纵的生活的不满中形成的。

人不可无刚，无刚则不能自立，不能自立也就不能自强，不能自强也就不能成就一番功业。刚就是使一个人站立起来的东西。刚是一种威仪，一种自信，一种力量，一种不可侵犯的气概。自古以来，哪一个帝王将相不是自立自强闯出来的呢？哪一个圣贤不是各有各的自立自强之道呢？孔子可算是仁至义尽的了，他讲中庸之道，讲温柔敦厚，可他也有刚的时候，他为相才七天，就杀了少正卯。由于有了刚，那些先贤们才能独立不惧，坚韧不拔。刚就是一个人的骨头。

人也不可无柔，无柔则不亲和，不亲和就会陷入孤立，自我封闭，拒人于千里之外，柔就是使人挺立长久的东西。柔是一种魅力，一种收敛，一种方法，一种春风宜人的光彩。哪一个人不是生活在人间，哪一个人没

有七情六欲，哪一个人离得了他人的信任与帮助。再伟大的人也需要追随者，再精彩的演说也需要听众。柔就是一个人的皮肉，是使一个人光彩照人的东西。

那么，何时何处可刚？何时何处当柔呢？曾国藩有自己的法则，凡遇事或为公，应当强矫，而争名与逐利，应当谦退；开创家业时，应当强矫；而守成安乐，应当谦退；在外待人接物时，应当强矫；居家与妻儿享受时，应当谦退。

纵观历史上诸多圣王贤相、功臣名将、圣贤哲人，他们之所以获得成功，就是他们身上不乏刚毅挺拔之气，这是一种超凡脱俗的气概，一种势不可挡的力量，一种坚不可摧的自信。这种气，就是人们常说的"刚"。刚是一个人的骨架，靠着这副骨架人才能站立于世，才能克服大量的困难险阻，才能超越常人，战胜恐惧、悲观、消极和畏难苟安的心理天敌，才能使人体生命之潜能无限地释放出来。人若无刚则不能自立，若不能自立则不能自强。刚，是人类生命运动中最大的源泉，无则，生命将变得无动力、无价值、无意义。

曾国藩自幼受到祖父"做人以'懦弱无刚'四字为大耻"的训导，成人后，他也充分认识到，"倔强"二字不可少，功业文章都必须有这两个字贯穿其中，否则会一事无成。他早年在京城做官，敢和那些名气大、地位高的人争斗，就具备了挺然持立、不畏强御的精神，他也因此处处受排挤，经常成为舆论讽喻的中心，遭遇了诸多曲折磨难。他在实践中发现，过刚则易折，易折则无以达到自强之目的。他在秉承祖训的基础上，又根据自己的亲身体会总结出：只有刚柔相济，才能达到自立自强之目的。人不能只具备"骨架"，还要具备"血肉"，只有如此，才能成为一个充满活力的人，才会具有光彩照人的生命旅程。

"柔"，是一个人的"血肉"，是最富生命力且使人挺立长久的东西。庄子在《山木》篇中讲到了东海有一个名叫"意怠"的鸟，这种鸟非常柔弱，总是挤在鸟群中苟生，飞行时它既不敢飞行在鸟队的前边，也不敢飞到鸟队的后边；吃食的时候也不争先，只拣其他鸟吃剩的残食。所以，它既不受鸟群以外的伤害，也不引起鸟群以内的排斥，终日优哉优哉，远离祸患。从这则故事可以看出，柔，并不是卑弱和不刚，而是一种魅力，一种处世的方法。

古往今来，有多少功臣名将由于过"刚"而遭遇不幸。关龙逄、比干由于刚直不阿，直言进谏，而惨遭夏桀和商纣的杀戮；海瑞由于秉性耿直乏柔，而一生坎坷不受重用。在曾国藩看来，刚柔互用不可偏废，太柔则靡，太刚则折。柔是手段，刚是目的。以退为进，以柔克刚，实现真正的自立自强，这才是柔的实质。

"柔弱胜刚强"是老子的一个著名的论断，他说：天下没有比水更柔弱的东西了，但是水可以冲击任何坚硬强大的东西，没有胜过它的，因为，没有什么东西能够替代它。以柔制刚，以柔克刚，运用于人格的自立自强上，往往会产生特殊的效果。

有一次，宋太祖赵匡胤正手持弹弓在后苑打鸟。忽传报一位大臣有急事求见。赵匡胤听说有急事，便不敢稍有怠慢，立即召见大臣听奏。然而，听奏后却认为事情不大，便斥责奏臣说："这算什么急事！"

奏臣对皇上的态度不满，随口说道："这总比打鸟的事急吧！"赵匡胤恼羞成怒拿起斧柄向这位大臣的嘴上抡去，大臣的牙齿当即被打掉两颗。大臣在忍痛之余还弯腰从地上拾起被打落的牙齿。

赵匡胤见后不禁大怒："难道你还想保存这两颗牙齿找我算后账吗？"

大臣说："我怎敢与您论是非呢？这事史官自然会记的。"赵匡胤听了猛惊，连忙笑容满面地好言安慰，还送给这位大臣许多金帛。

宋太祖赵匡胤

大臣在权势和地位上是弱者，无以与至高无上的皇帝抗衡，但他采用了柔弱的态度，以道理上、人格上的刚强，征服了至高无上的皇权，达到了自己在人格上不畏强暴，据理而争，自立自强的目的。

曾国藩说自己一生探求刚柔之法，但总免不了好名好胜的意念参与其间。年迈体衰后，他决心从"柔"的敬、静、纯、淡这四个字上下功夫。

敬，就是恭谨。无论是对多数人还是对少数人，也无论是对地位高的人还是对地位低的人，都不敢怠慢，这就是泰而不骄；衣冠整齐，态度严肃，令人望而生畏，这就是威而不猛。所以这一切都是学习"敬"的最好着手之处。

他说"静"字功夫最要紧。这话极为正确。大凡人都有切身的毛病，或是刚的恶习，或者是柔的恶习。各有偏重，沉溺既深，动不动就会发作，必须自己体察它，并终身加以治疗。曾国藩的同僚好友告诉他，他有偏重于刚的恶习，发起狠来什么也不顾，深究一下病根，就是好动不好静。

纯，就是纯正，纯粹，至善至美。倭仁说："圣人之纯亦不已。"这个纯就是至善至美，一般人只能追求它，只有圣人才能达到它。

庄子讲"淡然无极"、"淡而无为"。诸葛亮讲"淡泊以明志，宁静以致远。"这个"淡"，就是清静，超脱。然而很多年来，曾国藩就是清静不得，超脱不了，总是焦虑过多，没有一天可以坦荡于天地之间。这主要在于他有两个毛病，一是名利心太切，二是俗见太重。由于名利心太切，因而学无所成，德无所立；由于俗见太重，因而家人的疾病轻重，子孙的强贤与否都时常萦绕于心，如同作茧自缚。若想除去这两种弊病，应在"淡"字上多下功夫，将所有的一切都淡而忘之，淡而化之，这样，也许可以稍稍获得一点心灵上的自由自在。

人与动物的本质区别是人有精神。但精神却既有正面作用，也有负面作用。人有了精神，便派生出精神需求。精神需求也有起正面作用的正常精神需求和起负面作用的非正常精神需求。正常的精神需求是身心互益、人我互利的精神需求。每一个人都生活在世间。每一个人都有七情六欲，每一个人都离不开他人的理解、尊重和信任,每一个人都需要有沟通、爱护、关心和帮助,都需要亲情、友情、爱情。以上这些,都属于正常的精神需求。非正常的精神需求是过多地要求自尊,直至让别人精神服从、精神依附,对别人进行精神占有、精神控制、精神束缚、精神禁锢等等。

当你还不懂周围的人们有这么多种类的精神需求需要适应时,你会凭着自强自立的本性直挺挺向前冲。你的目光敏锐、嗅觉灵敏,看到一些"看不惯"的现象你会双眉紧锁,不平之语脱口而出;你会不习惯于讲假话、打哈哈、溜须拍马的世俗;当碰了钉子得不到理解时你会怨天尤人,愤世嫉俗;而当遭受不公平、不公正待遇时你会义愤填膺、挺身而斗……于是,你被卷入了一个又一个是是非非的怪圈,你要进取的事业却进退维谷,一筹莫展。

受了挫折之后,你开始反省自己进而改善自己,向成功的人们学习。你渐渐领悟到,刚毅离不开柔顺,柔是刚的手段,以柔为挺,以柔为进,方能实现自己的价值。渐渐地,你明白了,不论你周围的人是什么人,不论他们的精神需求是正常的还是不正常的,你都应当适应他。适应正常的精神需求,那是惯例。适应不正常的精神需求,那是谋略。从此后,你懂得了适应人们精神需求这个参与事功的进场礼仪,这个表现自我价值的长长过门,你按照游戏规则出牌,把一板正经变为入乡随俗,微笑点头;把自我封闭变为礼尚往来;把自我中心变为随缘互动,平等互利;把愤世嫉俗变为容垢纳污。于是你周围的氛围变得融洽祥和起来,原来不仅仅是生活小事,它还是做成一项事业的必须。当你把自己融入芸芸众生之中而不是自我突出时,别人也就不会把你当怪物而让你获得了资源共享的权利。而你一生事业的成功,却正是从资源共享开始的。刚柔相济,以柔克刚,刚中有柔,柔中寓刚,游戏规则就是这么简单——适应人的精神需求。适应了,就是至刚至柔。

二 降龙伏虎

【原典】

肝气发时，不惟不和平，并不恐惧，确有此境。不特盛年为然，即余渐衰老，亦常有勃不可遏之候。但强自禁制，降伏此心，释氏所谓降龙伏虎。龙即相火也，虎即肝气也。多少英雄豪杰打此两关不过，要在稍稍遏抑，不令过炽。降龙以来养水，伏虎以养火。古圣所谓窒欲，即降龙也；所谓惩忿，即伏虎也。释儒之道不同，而其节制血气，未尝不同，总不使吾之嗜欲戕害吾之躯命而已。

至于"倔强"二字，却不可少。功业文章，皆须有此二字贯注其中，否则柔靡不能成一事。孟子所谓至刚，孔子所谓贞固，皆从倔强二字做出。吾兄弟皆秉母德居多，其好处亦正在倔强。若能去忿欲以养体，存倔强以励志，则日进无疆矣。

【释文】

肝气发作时，不但心境不平和，而且也不感到恐惧，确实是这种感觉。不只是年轻气盛是这样，即使我渐渐老了，也经常有怒不可遏的时候。但是要努力控制自己，降服自己的心，这就是佛教所谓的"降龙伏虎"。"龙"就是相火，"虎"就是肝气。多少英雄豪杰都过不了这两关，关键是要稍稍控制，不要让肝火过分高涨。降住龙用来养水，伏虎用来养火。古代圣人所说的止息欲望，就是降龙；所说的压制忿怒，就是伏虎。佛家、儒家的理论不一样，但节制血气，却没有什么不同，总是不要让自己的欲望残害自己的身体寿命。

至于"倔强"这两个字，却不可缺少。一个人的功名、事业、文章，

都须要有这两个字的精神贯穿其中,不然软弱无力,一件事也做不成。孟子所说的"至刚",孔子所说的"贞固",都是由倔强二字引出来的。我们兄弟都更多地继承了母亲的品德,它的好处也正是倔强。如果能除去愤怒和欲望而使身体强壮,保持倔强来激励志气,那么就可以无限长进了。

【要义】

曾国藩的刚,受其母亲影响较深。其母江氏刚嫁到曾家时,曾家经济尚不宽裕,但江氏谨守曾家家训,操持家务更加克勤克俭,家庭也渐渐兴旺起来了。特别是江氏贤惠,侍奉阿公、阿婆十分殷勤。即使是阿公晚年卧床三年,屎尿都拉在身上,她与丈夫日夜轮流守护在床边,也毫无怨言。曾国藩的父亲常以"人众家贫为虑",而江氏总是用"好作自强之言"相劝,或以"谐语以解勉苦"。她常对丈夫说:"吾家子女虽多,但某业读,某业耕,某业工贾。吾劳于内,诸子劳于外,岂忧贫哉?"

正是由于江氏最乐"劳于内",其丈夫与诸子也都善"劳于外",曾家才更趋兴旺发达。至道光年间,虽然其儿曾国藩以进士翰林,七迁而为礼部侍郎,江氏在家始终保持勤俭本色,为五个儿媳和四个女儿树立了很好的榜样。

在河南登封少林寺有一块奇异的碑碣,上有释迦、孔子、老子的三人合体像,一为佛祖,一为儒圣,一为道尊,并刻有碑铭赞语:"三教一体,九流一源,百家一理,万法一门。"尽管教理不同,方法各异,但都是最高境界。曾国藩就是这样的一块奇异的碑碣,在他身上刻下了中国文化不同流派的丰富印迹。

曾国藩的个性,就其发展来看,与其年龄的增长也大有关系,早年时期,举止行为非常活泼,而且态度乐观,但也不免有点轻浮,大概是和多血质有关。到了京城以后,学习宋时理学,言行举止,都规规矩矩,感情上虽然沉静没有变化,但理智异常丰富,大概和抑郁质有点相近。统率军队之后,意志变得坚强起来,态度沉着冷静,虽然屡次遭到挫败,但仍能本"屡败屡战"的精神,始终如一地战斗,这一时期的个性,又与胆汁质

相似。到了晚年，经历了许多忧患挫折，对世上的事情，也看得很清楚，因而一举一动都权衡利害，深思熟虑，即使因为过于谨慎小心而受人非难，也在所不惜，这又与粘液质极为相近。

一般认为，才子的气质是多血质，学者的气质是忧郁质，豪杰英雄多是胆汁质，依曾国藩的生平来看，也觉得差不多是这样的。曾国藩年轻的时候，爱好诗文，行为浪漫，自然就是风度翩翩的才子。后来专心研究义理，讲究个人修养，思想谨慎，自然又是一个道貌岸然的学者。曾国藩的个性发展，都是靠勤奋、踏实、观察、学习而实现的。他戒矫揉是真知人生大道。

人人都想争强，因为都有血气。但遇到碰撞，有人立即脆弱成一滩泥，望天长叹，泪水与鼻涕搅和在一起。曾国藩曾经豪迈地说过："故男儿自立，必有倔强之气。"讲的就是这个道理。

回顾历史就可以知道，凡成功的人，大多是在逆境中长大的孩子。成功的人，大都是从困乏与需要的"学校"中训练出来的，大都是需要的鞭棍驱策向前，为改善自己的地位的愿望而导引向上。人必须承受生活的压力，这种压力会使人的潜能不致沉睡不醒，可以使人为了生存的需要而去努力奋斗。如果一个人养尊处优，那么他就很有可能望着他那一生也享不尽的财富而不去努力工作。只有那些近乎一无所有的人，才深知除了奋斗就没有第二条道路可走。幸运之神偏爱这些奋斗者，必定赐予和他们的努力对等的成功。

曾国藩能够压住肝火，以柔为刚，挺挺向前，在关键之时，该出手就出手，对他的知己慕僚也不客气，显出内在刚挺之气。他对慕僚李元度的态度便如此。

李元度是曾国藩的患难之交，但曾国藩却几次弹劾李元度，对此，曾国藩也时常感到内疚，觉得平生不负人，只对李有愧疚感。他对曾国荃等说："次青之事，弟所进箴规，极是极是。吾过矣！吾过矣！……余生平于朋友中，负人甚少，惟负次青实甚。两弟为我设法，有可挽回之处，余不惮改过也"；"惟与我昔共患难之人，无论生死，皆有令名，次青之名由我而败，不能挽回，兹其所以耿耿耳"。曾国藩之于李元度的态度，可以见其刚柔相济时的矛盾心理,但却不手软,这和挥泪斩马谡的诸葛亮有共通之处。

马谡是诸葛亮好友马良的胞弟,史称其人"才器过人,好论军计",因而深受诸葛亮的赏识,让他担任参军之职。马谡开始时也的确不负诸葛亮的倚重,在军事上曾多有建树,如提出"攻心为上"的建议,为诸葛亮"七擒孟获",顺利平定南中立下了重大功绩。然而,他毕竟缺乏实践经验,又不听从诸葛亮的指挥,终于造成街亭惨败。

蜀汉后主建兴六年,诸葛亮为了北定中原,匡复汉室,统一中国,决定率师北伐。蜀汉大军出祁山,进展顺利,给曹魏政权造成很大的震动。魏明帝赶忙派军前去阻击蜀军。当时,马谡担任蜀军的先锋,兵据战略要地街亭。马谡能否守住街亭,也就成了关系到北伐成败的关键。

诸葛亮深知街亭在整个北伐行动中战略地位的重要性。因此再三谆谆告诫马谡不可麻痹轻敌,命令他选择靠山近水的有利地形安营扎寨,以逸待劳,乘隙破敌。然而马谡在街亭实施布防时,却违背诸葛亮的节度,远离水源,将营寨扎在街亭附近的南山顶上。不久魏军进逼街亭,侦悉马谡舍水上山,就当机立断,将马谡所处的孤山团团包围,切断水源。蜀军在孤山上饥渴难忍,军心动摇,不战自乱。魏军攻占了街亭,马谡大败而归。

街亭的失守,使得诸葛亮"进无所据",被迫"退军还汉中"。蜀军前一段时间里所夺占

明代绣像《孔明挥泪斩马谡》

的天水、南安、安定三郡也得而复失，北伐的大好形势被葬送了。对此，马谡本人实在难辞其咎。

对于马谡这样一位颇有才能、立有功劳又私交极深，然而却在关键性战役中违犯军令造成损师折将的将领，应该予以何种处置，这是一桩令诸葛亮甚感棘手的事情。当时蒋琬等人出于怜惜马谡才能的心理，曾规谏诸葛亮宽恕马谡的过错，饶其一命："天下未定而戮智计之士，岂不惜乎？"对诸葛亮而言，要诛斩曾为自己所十分器重的将领，又何尝不是心若刀绞呢？然而，诸葛亮终究还是战胜了私人的感情，意识到"四海分裂，兵交方始，若复废法，何用讨贼"这一要害问题，于是便按律将马谡革职下狱，并忍着内心的悲痛，流着伤心的泪水，将马谡斩首示众，严肃军纪，以儆效尤。

人人都喜欢吉利，本能地回避凶难。那么，有没有办法保持吉利，回避凶难呢？曾国藩的办法是柔顺、收敛、抱残守缺。他认为在大吉大利时，通过柔顺可以走向吉利。一般人只知道"刚毅"过了头才需要柔顺，而不知道取得了成绩还需要柔顺。

郭子仪

郭子仪爵封汾阳王，王府落成后，每天都是府门大开，任凭人们自由进出。几个儿子问父亲为什么这样做，

郭子仪说："我敞开府门，任人进出，是全我们的身家性命。"

儿子们一个个都十分惊讶，忙问这其中的道理。郭子仪叹了口气，说："你们光看到郭家显赫的声势，没有看到这声势丧失的危险。我爵封汾阳王，往前走，再没有更大的富贵可求了。月盈而蚀，盛极而衰，这是必然的道理，所以，人们常说要急流勇退。可是，眼下朝廷尚要用我，怎肯让我归隐；再说，即使归隐，也找不到一块能容纳我郭府一千余口人的隐居地呀。可以说，我现在是进不得也退不得。在这种情况下，如果我们紧闭大门，不与外面来往，只要有一个人与我郭家结下仇怨，诬陷我们对朝廷怀有二心，就必然会有专门落井下石、妒害贤能的小人从中加油添醋，制造冤案，那时，我们郭家的九族老小都要死无葬身之地了。"

郭子仪明白祸是如何产生，应该如何去消除祸害的道理。他具有很高的政治眼光，他善于忍受灾祸，更善于忍受幸运和荣宠，深谙中正平和、不变不惊的明哲保身道理，所以才能四朝为臣。

进退有节的人比较谨慎，做人做事小心翼翼，不愿意随便粗心大意，造成不必要的损失。他们做事井井有条，不忙不乱，乱中有稳，忙中有序，这种工作方法与他进退有节的人生行为是一脉相承的。有这样良好的工作习惯，又能得到左右人的肯定和帮助，成功的气数自然增加不少。

三　强愎有别

【原典】

至于强毅之气，决不可无，然强毅与刚愎有别。古语云自胜之谓强。曰强制，曰强恕，曰强为善，皆自胜之义也。如不惯早起，而强之未明即起；不惯庄敬，而强之坐尸立斋；不惯劳苦，而强之与士卒同甘苦，强之勤劳不倦，是即强也。不惯有恒，而强之贞恒，即毅也。舍此而求以客气胜人，是刚愎而已矣。二者相似，而其流相去霄壤，不可不察，不可不谨。

【释文】

至于强毅之气，身上绝对不能没有，然而"强毅"与"刚愎"是有差别的。古话说"战胜自我就是'强'"，强力控制，尽力容让，竭力为善，这都是战胜自我的所包含的意思。比如说你不惯早起，你就强迫自己天不亮就起床；比如说你不习惯端坐，你就强迫自己像守灵那样端庄肃穆地坐着；又比如说你不习惯劳苦，你就强迫自己与士卒同甘共苦，勤劳不倦，这些都是"强"的表现。自己不习惯有恒心而去强迫自己做到有恒心，这就是"毅"的表现。不按上面的方法去做，而要力求以气势战胜别人，这就是"刚愎"的表现了。这两者看起来很相似，但核心本质却有天壤之别，所以不可不留意认识清楚，不可不谨慎从事。

【要义】

曾国藩认为天地之道，应刚柔并用，不可有所偏废。刚，并不是指暴虐，而是指强矫；柔，并不是指卑弱，而是指谦逊退让。在曾国藩的处事

之道中，极为推崇刚柔相济。过刚即挺然独立，事则不远，海瑞就是因为过刚，而一生坎坷，不获重用。

海瑞字汝贤，平生治学，以刚为主，因而自号刚峰，天下人称他为刚峰先生。

他初授闽南平县教谕。有御吏来到学校视察，主管学校的官吏都跪在地上谒见，独有海瑞挺立而行长揖礼。并说："参谒台臣应当注意礼节。这是学宫明伦堂，是师长教授学生的地方，不应当屈身下跪。"后来，升浙江严州府淳安县知县，总督胡宗宪的儿子路过淳安县时，因驿站供应不完备而发怒，并把驿吏倒悬起来。海瑞说："过去胡公巡查部属，命令他所经过的地方不要摆设酒食和帐幕等物。今天来人行装富足，必定不是胡公儿子。"因而下令把胡公子袋子里面的黄金数千两全数纳入公库里，并将此事告诉了胡宗宪。但胡宗宪也无可奈何。

当时明世宗在位已久，不临朝听政，朝廷大臣没有人敢于议论当朝政事。唯独海瑞敢直言上疏，说："天下人皆认为陛下不称职。"

隆庆三年夏，海瑞升都察院右副都御史，总理粮储提督军务，兼巡抚应天十府，治所在苏州。所管属的官吏都畏惧他的威望，贪墨不廉洁的人大多自己弃官而去。有权势人家的大门本来漆成赤红色，现在听说海瑞来到，就改漆成黑色。监督织造的宦官，也减少了抬轿和侍从的人役。海瑞又减省驿站传递公文、转运货物或官员过往休息等项的冗费。因而居官任职的人出差到这里，都得不到安排，由此而怨恨海瑞的人颇多。于是，海瑞被改任督南京粮储，但不到半年就被免职。

有"海青天"之称的海瑞

万历初年，张居正执掌国事，因畏惧海瑞严峻刚直，所以尽管朝廷内外诸臣上疏举荐，他始终不予召用。

曾国藩初到长沙办团练的时候，按照皇帝的原旨只是让他到省城帮办湖南"团练"事务。团练并非正规部队，其职守也只是"帮办"，归根结底也只是帮着省里维持地方治安而已，顶多在关键之时要率领团练守卫地方。但是由于曾国藩为了实现像他给皇帝上的奏折中所说的那样要"成一劲旅"，即实质上正规军的目标，以及他对大清王朝的耿耿忠心，乃至以天下为己任的高度责任感，便做出了几多干预地方"公事"的过刚蛮干之举。

其中一件事，就是开了一个新衙门——湖南审案局。曾国藩在办审案局期间，对地方不良介子实行严酷手段，下令不论是盗贼、土匪、游勇，捉一个杀一个。以至于湖南百姓士子都知道长沙出了一个残忍酷毒的团练头子曾国藩。许多人向省里告状，说"审案局"是阎王殿，连审案局里的一些官员也表示不再干这份伤天害理的差事了。但曾国藩见严刑酷法对待整治骚乱确有成效，不仅没有收敛，反面变本加厉，亲自拟定了"格杀勿论"、"就地正法"的告示，盖上"钦谕帮办团练大臣"的紫花官印让团丁四处张贴，弄得长沙城及湖南全省一片恐怖。按他给咸丰皇帝上的奏报说，他的"审案局"不满四个月就杀了137人，由他批示各县"就地正法"者更多，他给亲友的信中所写杀人之数远不止此数。这种做法虽然暂时得到了湖南巡抚张亮基的赞同与支持，但却受到了湖南社会舆论的强烈抨击，人们甚至给他送了诸如"曾剃头"和"曾屠户"的绰号，以表示对他的强烈愤恨。后来，等到张亮基因太平军攻下武汉被调往武昌接任湖广总督之缺，湖南巡抚由布政使潘铎署理，不久原湖南巡抚骆秉章又重任旧职，布政使徐有壬、按察使陶恩培，都由外面调来后，这三个人都不买曾国藩的账，曾国藩的日子就非常难过。

曾国藩在自己鼎盛之时，看到"刚"性太强，便以柔掩之。柔顺是什么？曾国藩说，"柔顺，所以守其缺而不敢求全也。"有一点残缺和遗憾就让它有一点残缺和遗憾。不要求全、求圆、求满，这就是抱残守缺。很多人不明白这一点，一味追求大获全胜，功德圆满；可起一旦大获全胜或者功德圆满，那凶险和灾祸也就随之降临了。

刚柔即阴阳。刚为阳，柔为阴，为事物的两面，阳刚显于外，阴柔蕴于内，既相互对立又相互依存，彼此保持均衡是常态，一旦失去均衡，事物就会发生变化。但过柔即驯顺无骨，人则不立。曾国藩一生功名，"毁于津门"就是过柔。

天津教案发生于同治九年五月二十三日。起因是天津境内，常有小孩被迷拐的事情，并且传说失去的小孩，是法国天主教堂的洋人所拐，把他们挖眼剖心，取而制药，因此人民与教徒常有争斗。三口通商大臣崇厚约法国领事官到署，提犯人对质，民众愤怒，领事丰大业恐怕吃眼前亏，竟然开枪杀人。民众大怒，把丰大业活活打死，并放火烧教堂，使洋人和教民无辜受害者达数十人。

曾国藩时为直隶总督，奉朝命往天津会同崇厚办理此案。动身前，曾国藩就确立了"中国实力不足同外国抗衡，只有力保和局才不致于开仗"的外交路线。他一到天津便发布文告，警告天津绅民不许滋事、扩大事态，即而又列数了"五疑"，为洋人"伸腰"。奏折在内阁抄发中披露以后，一时间舆论大哗，指责、谩骂纷至沓来。

天津教案中被烧的望海楼教堂

柔是刚的手段,以柔为挺,以柔为进,实现自己的价值,这也是柔的实质。司马懿"假痴不癫",装病夺权是一则有名的故事,目的在于以柔为弱迷惑对方,使其放松戒备,然后暗中图事,一俟机会成熟,便原形毕露。

魏明帝时,曹爽和司马懿同执朝政。后司马懿被升做太傅,其实是明升暗降,军政大权落入曹爽家族。司马懿见此情景,便假装生病,闲居家中等待时机。

曹爽骄横专权,不可一世,唯独担心司马氏。正值李胜升任青州刺史,曹爽便叫他去司马府辞行,实际是探听虚实。司马懿早已知道来意,就摘掉帽子,散开头发,拥被坐在床上,假装重病,然后请李胜入见。

李胜拜见过后,说:"一向不见太傅,谁想病到这般。现在小子调做青州刺史,特来向太傅辞行。"

司马懿佯答:"并州靠近北方,务必要小心啊!"

李胜说:"我是往青州,不是并州!"

司马懿笑着说:"你从并州来的?"

李胜大声说:"是山东的青州!"

司马懿笑了起来:"是青州来的?"

李胜心想:这老头儿怎么病得这般厉害?都聋了。

李胜吩咐:"拿笔来!"写了字给他看。

司马懿看了才明白,笑着说:"不想耳都病聋了!"然后用手指指嘴,侍女即给他喝汤,又洒了满床,过了好一会,才说:"我老了,病得又如此沉重,怕活不了几天了。我的两个孩子又不成才,望先生训导他们,如果见了曹大将军,千万请他照顾!"说完又倒在床上,喘息起来。

李胜拜辞回去,将情况报告给曹爽,曹爽大喜,说:"此老若死,我就可以放心了。"从此对司马懿不加防范。

司马懿见李胜走了,就起身告诉两个儿子说:"从此曹爽对我真的放心了，只等他出城打猎的时候，再给点厉害让他尝尝。"

不久，曹爽护驾，陪同明帝拜谒祖先。司马懿立即召集昔日的部下，率领家将，占领了武器库，并威胁太后，削除了曹爽羽翼，然后又骗曹爽，说只要交出兵权，并不加害他。但等局势稳定后，便把曹爽及其党羽统统处斩，掌握了魏朝军政大权。

把自己的优势藏起来，充分展示自己的短处、弱点，而使对手上当，放松警戒，从而达到成功的目的也是柔的一种手段。

唐高宗初年，大总管裴行俭讨伐突厥。开始几次朝廷派人送的饷粮都被敌人半路劫走。行俭大怒，心生一计，就伪装300辆粮车，每辆车内埋伏壮士五人，各带长刀。300辆车都用老弱的兵驾着，又暗派精兵跟踪在后，车行不久，突厥兵果然前来抢粮，老弱的士兵假装逃生。于是突厥兵就把车赶到水草边，解鞍牧马。当他们正要从车中取粮食时，壮士们突然从车中跃起，向敌兵冲杀，而跟踪在后的精兵也冲杀上来，突厥兵几乎被全部消灭。从此以后，突厥兵再不敢劫持粮车了。

"匿壮显弱"，需要很大的忍耐力，老是争强好胜的人是绝对做不到的。这要先丢脸、先失败，经过一番痛苦的忍耐，才能达到最后的成功。

英才第七

若必廉士而后可用,则齐桓其何以霸世!今天下得无有被褐怀玉而钓于渭滨者乎?又得无有盗嫂受金而未遇无知者乎?二三子其佐我!明扬仄陋,唯才是举,吾得而用之。

——[三国]曹操《求贤令》

一　得才适用

【原典】

虽有良药，苟不当于病，不逮下品；虽有贤才，苟不适于用，不逮庸流。梁丽可以冲城，而不可以窒穴。氂牛不可以捕鼠；骐骥不可以守阊。千金之剑，以之析薪，则不如斧。三代之鼎，以之垦田，则不如耜。当其时，当其事，则凡材亦奏神奇之效。否则鉏铻而终无所成。故世不患无才，患用才者不能器使而适用也。魏无知论陈平曰："今有后生孝己之行，而无益胜负之数，陛下何暇用之乎？"当战争之世，苟无益胜负之数，虽盛德亦无所用之。余生平好用忠实者流，今老矣，始知药之多不当于病也。

【释文】

虽然有好的药品，如果不对病症，那效果还不如普通的药物；虽然有贤良的人才，如果不能用在他擅长的方面，其结果还不如平常人去做的。可做大梁的坚木，战斗中可以撞开城门，但不能够堵塞鼠洞。强壮的水牛不能够捕捉老鼠，千里马也不能去守门。价值千金的宝剑，用它来砍柴，还不如斧头用的顺手。三代的家传宝鼎，用它来耕田，还不如普通的木犁。只要时间恰当，事情合适，那么就是普通的材料也能产生神奇的效果，否则牵缠不清，最终就会一事无成。所以不担心世界上找不到人才，担心的是用人者不能判断人才的长处而做到量才使用。魏无知在评论陈平时说："现在有个年轻人，其品行很有孝德，但不懂得战争胜负的谋略，陛下有工夫使用他么？"当国家处于战争时期，如果没有决定战争胜负的谋略，即便是他有高深的德行，也没有合适的地方去使用他。我一生喜欢使用忠厚老实的人，现在老了，才知道药虽然多，却往往不对症。

【要义】

曾国藩的用才之道最充分地体现了他以内主外的深厚功力。简言之，他是以贤求才，以智识才，以德荐才，以课育才。

关于"适才"的思想，我国古代的政治家、思想家、先贤哲人都有十分明确而深刻的见解。战国时期的齐国高士鲁连子曾经对孟尝君说过这样一席话，他说，善于攀援树木的猿猴，倘处于水中，就不如鱼鳖；日行千里的骐骥要论历险乘危，就赶不上狐狸。曹沫奋三尺之剑而劫齐桓公，迫其归鲁侵地，一军不能当；但让他放下手中之剑而操锹镐去种地，那就一定不如农夫。因此，"物舍其所长，之其所短，尧亦有所不及矣"。这就是说，倘若弃其所长而用其所短，即便是尧那样的"圣贤"，也会有所不及。

春秋时期著名的政治家子产任相国时，就善于"择能而使之"。他招贤而至的四个大臣都各有所长：冯简子能决断大事；子太叔仪表堂堂，言辞有文采；公孙挥能及时掌握四方诸侯的动态，并熟悉各国大夫的家族姓氏、官职爵位、地位贵贱、才能高低等，且擅长外交辞令；裨谌善于在农村郊外安静处出谋划策。

每当郑国有大事发生的时候，子产首先向公孙挥了解情况，让他多方进行谈判交涉活动；然后与裨谌一起乘车到郊外去，让他静心谋划；接着再把裨谌的谋划告诉冯简子，让冯简子参与最后决断；一切

子产

准备工作完成之后，就交给子太叔去执行，接待各国宾客。结果子产执政多年，"鲜有败事"。

汉高祖刘邦是个草莽英雄，在用人问题上倒也颇有知人之明。他曾经召集大臣议事，讨论的题目是自己所以能得天下的原因。大臣们讲了一通恭维话之后，刘邦说："公知其一，未知其二。夫运筹帷帐之中，决胜于千里之外，吾不如子房；镇国家，抚百姓，给足馕，不绝粮道，吾不如萧何；连百万之军，战必胜，攻必取，吾不如韩信。此三者，皆人杰也，吾能用之，此吾所以取天下也。"刘邦这段话，既说明他还有自知之明，又说明他能适才用人。倘若刘邦"用当非长"，来个"乱点鸳鸯谱"，派张良去统兵打仗，让韩信搞行政管理兼后勤供应，叫萧何去当参谋长，恐怕早就一败涂地了。

三国时代的孙策，从18岁领兵，至25岁克定江东，在短短的八年之中，他取得了别人半辈子或一辈子才能取得的成就。孙策不是一介武夫，而是有勇有谋的英主。他用人很注重适才用人，他礼聘了张昭、张纮，请来了盟兄周瑜，绞尽脑汁收服了太史慈。又到处挖掘人才，先后把吕蒙、吕范、朱然、周泰、陈武弄到手下，并把他们安排到最恰当的职位上。由于"适用其才"，部下也各称其职，尽忠职守。建安五年，孙策被刺创甚，弥留之际，在自己继承人的选择上，更体现了他适才用人的高超艺术。

据史载，孙策逝世前，召张昭诸人，及弟孙权，至卧榻前，嘱咐曰："天下方乱，以吴越之众，三江之固，大可有为。子布等幸善相吾弟。"乃取印绶与孙权曰："若举江东之众，决机于两阵之间，与天下争衡，卿不如我；举贤任能，使各尽力以保江东，我不如卿。卿宜念父兄创业之艰难，善自图之！"权大哭，拜受印绶。

策告母曰："儿天年已尽，不能奉慈母，今印绶付弟，望母朝夕训之，父兄旧人，慎勿轻怠。"

母哭曰："恐汝弟年幼，不能任大事，当复如何？"

策曰:"弟才胜儿十倍,足当大任。倘内事不决,可问张昭;外事不决,可问周瑜——恨瑜不在此,不得面嘱之也!"又唤诸弟曰:"吾死之后,汝等并辅仲谋。宗族中敢有生异心者,众共诛之。骨肉为逆,不得入祖坟安葬。"诸弟泣受命。

孙策生前最后完成了一件最重要的大事,就是把他长期观察了解后确定的接班人孙权选为国君,这是极有意义的举动,也是他深得"适才"真谛的结果。尤其是"内事不决问张昭,外事不决问周瑜",可谓是知人善任。后来曹操鏖兵赤壁,孙权去问张昭,张昭反劝他投降。后来孙权的母亲说"你哥哥说过'内事不决问张昭,外事不决问周瑜'",才去问周瑜。周瑜对孙权说:"我们投降了,照样可以当大官,当大将军。主公您投降了,在曹操手下当个什么好呢?"孙权才打定主意联刘抗曹。孙刘联盟,孙权怕刘备借了荆州不还。联盟间的事算内事,孙权却不问张昭而问周瑜。周瑜让孙权把妹妹孙尚香嫁给刘备,反中了诸葛亮的锦囊妙计,最后是"赔了夫人又折兵"。张昭擅长内事,周瑜擅长外事,可见孙策比孙权更懂得任人之妙。

孙策用人独特的地方,就在于不管在哪个层次上,都坚持要"适用其才",这样就能发挥人才的整体效应。尤其重视高层次的人事安排,一定要职能相称,对选准的人才,不受干扰,去私立公,坚决扶上马。实践证明,孙策对孙权的挑选,是正确的,为东吴的发展壮大起了至关重要的作用,从正面证明了"适才用人"是一条重要的用人原则。

能否造就有才能的人治理国家,管理事业,这关系到国家的兴衰存亡。"得贤则治,失贤则亡"是无数历史事实所证明了的真理。历史上举荐贤才这类事,大可包括三个方面。

一是某些身居高位者出于公心,力荐那些比自己优秀的人才代替自己,而自己乐居其下或退位,"鲍叔辞宰让夷吾"、"孙叔敖虞丘辞位",即是这方面的典型。

二是不以个人恩怨妨碍人才的举荐与提拔,即所谓"内举不避亲,外举不避仇",不论是自己的至亲还是私仇之人,都能以大局为重,荐而不

悔,祁奚荐解狐,即属此类。

三是求贤若渴,视人才为国宝,或亲自登门造访,或恳留追寻,或下令选拔,萧何月下追韩信、刘备三顾茅庐请孔明,其爱才之心、求才之情溢于言表。而燕昭王"千金买骨",更是传为佳话。

战国时代,燕国因为被邻国齐国打败,国势衰落。刚即位的燕昭王发誓复仇雪耻,重振国威。他的第一步策略是招揽人才。为此,他找大臣郭隗商议。郭隗说:"自古以来,帝王皆有良师,王者皆有良友,霸者皆有良臣。大王若想招揽人才,可以施行下述办法:首先是竭力礼待他人,恭敬受教,这样就能聚集比自己强几百倍的人才。其次是向人表示敬意,倾听他的意见。这样就会聚集比自己强几十倍的人才。如果仅以平等的方式待人,那么只有与自己能力不相上下的人才到来。如果手握权杖,横眉立目地指使人,那么只会有一些小吏。如果不分青红皂白,任意斥责人,那么身边只会有仆役了。"

昭王听后又问郭隗该向谁请教。郭隗便给他讲了一个故事:

从前有一位国君不惜以千金来求取千里马,他派出使者四处打探,三年后才打听到马的下落。等到使者赶到时,千里马已经死了。于是他以五百金买下千里马的骨头,带回去复命。国王大怒:"我要的是活马,你怎么买了一匹死马的骨头回来。"

使者不慌不忙地回答:"一匹死马都值五百金,活马的价值岂不更高吗?如果天下人都知道这件事,还怕好马不送上门来。"

果然,消息传出后,国王很快就得到几匹千里马。

郭隗讲完这个故事,接着对昭王说:"大王如果真心要招揽人才,那么就从我开始吧。如果连我这样的人都会受到重用,那么天下比我优秀的贤士们一定会不辞千里来投靠您。"昭王于是采纳郭隗的建议,厚待郭隗,任命他为最高顾问,尊为国师。各地的贤达之士听说此事后,纷纷前来投靠。昭王广纳贤士,充实国力,不久后进攻齐国,终于雪耻。

人才是世间最宝贵的。曾国藩感慨国中无人，他认为中国若想不与外国列强讲和，就得有四五个得力的大将军，他数来数去怎么也数不出来。正因为如此，他才对人才倾注了那么多的心血。他物色和栽培人才，选拔人才和推荐人才，只要这个人确有所长，哪怕他给曾国藩的印象并不好，甚至与他心存隔阂，他都是不惮任用和举荐的。

　　世传曾国藩通麻衣相法，曾著《冰鉴》一书，所以能识人才。其实曾氏识才的主要原因不在看面相而在听其言察其行，观人于微，积智以广。他观人的方法"以有操守无官气，多条理而少大言为主"。他最瞧不起的是大言不惭的人。曾国藩认为"凡有一技之长者……断不可轻视。"才干越高的人，缺点往往越显著。峰高谷必深，如果只看深谷而不看高峰，则大不智也。曾国藩非常推崇孙权"贵其所长，忘其所短"的识才之智，对袋中人才分门别类使用时做到"胜任愉快"。有的人才是用其所长而补其短，有的人才是用其策而不用其人，其原则始终是"人尽其才，才尽其用"。这样，在曾国藩的幕府，被他慧眼看中的谋略人才就有郭嵩焘、左宗棠、李鸿章等；作战人才就有彭玉麟、杨载福、李元度等；军需人才就有李翰章等；文书人才就有许振伟等；吏治人才就有李宗羲、洪汝奎、赵烈文等；文教人才就有吴敏树、俞越等；制造人才就有李善兰、容闳等。

　　左宗棠原是曾国藩幕府的一个四品幕僚，曾国藩让他襄办湖南防务，代行巡抚事。左宗棠锋芒毕露，才气逼人，惹怒了朝廷大员，险些被"一印两官"的罪名砍脑袋。曾国藩向咸丰帝力奏"左宗棠

湘军虎将江忠源

乃刚直君子，为人坦荡，晓畅兵机"。结果不仅未杀头，还赐同进士出身准其静候擢用。曾国藩进兵江浙之后，左宗棠招募的楚军在江西打了几次胜仗，曾国藩立即举荐左宗棠为浙江巡抚，并从湘军老营中拨给一万精兵和两员大将送左宗棠。

江忠源，曾国藩手下的一员虎将，原是一位举人，忠勇善战。曾国藩早预言"此人必立功于天下，然当以节义死"。1850年办团练，1851年便擢知府，1853年升为安徽巡抚，同年12月战死庐州，才42岁。

李续宾，湘乡人。1853年办团练，1856年便被曾国藩保荐为浙江布政使，加巡抚衔。1858年战死于三河镇，才40岁，死后被追赠总督。谥忠武。

曾国藩对才干超群、立有功劳的手下人才从不生忌，而且想尽办法，寻找机会举荐到更能发挥才干的位置上，而且不怕他们的地位高于自己。从而使一批幕府人才以火箭速度提升为清王朝高级官员。如果缺乏难能可贵的荐人之德，这一切是不可能发生的。

二　忠耿难得

【原典】

无兵不足深虑，无饷不足痛哭，独举目斯世，求一攘利不先、赴义恐后、忠愤耿耿者，不可亟得；或仅得之，而又屈居卑下，往往抑郁不伸，以挫、以去、以死。而贪饕出缩者，果骧首而上腾，而富贵、而名誉、而老健不死，此其可为浩叹者也。默观天下大局，万难挽回，侍与公之力所能勉者，引用一班正人，培养几个好官，以为种子。

【释文】

没有士兵不值得焦虑，没有粮饷也无须痛哭，唯有放眼当世，想找到一个见到利益不抢在前面、实行义举唯恐落在后面，忠诚耿直的人，不能马上得到；或者得到了这样的人，却又让他委屈在很低的职务上，往往因此而抑郁不展，受尽挫折，愤而罢官，甚至死亡。而那些贪婪善于逢迎、首鼠两端的人，却能堂而皇之地得到重用，居高位，享富贵，得名誉，而且还康健长寿，这真让人叹息感慨。默默地观察天下大局，这种情况几乎是不可能改变的，我们能尽力去做的地方，就是重用一批正直的人，培养几个好官，作为种子来培养新人。

【要义】

自古得人者昌，失人者亡，纵览古今历史，概莫能外。无兵不足深忧，无饷不足痛哭。人亡政息，国无栋梁才堪忧虑。古人云："能当一人而天下取，失当一人而社稷危。"用人事关社稷兴废，不可不察，不能不慎。

晏子说:"国有三不祥:夫有贤而不知,一不祥;知而不用,二不祥;用而不任,三不祥。""不祥"就是不吉利,有危难的征兆。一个国家有人才而不识,识了人才又不用,虽用了却不让其负重任,有此"三不祥",肯定不会兴旺。

人无完人,各有所长,也各有所短。领导者看人用人要扬其长避其短。倘要所用之人没有短处,其结果至多只是一个平平凡凡的人物。所谓"样样都是",必然是一无是处。才干越高的,其缺点往往也越显著。有高峰必有深谷,谁也不可能是"十项全能。"因此,对人不可求全责备,不能过多挑剔,否则,好多人才就会受到压抑,他们的创新精神就可能被窒息。对人的长短要作辩证的分析,尺有所短,寸有所长,人的长与短总是相对而言的。在此为长,在彼可能为短;此时为短,彼时可能为长,因此,不能把人的长与短绝对化,凝固化。领导者对所用之人要知其长短;否则,就可能出现"乔太守乱点鸳鸯谱"的现象。或就短避长,变人才为庸才;或因瑕掩玉而埋没人才。

孙权用人,就有"贵其所长,忘其所短"之说。即运用部下的时候,不要只看到他的短处,必须针对他的优点长处,使他有充分发挥的余地。这时的"忘"不是普通的忘记,而是明知道人的短处,却不去指点他。因为任何人都喜欢被人称赞,讨厌别人吹毛求疵。称赞自己的长处,就会产生积极向上的动力,而挑自己的毛病,就会萎靡不振,丧失工作的积极性。这也是孙权在实践中得出的经验之谈。

刘基作为朱明王朝开国元勋之一,也以长于谋略深受朱元璋器重,被朱元璋比为汉代的张良,称之为"吾子房也"。刘基元末曾经为官,目睹了当时社会政治的腐败。他把自己的政治主张、哲学思想用寓言杂论的方式表达出来,写成了一部奇特的著作叫《郁离子》,

刘基,字伯温

在这部政论著作中，用了20多篇的文字专门讨论用人问题，既阐发了他一贯的用人思想，也明显地、巧妙地结合了当时的社会实际，尤其在用才问题上提出了诸多精辟的主张，因此也可以说这是一部讨论用人与人才的名著。在以求实的态度选择人才的基础之上，刘基主张对人才放心使用、创造条件。他在《请舶得苇筏》一文中讲述了秦始皇与徐福的故事：

> 徐福自称可以入海寻蓬莱之山，得不死之药，请求秦始皇拨给大船。秦始皇说：要大船出海，人人可能。先生既然神通广大，给你一些苇子编成草筏也就够了。徐福表示为难，秦始皇说：如果乘大的，我自己可以去，何必用你呢？徐福见始皇为人忌刻，难以共事。于是私造大船，带三千童男童女出海不归，自立为国。秦始皇入海求仙的长寿计划落空，死于沙丘，为天下笑。

显然，人才创造功业需一定的物质条件，无舟楫何能渡海？回过头再来看曾国藩，他为了求取人才，在军营设有一个秘密投信箱，请官兵上陈自己和地方官员的过失，以鉴别人才的贤与不贤，推荐那些隐没在军中的有才能的人。为了获得人才，他还请弟弟为他留心采访物色，一要"多置好官"，二要"遂选将才"，如果碰到合适的人，他也会向弟弟推荐。

曾国藩选择人才重"纯朴"。他说："于纯朴中简择人才，庶可蒸蒸日上。"所谓"纯朴"主要是指尚实、无官气、不虚夸，不是以大言惊人、巧语媚上，而是具有踏实、苦干的作风。他说："求人之法须有操守而无官气，多条理而少大言。大抵人才约有两种，一种官气较多，一种乡气较多。官气较多者好讲资格，好摆样子，办事无惊世骇俗之像，语言无此防彼碍之弊；其失也，奄奄无气，凡遇一事但凭书办、家人之口说出，凭文书写出，不能身到、心到、口到、眼到，尤不能苦下身段去体察一番。"

曾国藩治湘军，选择将领素重有"乡气"之人，塔齐布、彭玉麟、杨载福等均属此类。他说："楚军水陆之好处全在无官气而有血性，若官气增一分，则血性必减一分。""楚军历不喜用善说话之将。""凡不思索考

核，信口谈兵者，鄙人不乐与之尽言。"

曾国藩最为关注的人才，应该是军队的将领。因此，古人在授予兵权时格外谨慎，兵权不可随意授人，而应经过考察授给那些确能胜任的人。那么兵权应授给哪些人呢？曾国藩认为，一个带兵的人起码应具备四点。

第一要才堪治兵。治军的才能，不外乎公正、严明、勤劳。不公正，士兵不会心悦诚服；不严明，士兵不会有所顾忌；不勤劳，军中大小事务都会被荒废。

第二要不怕死。曾国藩从带兵的第一天起，就立定了一个志向："不要钱，不怕死。"不怕死，作战时才能身先士卒，冲锋陷阵，这样士兵才会舍生忘死，一往无前。

第三要不汲汲名利。为名利而来的人，提拔得稍迟一点就怨恨不已，遇到一点不如意的事就怨气冲天；他们与同僚争薪水，与士兵争毫厘。小肚鸡肠，做不得大事。

第四要耐受辛苦。身体羸弱的人，过度劳累就会生病；精神短乏的人，时间稍长就会疲倦。

这四点似乎有些求全责备，但如果缺乏其中任何一点，就绝不可带兵。对一般将领，曾国藩有两个要求：一是必须实在，心眼好；二是人精明能算，对路程的远近，粮草的多少，敌我的强弱都要心中有数。对高级将领，曾国藩有三个要求：一必须智略深远；二必须号令严明；三必须吃苦耐劳。总之，曾国藩的带兵之人，必须智深勇沉，文经武纬，这就是曾国藩"梦想以求之，焚香以祷之"的将材。

曾国藩最喜欢用的是"能耐劳苦之正人"。对于读书人，曾国藩认为他们有两个通病：一是尚文不尚实，一是责人不责己。尚文的毛病表现在，写文章时连篇累牍，言之成理，待到躬任其事，则忙乱废弛，毫无条理。责人的毛病表现在，无论什么人，一概用别人难以达到的标准苛求于人，这就是韩愈所说的"按众人的要求对待自己，用圣人的标准对待别人。"对这种人，要谆谆劝诱，徐徐熏陶。

曾国藩奏保幕僚是有条件的，那就是要干实事，不怕艰难，不讲条件，否则他是不肯保举的。刘瀚清的例子最能说明问题。

刘瀚清原是湖北巡抚胡林翼的幕僚，负责草拟奏稿，很受胡的器重。咸丰七年四月，太平军席卷苏、常，胡林翼病情日危，刘瀚清身当幕主及形势危殆之时，辞归乡里，引起胡、曾的不满。胡林翼于同年六月奏保十六人，刘瀚清不在其列。同治元年，刘瀚清进入曾国藩幕府，以后又随曾北上镇压捻军。但移督直隶时，刘又迟疑不肯随行。在曾国藩的眼里，刘是不能任艰巨的人，因此虽敬其有才，但也不保举。刘后任上海预备学校校长，负责培训赴美留学生。

此外，还有三种人曾国藩不愿保奏，一是才高德薄名声不佳之人，一是才德平平迁升太快之人，一是个人不愿出仕之人。第一种人如周腾虎、金安清等，往往一人保案，即遭弹劾，心欲爱之，实却斋之。第二种人如恽世临、郭嵩焘等。皆经曾国藩直接间接地奏保，于二年之内连升三级，由道员超擢巡抚，复因名声不佳，升迁太快而被劾降调。至于第三种人，本人不愿出仕或不愿受人恩德，受保之后本人不以为恩，反成仇隙，说来颇令曾国藩伤心。他在给曾国荃的信中谈到奏保之难时说："近世保人亦有多少为难之处，有保之而旁人不以为然反累斯人者，有保之而本人不以为德反成仇隙者。余阅世已深，即荐贤亦多顾忌，非昔厚而今薄也。"

曾国藩欣赏的是光明正大，言词真切的人，他们"抱济世之才，矢坚贞之志，不为利害所动"，这就是豪杰之士。而那种"心知顺逆，隐怀忠荩，亦不免被其逼胁"的人，就是良善之人。豪杰之士，可遇不可求；良善之人，可遇又可求。得到良善之人后，就要"实见其行，实信其心"，然后才能举荐。曾国藩深有感触地说："得一好人，便为天地消一浩劫。"

三　磨炼生才

【原典】

天下无现成之人才，亦无生知之卓识，大抵皆由勉强磨炼而出耳。《淮南子》曰："功可强成，名可强立。"董子曰："强勉学问，则闻见博；强勉行道，则德日进。"《中庸》所谓"人一己百，人十己千"，即强勉功夫也。今世人皆思见用于世，而乏才用之具。诚能考信于载籍，问途于已经，苦思以求其通，躬行以试其效，勉之又勉，则识可渐通，才亦渐立。才识足以济世，何患世莫己知哉？

【释文】

天下没有现成的人才，也不可能有一出生就具有远见卓识的人，大多是经过勤勉努力，艰苦磨练出来的。《淮南子》说："功劳可以在强大的压力下建立起来，名声可以在强大的逼迫下树立起来。"董仲舒说："勤奋去学习，见识就会广博起来；勤奋地去履行道德规范，道德修养就会不断加深。"《中庸》上所讲的"他人知道一件事，自己就要知道一百件事，他人知道十件事，自己就要知道一千件事"，这就是讲的如何去勤勉付出。现在的人都希望为人所用，却不具备为人所用的才能。如果真能从古籍中得到验证，再向那些成功人士学习，刻苦思索以达到融会贯通，努力实践以检验其效果，持续努力，这样见识才会融会贯通，才能也就逐步地培养起来了。才能见识足以为社会建功立业，还用得着担心自己不为世人所知吗？

【要义】

曾国藩之所以"成功",可能有诸多因素,他能够网罗人才,把一大批有各方面才能的人聚集在自己的周围,成为他的幕僚,为他出谋划策,是十分重要的原因。

两千多年前,孔子就叹道:"才难,不其然乎?"诸葛亮是了不起的政治人才,他还未出山就看清了天下大势,其实他很明白蜀汉无法中兴,它所占有的根据地不够。荆州失陷之后,蜀汉就没有复兴的希望了。诸葛亮对于这些看得很清楚,但他"逆于行事",硬打下了三国分立的局势。然而他在培养接班人的问题上则做得不尽理想。诸葛亮用人无地域偏见,与之同时掌权的人是由荆州、襄阳之间所谓"荆襄集团"延揽至四川,他将这些人与巴蜀人物并用,而其所培养的接班人,在《出师表》所提及者,一半以上后来确实担任了他所期望的职务,其中包括蒋琬、费祎、姜维,都相继接下领导蜀国的责任,然而衡量这三个人才,却无一真正足以担任栋梁之材。

诸葛亮一生谨慎,这三人也正因其行事谨慎而受重用,但诸葛亮除谨慎细心之外,还具有敏锐的观察力与广博的眼光,而这些人却远逊于他。这是他观察错误之处。晚年所培养的姜维,确是有气魄、有热诚、有眼光,但缺乏谨慎细腻。诸葛亮布局用人,倘若能以有眼界、有气魄者为接班人,再以谨慎细心者辅佐,或能避免他死后令人棘手的难局。

曾国藩所统率的湘军,其将领初期均出身曾国藩的门下弟子,皆是儒生,武将出身者并不多。等到创出局面后,曾国藩便着手栽培接替人。左宗棠才大气足,非常傲慢,但曾国藩愿意栽培他,给予兵饷,给予发展之机会,使他有机会从浙江、福建打出新的天下。曾国藩的幕僚之中人才济济,而李鸿章,除好吃懒做外,没有其他特长。但曾国藩却看出他眼光敏锐,对问题的判断能一针见血,正中要害。所以曾国藩常责骂李鸿章,折他的骄气,一方面却训练他,与他讨论策略。

曾国藩认为才能是磨炼造就成的,即使是好的玉石,也必须经过琢磨

陶冶才能成器。他说："德不苟成，业不苟名，艰勤错舛，迟久而后进。……造之不力，歧出无范，虽有琅质，终亦无用。"因此他强调"人才由陶冶而成"。他曾说过："人才非困厄则不能激，非危心深虑则不能达。人才何常？褒之则若甘雨之兴苗，贬之则若严霜之凋物。米汤若醍醐之灌顶，高帽若神山之冠鳌，昔胡文忠每以此法诱掖将才。以此法诱掖诸生，何患人才不勃然兴起？其所言者，要亦与培养人才有关。盖培养人才，固可运用语言，以资鼓励，亦可设备环境，借资磨炼也。"

曾国藩说："得人不外四事，曰广收、慎用、勤教、严绳。"这里的"勤教、严绳"就是以课育才之道。勤教、严绳又称教化、督责。曾国藩解析说："教者，诲人以善而导之其所不能也；代者，率之以躬而使其相从于不自知也。督责者，商鞅立木之法，孙子斩美人之意，所谓千金在前，猛虎在后也。"也就是说，勤教是言传身带，谆谆善诱，因势利导，潜移默化。严绳是严格要求，严格训练，只许上进，不许懈怠。"商鞅之木"是立信于人，"孙子斩美人"是立法于人。都是说到做到、晓理明法、不容含糊。

曾国藩力主人的才能要到实践中磨炼造就。"天下无现成之才，亦无生知之卓识，大抵皆勉强磨炼而出耳"。勉强，意即艰难困苦的环境锻练。他强调"人才由陶冶而成"，明确提出"人才非困厄则不能激，非危心深虑则不能达。……盖培养人才之方，固可运用语言，以资鼓励，亦可设备环境，借资磨炼也"。

把人才放到艰难竭蹶、进退两难的窘逆处境去，激发才智；放到难题成堆危机四伏的孤独环境去造就深谋远虑。这是一种强化训练，也可称生存考验，实为提升人才品级的不二法门。

曾国藩磨炼人才，最典型的事例是对李鸿章的教诲。湘军攻克九江，李鸿章赶往九江的湘军行营，但曾国藩却借口军务倥偬，没有相见。李鸿章以为只是一时忙碌，几天之内定可召见，谁知在旅舍中闲住了一个月，得不到任何消息。李鸿章得知曾国藩幕府中的陈鼐与他有"同年"之谊，也充过翰林院庶吉士，又算是同僚，就请陈去试探曾国藩的意图。谁知曾国藩环顾左右而言他，不肯表明态度。

李鸿章既是曾国藩的得意门生，曾国藩何以对他如此冷落？这实在令人费解。就连陈鼐也不明所以，便对曾国藩说："少荃与老师有门墙之谊，往昔相处，老师对他甚为器重。现在，他愿意借助老师的力量，在老师门下得到磨练，老师何以拒之千里？"

曾国藩冷冷地回答说："少荃是翰林，了不起啊！志大才高。我这里呢，局面还没打开，恐怕他这样的艨艟巨舰，不是我这里的潺潺溪流所能容纳的。他何不回京师谋个好差事呢？"

陈鼐为李鸿章辩解说："这些年，少荃经历了许多挫折和磨难，已不同于往年少年意气了。老师不妨收留他，让他试一试。"曾国藩会意地点了点头。就这样，李鸿章于咸丰八年进了曾国藩幕府。

曾国藩并不是不愿接纳李鸿章，而是看李鸿章心地高傲，想打一打他的锐气，磨圆他的棱角。这大概就是曾国藩这位道学先生培养学生的一番苦心吧。自此之后，曾国藩对李鸿章的棱角着意进行了打磨，以使他变得老成世故，打下立足官场的"基本功"。

曾国藩很讲究修身养性，规定了"日课"，其中包括吃饭有定时，虽在战争时期也不例外。而且，按曾国藩的规定，每顿饭都必须等幕僚到齐方才开始，差一个人也不能动筷子。

而李鸿章出身富豪之家，又有不惯拘束的文人习气，对这样严格的生活习惯很不适应，每天的一顿早餐实在成了他沉重的负担。一天，他假称头疼，没有起床。曾国藩派弁兵去请他吃早饭，他还是不肯起来。之后，曾国藩又接二连三地派人去催他。李鸿章没有料到这点小事竟让曾国藩动了肝火，便慌忙披上衣服，匆匆赶到大营。他一入座，曾国藩就下令开饭。

吃饭时，大家一言不发。饭后，曾国藩把筷子一扔，扳起面孔对李鸿章一字一板地说："少荃，你既然到了我的幕下，我告诉你一句话：我这里所崇尚的就是一个'诚'字。"说完，拂袖而去。

李鸿章何曾领受过当众被训斥的滋味？心中直是打颤。从

此，李鸿章在曾国藩面前更加小心谨慎了。

李鸿章素有文才，曾国藩就让他掌管文书事务，以后又让他帮着批阅下属公文，撰拟奏折、书牍。李鸿章将这些事务处理得井井有条，甚为得体，深得曾国藩赏识。几个月之后，曾国藩又换了一副面孔，当众夸奖他："少荃天资聪明，文才出众，办理公牍事务最适合，所有文稿都超过了别人，将来一定大有作为。'青出于蓝而胜于蓝'，也许要超过我的，好自为之吧。"

这一贬一褒，自然有曾国藩的意图。而作为学生的李鸿章，对这位比他大十二岁的老师也真是佩服得五体投地。他对人说："过去，我跟过几位大帅，糊糊涂涂，不得要领；现在跟着曾帅，如同有了指南针。"

曾国藩把举荐英才作为合格的政治家必备的两个条件之一来看待。他三番五次说道："居高位者，以知人晓事二者为职"，"今日能知人能晓事，则为君子；明日不知人晓事即为小人。"

蔡锷所辑之《曾胡治兵语录》，于曾国藩知人晓事之说，甚表赞同。其言曰："文正公谓居高位以知人晓事为职，且以能知人晓事与否，判别其为君子为小人，虽属有感而发，持论至为正当，并非愤激之说。用人之当否，视乎知人之明昧；办事之才不才，视乎晓事之透不透。不知人则不能用人，不晓事则何能办事？君子小人之别，以能否利人济物为断。苟所用之人，不能称职，所办之事，措置乖方，以致贻误大局，纵曰其心无他，究难为之宽恕也。"

曾国藩将治政、治军、治饷等等全系于用人。关于治政，他说："人存而后政举。方今纲纪紊乱，将欲维持成法，所须引用正人。"关于治军，他指出："选将之道，诚为至要""法待人而举。苟非其人，虽则前贤良法或易启弊端。"在办厘金问题上，曾国藩指示部下："广求人才，参错布置，庶期改观。"总之，在各方面，曾国藩都把人才问题摆到了十分重要的位置，视为维护封建统治成败的关键。

廉矩第八

世之廉者有三：有见理明而不妄取者；有尚名节而不苟取者；有畏法律保禄位而不敢取者。见理明而不妄取，无所为而然，上也；尚名节而不苟取，狷介之士，其次也；畏法律保禄位而不敢取，则勉强而然，斯又为次也。

——[明]宋纁《古今药石》

一 廉吏难为

【原典】

翰臣方伯廉正之风，令人钦仰。身后萧索，无以自庇，不特廉吏不可为，亦殊觉善不可为。其生平好学不倦，方欲立言以质后世。弟昨赙之百金，挽以联云："豫章平寇，桑梓保民，休讶书生立功，皆从廿年积累立德立言而出；翠竹泪斑，苍梧魂返，莫疑命妇死烈，亦犹万古臣子死忠死孝之常。"登高之呼，亦颇有意。位在客卿，虑无应者，徒用累欷。韩公有言："贤者恒无以自存，不贤者志满气得。"盖自古而叹之也。

【释文】

布政使龙翰臣为官清正廉洁的品行，令人敬佩仰慕。他死后家境萧条，无法庇护自己的妻子家人，让人觉得不仅是清廉的官不好做，就是做善事也都不容易。他一生好学，孜孜不倦，曾想著书来引导后人。我昨天送去一百两银子帮助他家办理丧事，并写一幅挽联："豫章平寇，桑梓保民，休讶书生立功，皆从廿年积累立德立言而出；翠竹泪斑，苍梧魂返，莫疑命妇死烈，亦犹万古臣子死忠死孝之常。"站出来大声呼吁，也颇有号召众人的意思。但我不是本地的官员，估计也没有响应的人，徒增感叹罢了。韩愈说过："有德识的人常常无法维持自己的生存，无德无识的人却得意洋洋。"自古以来人们就对此长叹不已。

【要义】

清廉不贪是为官者的基本要求。号称清代第一清官的汤斌任江宁巡抚时，初至南京，就召集府县官，训斥道：贪贿者轻则被人弹劾而去，重则

抄家追产，诛及子孙。而且，一沾贪名，上司收受了下官的贿赂，就有把柄在别人手中，下官有什么过失也不敢轻易纠正，久而久之，会有包庇之嫌。州县官听了这番训导，都说"公治吾等"，即救了他们的命。曾国藩最崇拜汤斌，认为清朝有成就的人中，汤斌是一流人物。所以曾国藩和汤斌一样，在死后得以谥号"文正"，这是清朝政府对官员最高的褒奖。

曾国藩初出办团练，便标榜"不要钱、不怕死"，为时人所称许。他写信给湖南各州县公正绅耆说：自己感到才能不大，不足以谋划大事，只有以"不要钱，不怕死"六个字时时警醒自己，见以鬼神，无愧于君父，才借此来号召乡土的豪杰人才。

曾国藩"不要钱"，是秉承了他祖父曾星冈的家训的。道光十八年，曾国藩已成进士，入翰林院。他十二月回家，贺客盈门，连日不绝。事后，祖父对他父亲麟书说："宽一虽点翰林，我家仍靠作田为业，不可靠他吃饭。"同治五年六月，曾国藩与九弟均已封爵开府，他想起这一庭训，对弟弟说："这一句话最有道理，从今当以此话为一生的教导。"曾国藩曾发誓说："予自三十岁以来，即以做官发财为可耻，以宦囊积金遗子孙为可羞可恨。故私心立誓，总不靠做官发财以遗后人。神明鉴临，予不食言！"

曾国藩一念既定，即抱死不放，终生不移，守志如磐，永不退转。他是那种有定识、定见、定力的人，其俸禄除供养高堂，瞻养家小之外，稍有盈余，全数用作族祠购买义田抚恤贫苦，自家从不买一亩田，积一文钱，身后不留浮财。更不要说为私人敛财渔利。

曾国藩当然不是苦行僧，"不要钱"，指的是不贪，不要非分之钱。他说："不贪财、不失信、不自是，有此三者，自然鬼伏神钦，到处受人敬重。"又说："一般的人，都不免稍稍贪钱以肥私囊。我不能禁止他人的贪取，只要求自己不贪取。我凭此示范下属，也以此报答皇上厚恩。""不贪财、不苟取"，这就是曾国藩的信条。据说曾家只有一次收受别人的礼，那是提督黄翼升的夫人进献的。

　　黄翼升是长沙人，少年时是个孤儿，最初以"材官"隶属曾

挺经

廉矩第八

国藩部下。曾国藩建立水师时，黄翼升帮了大忙，是曾的四大心腹之一。组建淮扬水师时，黄翼升任统带，黄归李鸿章指挥并很快成为李的得力助手。后来，曾国藩想调黄翼升部离开苏南，多次与李鸿章来往信函相商，李鸿章却一口拒绝。由于黄翼升"索性宽和"，比较受将士拥戴，曾国藩一定要把这位爱将调回，李鸿章说黄"厚道热肠，为武人中第一流，为平吴第一功臣，为沪军第一苦人"，所以坚决不给，为此，曾、李两人差点闹翻。

黄翼升此时处于很尴尬的境地，还是他的夫人出来调停，一定要奉曾国藩的夫人为义母。一天，正好是曾夫人生辰，黄夫人带着翡翠钏一双、明珠一粒、纺绸帐一铺来贺寿，当堂拜曾夫人为义母。当时人多众广，曾夫人不好不给面子，也就答应将黄夫人收为干女儿。

寿宴结束后，曾夫人向曾国藩述其原委，曾国藩起初很生气，但一想能收服将心，调和因黄翼升而起的曾、李关系的矛盾，也就不再说什么。这个纺绸帐后来曾国藩的女儿出嫁时作了嫁妆。

正如赵鼎所说："凡在仕官，以廉矩为本。人之才性各有短长，固难勉强。唯廉矩二字人人可至。廉矩，祈以处己；和顺，所以接物。与人和则可以安身，可以远害矣。"曾国藩觉得自己才识浅薄，却久居高位，为了避免大灾大难，所以他才兢兢栗栗，不图安逸，不图丰豫，崇尚勤俭，讲求廉矩。他以为只有这样才是载福之道。这是人人都可以做，但不是人人都愿意做的事。

由于曾国藩的廉矩声名有加，使一些同僚对他畏之如虎或敬而远之。原因是他对于那些贪官污吏，竭力主张查办。尽管曾国藩与官员和绅士之间常常发生矛盾，这给他的仕途增加了不少麻烦，但由于他能"廉矩报国，侧身修行"，真心实意爱护军民，所以还是能心有所想，事有所成，曾国藩的这种爱民思想应该说得益于他所受的儒家文化的影响。

曾国藩主张政治家应当负有领导社会的责任，亦希望教育家能负领导社会，转移风气，使之廉洁向上的责任。其《劝学篇》中曾说："若夫风气无常，随人事而变迁。有一二人好学，则数辈皆力追先哲；有一二人好仁，则数辈皆思康济斯民。倡者启其绪，和者衍其波。倡者可传诸同志，和者又可嬗诸无穷。倡者如有本之泉，放乎川渎；和者如支河沟浍，交汇旁流。先觉后觉，互相劝诱，譬之大水小水，互相灌注。以直隶之士风，诚得有志者导乎先路，不过数年，必有体用兼备之才，彬蔚而四出，泉涌而云兴。"

做官的人，尤其是做大官的人，更有做官做久了的人，一容易骄傲，二容易奢侈。有时虽不一定自己想这样，但往往是别人迫使自己这样。一天，曾国藩的属下李翥汉说，他依照别人的样式打了一把银壶，可以炖人参，可以煮燕窝，花费了八两多白银。曾国藩听说后深感愧悔，他说："现在百姓都吃草根，官员也多属贫困，而我身居高位，骄奢如此，并且还窃取廉洁节俭的虚名，真是令人惭愧得无地自容啊。以后应当在这些方面痛下针砭的工夫。做官的人，比一般人办事方便得多；做大官的人，往往他想都没有想到，就已有人帮他把事办好了。不仅他自己是这样，就是他的家人往往也是一言九鼎，颐指气使，翻手为云，覆手为雨，无限风光占尽。所以位高权重的人，就不能不对自己的行为特别小心，包括对自己家人的言语也当格外谨慎。"

九弟曾国荃的品格，与曾国藩大不相同。攻下江西吉安、安徽安庆和江苏金陵之后，曾国荃三次搜刮，且一次比一次搜括得凶而多，攻下城后，三次回家起屋买田。他在家乡所起的"大夫第"，长达一华里，共九进十二横，房子数百间，中储大量金银珠宝、华贵家具和仆人婢女，为近世官僚府第所罕见。故被时人讥为"老饕"。对此诨名，曾国

曾国荃

藩虽略怀不平，但对老九的贪财终究是极反对的。他写信劝老九说："沅弟昔年于银钱取与之际不甚斟酌，朋友之讥议菲薄，其根实在于此。去冬之买犁头嘴、栗子山，余亦大不谓然。以后宜不妄取分毫，不寄银回家，不多赠亲族，此'廉'字工夫也。"曾国藩并且概而言之，以规戒九弟："富贵功名，皆人世浮荣，惟胸次浩大是真正受用。余近年专在此处下功夫，愿与我弟交勉之。"

孟子说："吾善养吾浩然之气。"

公孙丑问："敢问何谓浩然之气？"

孟子说："难言也。其为气也，至大至刚，以直养而无害，则塞于天地之间。其为气也，配义与道；无是，馁也。"

曾国藩发挥孟子的学说，认为"凡事非气不举，不刚不济"。他于江西抚、藩为粮饷事而争执不休，自己郁郁不自得时，对"气"作了一个比较具体的说明：

欲求养气，不外"自反而缩，行慊于心"两句。欲求行慊于心，不外"清、慎、勤"三字。因将此三字各缀数语，为之疏解。"清"字曰：名利两淡，寡欲清心，一介不苟，鬼伏神钦。"慎"字曰：战战兢兢，死而后已，行有不得，反求诸己。"勤"字曰：手眼俱到，心力交瘁，困知勉行，夜以继日。此十二语者。吾当守之终身，遇大忧患、大拂逆之时，庶几免予尤悔耳。

后来，他将"清"字改为"廉"字，"慎"字改为"谦"字，"勤"字改为"劳"字，成为"廉、谦、劳"。他认为，这样十分明显浅易，有了下手处。

曾国藩的倡廉全是就内在向度的成长角度讲的。其出发点，不在整饬吏治，而在维护道统。廉矩是弘道的标志，必将它弘扬而救治人心。他指出，为将帅者之于下属，就是"作之君，作之师"。人生在世，"不为圣贤，便为禽兽"。做了父母官就更应做君子不做小人，做圣贤不作禽兽，精神领袖与事业领袖应二合为一，以事业发现精神，用精神引导事业。不要因爱钱而自污，损害了自己的人格尊严。曾国藩认为，这是人人都可以做到的，只是有些人不愿这样做罢了。

曾国藩曾立志，要有民胞物与之量，有内圣外王之业，要做一个天地间之完人。他说："治世之道，专以致贤养民为本，其风气之正与否，则丝毫皆推本于一己之身与心，一举一动，一语一默，人皆化之，以成风气，故为人上者，专重修身，以下效之者，速而且广也。"改造社会，不外"致贤""养民"和"正风气"三端。风气如何能正呢？必须先培养人才，使之各得其用，让他们发生一种领导作用，这就是所谓致贤了。同时把人民的生活改善，使之安居乐业，"仓廪实而后知礼义，衣食足而后知荣辱"，这就是所谓养民了。总之是教养廉矩，让治者与被治者，或士大夫阶级与农工商阶级，都能发展他们的技能，配合一致，殊途同归，然后风气可转，社会自然就欣欣向荣了。

挺经

廉矩第八

二 君子守礼

【原典】

古之君子之所以尽其心、养其性者,不可得而见。其修身、齐家、治国、平天下,则一秉乎礼。自内焉者言之,舍礼无所谓道德;自外者言之,舍礼无所谓政事。故六官经制大备,而以《周礼》名书。春秋之世,士大夫知礼、善说辞者,常足以服人而强国。战国以后,以仪文之琐为礼,是叔齐之所讥也。荀卿、张载兢以礼为务,可谓知本好古,不逐乎流俗。近世张尔岐氏作《中庸论》,凌廷堪氏作《复礼论》,亦有以窥见先王之大原。秦蕙田氏辑《五礼通考》,以天文、算学录入为观象授时门;以地理、州郡录入为体国经野门;于著书之义例,则或驳而不精;其于古者经世之礼之无所不该,则未为失也。

【释文】

古代的君子是如何尽心尽力,修身养性,我们是不能见到了。但他们修养身心,管理家庭,治理国家平定天下,无一不是遵循"礼"的要义的。从自身而言,放弃了"礼"的要义就谈不上道德修养;从外部而言,放弃了"礼"的要义就谈不上依章办事的政务。所以,六卿之官设置完备,制定规范制度,而记录的书籍以《周礼》为书名。春秋的时候,那些知晓礼仪、能言善辩的士大夫,往往都能得到人们的钦敬,而使他的国家强盛。战国以后,用烦琐的仪文作为"礼"的标准,就是叔齐也要讥讽的。荀卿、张载兢用"礼"作为自己的行事标准,可以说他们是了解根本,喜好古风,不去追逐流俗。近世张尔岐著述的《中庸论》,凌廷堪著述的《复礼论》,也算是大体了解先王教化的原貌。秦蕙田编著的《五礼

通考》，把天文、算学编入了"观象授时门"这个章节；把地理、州郡放到了"体国经野门"这个章节。这样的编著对著书的体例来说，有些驳杂，显得不够精练，但对于古代的经世治国的"礼"来讲则全具备了，所以也算不得是什么败笔。

【要义】

礼，是圣人继承上天意志，制立楷模、垂教世人的教育规范，没有什么能列在礼之前的。为使人心不至浮动，制定亲近、疏远的差异及上下的名分，让狂傲的人不长久，让快乐的人不能超过限度，使人们一丝一毫都不能超过礼。这是用君子恭敬、守节、退让来明晓礼教。

孔子说："一出门就像去拜见贵宾，治理人民就像是身临祭祀。"这是回答仲弓询问仁的话。所谓贵宾，不是指爵位高的人，而是说德高望重的长辈、尊者，按礼都是应当尊敬的。大祭，不是祭祀祖宗社稷的祭礼，是禘祭、尝祭的祭礼，按礼来说也都是应当恭敬的。

汉高祖五年，天下基本平定，只有鲁国还没有降服，高祖想去屠杀鲁国；兵临城下，城内仍传出弦乐朗诵的声音。因为它是遵守礼义的国家，现在正为他们的君主守节，于是汉军拿着项羽的头给他们看，鲁才投降。也许遵守礼义就能消除战争吧。礼可以让人高尚。东汉的茅容，字季伟，是陈留人，年过40，还在田里耕种。一天遇上下雨，他和同辈人在树下避雨，其他人都歪坐着，只有茅容独自正襟危坐，态度非常恭敬。太原的郭泰，字林宗，正从这里路过，看见后认为他非同寻常，于是同他相识。茅容请他住到家里，早上，茅容杀鸡做饭，林宗想这是为自己做的。做好以后他却送给了他母亲，自己和客人只用蔬菜喝酒，郭泰站起来向茅容行礼说："你真是贤明啊！我郭泰招待宾客，只是减少牛羊猪三种肉菜，你能这样做，真是我的朋友。"他劝茅容去读书，最后终于把他培养成了大德之人。《孝经》里说："要使上面的人安稳。人民治理得好，没有比礼更好的了。礼就是恭敬。"《乐记》说："礼乐不可以有片刻离开我们。"礼甚至可以驱赶邪恶。

《左传》记载宣公二年，晋灵公不像个君主，赵宣子多次进谏，灵公便认为他是个心腹之患，派人去杀他。这个人早晨去时，宣子已经起床，屋门大开。宣子穿好衣服正要去早朝，时间还早，就坐下来养了一会儿神。这个人退下去叹息着说："他不忘记对君主的恭敬，是人民的主人。杀了人民的主人，是不忠，但违背君主的命令，是不信，出现任何一种情况，都不如死掉。"于是这个人就撞槐树而死。

其实，礼就是超乎常人的德行。《左传》记载，僖公三十三年，晋国却缺俘获了白狄的儿子。当初，晋胥臣臼季，奉使经过冀城，看见却缺在耕田，他的妻子给他送饭，十分尊敬，两人互相像客人一样对待。臼季和他一起回到晋国，告诉晋文公说："对别人尊敬，这是积德，如果能尊敬别人，一定有德。德是用来治理人民的，你一定要任用他。我听说过，出门像迎接宾客，做事像去祭祀。"文公于是任用他为大夫。到这一年襄公派他讨伐白狄的首领，俘获了他。《礼记·檀弓》记载，曾子病得很重，躺在床上。乐正叫子春坐在床边的地上，曾元、曾申坐在床脚旁边，童子在屋角坐着，手里拿着蜡烛。童子说："雕饰上那么美，又十分光滑，这是大夫的席子吧？"曾子说："这是季孙送给我的，我没来得及换掉。"他起床换掉了席子，说："我已正其名位了。"然后死了。换掉席子，是为了避免混淆名分，而得到正确的礼吧。子路、曾子临死时，都不敢忘了礼教，实在是可以垂芳千古的。

曾子，后世儒家尊他为"宗圣"

人生在世，除了生存的欲望以外，人还有各种各样的欲望，自我实现就是其中之一。可是，欲望是无止境的，欲望太强烈，就会造成痛苦和不幸，这种例子不胜枚举。因此，人应该尽力克制自己过高的欲望，培养清心寡欲、知足常乐的生活态度。自古勤政者，大都以勤苦自励，而念念于民事。清末在江西任知县的冷鼎亨就是这样一个百姓信赖的地方官。

冷鼎亨，字镇雄，同治四年进士，先后在江西五个县任职，历官十余载。他留给人们的印象是，要求自己能够吃苦耐劳，处理政务毫无倦怠，是个以"坚刚耐苦"而著称的父母官。史载：冷鼎亨"在官食无兼味，公服外无玩具鲜衣，妻子衣履皆自制；购食物，严禁官价，市买于民"，而所到之处，"皆有实政"。

冷鼎亨最初任职的瑞昌县，乃贫困之乡。以往任知县者多以该职非肥缺而荒于理政，而胥吏则百般扰民。百姓"每因之破家"，因而，县愈贫，民愈苦，待冷鼎亨上任，首先惩办殃民之"猾吏"，并下令不许扰民。他经常下乡了解民情，处理问题，为了不给各乡增加负担，每次下乡，他都自备食物，并让人打出一块大牌子，写上"严禁供张"，走在最前边，而让属员均随其后，不得先行，以免暗收馈赠；返县衙时，则令属员走在前，自己殿后。数年之中，"未尝以杯勺累民"。他还与百姓同甘共苦，努力发展生产，终于使瑞昌情况有所好转。因此，当他期满离任时，"百姓争具牍乞留，不能得，则垂涕相吊"。

德化县有濒江堤塘，因年久失修，多有水患，时时威胁百姓。冷鼎亨上任前，前任知县曾奏请拨银万两修复，而事未成。冷鼎亨上任后，不畏艰苦，废寝忘食，日夜督修，数月即完工，仅用银四千两。随后，他又带领百姓在河边地广植柳树，以护堤根。"民间遂以冷公名其堤"，称为"冷公堤"。有一年，德化及附近几县遭遇蝗灾，各县长官中只有冷鼎亨"徒步烈日中，掩捕弥月不倦"。由于知县以身作则，百姓亦不畏穷苦，争先驱蝗。不久，战胜蝗灾，而他县皆不如德化。

县内白鹤乡有叔侄二人为争田产，一直水火不容，打得不可开交，扰得四邻不安。冷鼎亨闻讯，亲赴该乡，在一棵大树下调解，劝叔侄二人和睦相处，终于感动二人，使事情得以妥善解决。后来，乡人即称该树为"冷公树"，以示对冷鼎亨不辞劳苦的怀念。

曾国藩对于任官、择人，尤其注重操守。他的"劝诫州县四条"，有两条是倡廉的："一曰治署内以端本。宅门以内曰上房，曰官亲，曰幕友，曰家丁；头门以内曰书办，曰差役；此六项者，皆署内之人也。为官者，欲治此六项人，须先自治其身。凡银钱一分一毫，一出一入，无不可对人言之处，则身边之人不敢妄取，而上房官亲幕友家丁四者皆治矣。凡文书，案牍，无一不躬亲检点，则承办之人，不敢舞弊，而书办差役二者皆治矣。一曰崇俭朴以养廉。近日州县廉俸入款，皆无着落，而出款仍未尽裁。是以艰窘异常。计惟有节用之一法，尚可公私两全。节用之道，莫先于人少。官亲少，则无需索酬应之繁；幕友家丁少，则减薪工杂支之费。官厨少一双之箸，民间宽一分之力。此外，衣服饮食，事事俭约；声色洋烟，一一禁绝；不献上司，不肥家产。用之于己者有节，则取之于民者有制矣。"

自古仕途多变劫，所以曾国藩以为身在官场的纷华中，要有时刻讲求廉矩，淡化利欲之心的心理。利欲之心人固有之，甚至"生亦我所欲，所欲有甚于生者"，这当然是正常的，问题要能进行自控，不要把一切看得太重，到了接近极限的时候，要能把握得准，跳得出这个圈子，不为利欲之争而舍弃了一切。而守礼，自然有助于节欲。庄子主张要达到一种超脱世俗事务和规范的"定"的心理境界，也就是说修成一种视富贵荣华、金钱名利为身外之物的心理。在这些东西面前糊涂不清，或视之为过眼烟云，则能克服、摆脱和超越哀乐之情、利害之欲的诱惑、羁绊，这对于人生实践的指导意义无疑是积极的、有效的。而人只要具备"静"的心态，"定"的境界，就能去掉贪欲，即使身处权势、金钱、富贵、名望圈中也能洁身自好。

三 崇俭养廉

【原典】

崇俭约以养廉。昔年州县佐杂在省当差,并无薪水银两。今则月支数十金,而犹嫌其少。此所谓不知足也。欲学廉介,必先知足。观于各处难民,遍地饿莩,则吾人之安居衣食,已属至幸,尚何奢望哉?尚敢暴殄哉?不特当廉于取利,并当廉于取名。毋贪保举,毋好虚誉,事事知足,人人守约,则可挽回矣。

【释文】

崇尚节俭是可以养廉的。过去那些州县衙门的助手杂役在省里当差做事,并没有固定的薪水银两。现在这些人每月可以得到几十两银子的工资,还嫌得到的少。这就是不知足了。要想学会廉洁耿介,就要先知足。看看各地的难民,到处都是饿死的人,而我们能不缺衣食住房,已经属于万幸了,还有什么要去奢望的呢?还敢随便糟蹋东西吗?不仅要在获取利益上得到这个"廉"字,而且应当在名誉上也得到这个"廉"字。不要贪恋保举做官,也不要贪恋虚名,要事事知足,人人守纪律,正当的风气就可以挽回了。

【要义】

有什么样的君主,便有什么样的臣民。君主清廉,臣民便清廉;君主仁义,臣民便仁义;君主好巧,臣民便好巧;君主愚昧,臣民便愚昧。齐桓公喜欢穿紫色的衣服,齐国上上下下都喜欢穿紫色衣服,结果导致齐国紫色衣料价格猛涨。曾国藩说:"风正与否,则丝毫皆推本于一己之身与

心，一举一动，一语一默，人皆化之，以成风气。故为人上者，专注修养，以下之效之者速而且广也。"

东汉时期，有一个叫张奂的人，任职安定属国都尉。桓帝永寿年间，张奂率兵击溃南匈奴的骚扰，使东羌少数民族聚居地得以安定。东羌人感恩戴德，进献良马20匹，金器八件。张奂一并收下，然后在众羌人面前，把酒起誓说："使马如羊，不以入厩；使金如粟，不以入怀。"宣誓完毕，把马匹、金器全部退还给羌人。羌人无不称赞他的廉矩。

在张奂以前的八个都尉，都贪财好货，逼得羌人暗中叫苦。张奂接任之后，正身洁己，遂使政令教化并行，风气大变。

诸葛亮说："屋漏在下，止之在上。"所以说，下边的流弊应该在上边杜绝，作为一个领导者就不能不端正自己的行为，要知道自己的一言一行，一举一动都会对社会产生影响，或者是好的，或者是坏的，能不谨慎吗？

晋武帝司马炎

历史上，由于穷奢极欲而招致衰败或灭亡的事例也不少。晋武帝司马炎是西晋王朝的开国君主。他的祖父司马懿，伯父司马师，父亲司马昭都是曹魏的权臣。他们为司马炎打下了基础，使他能登上皇帝宝座，并统一全国。

晋武帝统一全国后，在政治、经济诸方面进行了一些改革，取得了一定成绩，但是他缺乏远大志向，又骄奢淫欲，贪图财利，使得西晋王朝很快就走向了腐朽和灭亡。

晋武帝的骄奢淫逸也是历史上罕见的。奉始九年六月，他下诏遴选公卿以下人员的女儿，以备六宫之用，有藏匿女儿者以不敬罪论处；并规定采择没有完毕，暂时禁止天下人嫁娶。这次选宫女，连司徒李胤、镇国大将军胡奋、廷尉诸葛冲的女儿也未幸免。逼得女孩子"多败衣瘁貌以避之"。灭吴之后，晋武帝又选吴帝孙皓的宫女五千人入宫。

当时，晋武帝整天游玩，不理朝政，后宫妃妾将近万人之多。他宠爱的人很多，晚上竟不知道该到哪位妃嫔处过夜为好。于是，他想了个办法，就是乘坐羊车，在宫内随便行走，停在哪里就在哪里设宴住宿。妃妾为了取得皇帝的宠爱，便竞相将竹叶插在窗户上，将盐汁洒在地上，以此吸引羊车停到自己门前。可见晋武帝的生活已荒淫到何等地步！

在晋武帝的影响下，西晋一朝奢靡成风。大官僚何曾，每天吃饭要花费一万钱，还嫌"无下箸处"。他的儿子何劭"食必尽四方珍美，一日之供，以钱二万"。晋武帝的女婿王济，请岳父吃饭，用一百多个艳装女子擎食，以代替餐桌。他蒸的小猪味道极美，武帝询问原因，他说是用人奶喂养而成的。最能表现西晋世族腐朽荒淫的还是石崇和王恺斗富的丑剧。

王恺，是晋武帝的舅父，家门豪富，又仗着是皇帝国戚，根本不把别人放在眼里。石崇，任散骑常侍、荆州刺史，"财产丰积"，平时是"丝竹尽当时之选，庖膳尽水陆之珍"。连厕所里都专门设有十余个丽服藻饰的女婢，手举沉香汁等物，供入厕的达官客人使用。

石崇、王恺都以为自己比对方富有，就变着花样显示自己，压倒对方。王恺用糖水涮锅，石崇用蜡烛代柴烧火；王恺用紫丝做成步幛40里，石崇用锦帛做成步幛50里；石崇用调味的椒料涂屋，王恺用止血的赤石脂抹墙。晋武帝不但不加制止，反而想帮助舅父获胜。为此他赐给王恺一株世间罕见的二尺左右高的珊瑚树。王恺得意洋洋地向石崇显示，但石崇连看都不看，即用铁如意将它击碎。王恺大怒，认为对方是嫉妒自己的宝物，但石崇却说："不值得这么恼恨，现在我就还给您。"说罢，就让家人将自己所有的珊瑚树都搬出来，其中高达三、四尺的有六、七株，

廉矩第八

像王恺那种二尺高的就更多了，任王恺挑选。见到如此情景，王恺怅然若失，不得不甘拜下风。

王恺、石崇之流的豪强大族，不仅挥金如土，而且视人命如儿戏。石崇宴请宾客，规定用美女劝酒，若客人不饮，就杀掉美女。大将军王敦故意不肯饮酒，石崇果然一连杀掉三个劝酒的美女。王恺请客吃饭，必找女妓吹笛伴酒；若吹笛人稍有忘韵吹错之处，王恺即令将女妓拉到台阶下打死。而王恺却照常饮酒，谈笑不变。为了维持这种醉生梦死的生活，他们必然要千方百计地聚敛财富。晋武帝就是通过卖官而自肥的。司徒王戎是通过贪污勒索而致富的，当他田园遍天下之后，仍然每天晚上与他老婆在灯下算账，锱铢必较。石崇更是无所不用其极，在荆州刺史任上，竟然派人假扮强盗，抢劫来往商客的财富。

以晋武帝为首的西晋统治者，正是这样一群贪婪残忍、挥霍无度的恶棍，他们怎么能治理好一个国家呢？

晋武帝的儿子、惠帝司马衷是一个弱智儿。他在园中听到蛤蟆的叫声，竟问身边的人："这个鸣叫的蛤蟆是官府的呢，还是私人的呢？"有人敷衍他说："在官地上的就是官府的，在私地上的就是私人的。"等到国家荒乱，百姓饿死时，惠帝竟说："为什么不吃肉粥？"

所以，晋武帝死后不久就爆发了"八王之乱"，宗室之间、后妃之间相互残杀，给人民带来了无穷的灾难，西晋王朝也在这场大混战中归于灭亡，西晋从晋武帝死时算起，只存在了 26 年。追本溯源，祸根就在晋武帝身上。

当然，历史上统治者崇尚节俭者也有不少。虽然这从根本上是为了他自己的统治，但是客观上对社会风气的净化也起到了促进作用。

刘裕是南朝的开国皇帝，出身于一个没落官僚家庭，祖父刘靖曾做过郡太守，父亲刘翘只做到郡功曹的小官，到刘裕生下来时家道衰败，养不起他了。刘裕靠吃别人的奶才活下来，稍大些，就去砍柴、打渔。以后就以卖草绳为生。因此，他在青少年时期是生活在社会底层的，饱尝了人间的艰辛，这对于他日后革除弊政，倡导节俭是有很大关系的。

魏晋以来，门阀士族当政，世风崇尚奢靡，百姓深恶痛绝。刘裕尽管是以镇压孙恩、卢循农民起义有功而步入统治中枢的，但他对百姓的疾苦还是了解的，对那些争奇斗富的事情也是看不惯的。因此，他就大力提倡节俭，并首先从自己做起。

刘裕清简寡欲，处处按规定办事。他对珠玉舆马不屑一顾，后宫的嫔御也很少，根本听不到有宫女歌舞的声音。宁州曾献上一个珍贵的琥珀枕，光色甚美。他当时正要北征，因为琥珀能治刀伤，就高兴地接受下来，并命令捣毁分发给各位将领。他平定关中时曾获一女，非常宠爱她，后因她耽误政事，经谢晦劝谏，便立即将她送走了。他在宫内没有自己的私藏，国家的财帛都放在外朝的府库里。他睡的床很简朴，没有高档的曲脚床，银涂钉，只是简单的直脚床，钉用铁制的。他的住处也十分简朴，床头是上屏风，墙上挂着葛布灯笼和麻绳拂。他对子女的要求很严，各位公主出嫁，赠送的嫁妆钱不超过20万，并不给锦绣金玉。他的穿戴也十分随便，常穿连齿木履。外

宋武帝刘裕

出时不喜欢前呼后拥，在出神虎门散步时，左右跟随的不过十余人。他还把自己补缀多层的破袄送给长女，让她以此教育后人，要他们节俭戒奢。并保存着自己少年时期曾使用过的农具，用来教育后代知道稼穑的艰难。皇帝如此简朴，"内外奉禁，莫不节俭"，东晋以来的奢侈之风被刹住了。

正因为如此，所以刘裕才能"光有天下，克成大业"，成为南北朝时

期杰出的皇帝之一。在中国历史上，大凡实行廉政的皇帝无一不是在日常生活中，以自身生活的俭朴为天下人作出榜样，从而推动廉政措施的顺利实行。

　　但个人不爱钱并不等于做事业不要钱。打仗打的就是金钱。金钱不是万能的，但没有金钱确是万万不能的。湘军征战十几年，最多时30万人，开支巨大，在当时战乱频仍，民生凋敝的状况下，筹集这笔钱真比登天还难。但曾国藩是一个筹钱的高手。确切地说，他是一个善用抓钱手的高手。在湖南作战，曾国藩依靠左宗棠创立新政，首办全省厘金及盐茶局，积极整理田赋，增加库征来接济军饷。湘军入鄂，曾国藩力助胡林翼，肃清湖北境内的太平军，收复武昌，而后倚重胡林翼以湖北一省之财力支援湘军东征。东征得手后曾国藩总督江西、浙江、江苏、安徽四省，重用赵烈义、杨国栋、彭寿颐等辟财能手，每克一地，就设厘局，征收流通、贸易税，一时财源滚滚，湘军粮草丰足，武器装备更新，还赊购了洋枪洋炮，军力迅速提升。曾国藩所筹钱财全部用于建设军队。在他看来，这是利己、利人、利国家的根本，不仅自己赖其功成业就、福荫子孙，而且可以造就一个立人达人的大平台，使亲友子弟及其追随者"个个学好，人人成材"，各得其所，获得好前途。对于国家，更有挽大厦于将倾、抚国势于既颓的作用，是立德、立言、立功的不世之功。在这方面，曾国藩用起钱来，可是从不吝惜。

勤敬第九

古之为政者,身任其劳,而贻百姓以安。今之为政者,身享其安,而贻百姓以劳。己劳则民逸,己逸则民劳,此必然之理也。

——[元]张养浩《牧民忠告》

一　为治有术

【原典】

为治首务爱民，爱民必先察吏，察吏要在知人，知人必慎于听言。魏叔子以孟子所言"仁术"，"术"字最有道理。爱而知其恶，恶而知其美，即"术"字之的解也。又言蹈道则为君子，违之则为小人。观人当就行事上勘察，不在虚声与言论；当以精己识为先，访人言为后。

【释文】

治理国家，首要的任务爱护民众，要爱护民众就必须督察官吏，而要做到这点的关键在于知人，而知人就要谨慎地听取大家的言论。魏叔子认为孟子所说的"仁术"中，"术"是讲得最有道理的。喜爱一个人却能了解他的短处，讨厌一个人却能看到他的长处，这就是"术"字的解释。又说以身作则，履行大道的人就是君子，而做不到这样的就是小人。看一个人应该从他的所作所为中去考察，而不是在他的虚假的名声与不实的言论上；看一个人先要把提高自己的鉴识能力放在前面，而后去访察别人的言论。

【要义】

勤是勤勉有为，敬是谦虚容人。勤敬，讲的就是诚惶诚恐地对待自己的权力，承担起自己的责任。爱民、养民是为官的要务，既要勤，又要谦，虽世事多变，承担天下兴亡的责任心和弘道正德的正义感决不能变。此章可以说是《挺经》的重心所在。

中国的封建统治阶级在长期的政治生涯中总结出了这样一个规律：得

民心者得天下。唐太宗李世民曾经说过：水能载舟，亦能覆舟。他把人民群众和统治阶级之间的关系比做水和舟的关系。民心的向背和得失可以决定一个朝代统治集团的兴亡更迭。当官勤敬的要务是爱民、养民，"民心顺，国家安"，这是个最简单的道理。

史称齐桓公"九合诸侯，一匡天下"，都是"管仲之谋"。而"安民"则是管仲之谋的一个重要内容。

管仲对"民"与"国"的关系有充分的认识。他说："政之所立，在顺民心。政之所废，在逆民心。"因此，能处理好"民"的若干大问题，就是政治中最可宝贵的："民恶忧劳，我佚乐之。民恶贫贱，我富贵之。民恶危坠，我存安之。民恶灭绝，我生育之。能佚乐之，则民为之忧劳。能富贵之，则民为之贫贱，能存安之，则民为之危坠。能生育之，则民为之灭绝。故刑罚不足以畏其意，杀戮众而民不服，则上位危矣。故以其四欲，则远者自亲；行其四恶，则近者叛之。故知予之为取者，政之宝也。"

管子所说的"顺民心"，就是要顺其"四欲"；"逆民心"就是统治者"行其四恶"。要做到"四顺"、不行"四恶"，统治者必须首先懂得顺于民就是为了取之于民的道理。如果不懂得这个道理，统治者肆其所欲，用刑罚和杀戮来压制人民，结果只能是"刑罚不足以畏其意"，"杀戮不足以服其心"，国家的政令就无法施行，统治者的地位就危险了。

管仲还认为，能够保证人民的"衣食足"，才能建立起和谐的社会秩序；如果物质生活问题得不到较好的解决，就无法对其进行道德的规范，而专恃刑罚又是不能实行全面有效的控制的，所以管仲视"务在四时，守在仓廪"为有国者的根本任务，它能使民"不

管仲

移"、"不偷"、"不苟"、"不憾"而使其"富"。

管仲还认为,人民中间的不安定因素都是施政不当所造成的。他说:"不务天时,则财不生;不务地利,则仓廪不盈;野芜旷,则民乃营;上无量,则民乃妄;文巧不禁,则民乃淫……不明鬼神,则陋民不悟;不敬宗庙,则民乃上校;不恭祖旧,则孝悌不备。"只有统治者大力发展生产,使国家富足,并为进一步扩大生产创造了条件,人民才会乐于"留处",才会吸引别国的人民前来归顺。

春秋前期,政治的动荡造成了人民经常大规模的流动,争取民众就成了统治者富国强兵的首要问题。管仲为齐桓公谋称霸之道而首先提出"顺民心",并把人民中的不安定因素归罪于统治者绝非偶然。"齐国遵其政,常强于诸侯",说明他确实抓住了问题的关键。顺民心则国兴,逆民心则国亡;富民"定民","成民",无一没有一个"安"字在。

但并不是勤政就一定能治世的,必须有"术"作为保障。比如明代崇祯皇帝,无论勤、俭,在历代帝王中都是佼佼者,但却不免亡国之灾。

崇祯皇帝确实是一位矛盾中的人物。他的哥哥明熹宗朱由校嬉政误国,在位七年,尽由太监魏忠贤专权,残害无辜,为所欲为。崇祯皇帝即位之初,当机立断,铲除魏忠贤及其阉党,革弊立新,励精图治,颇有振作之举。

崇祯皇帝即位前被封为信王,明熹宗死后无子,兄终弟及,由他入继皇位。因为他是以外藩入继的,比起那些自幼只居深宫的皇储有所不同,还能够知道一些宫廷外面的事。据说有一次他让宦官去宫外买元宵,宦官买回来后说要一贯钱一碗。他对宦官说道:"朕在藩邸时,每次都是30文一碗,怎么会要一贯钱呢?"当场戳穿了宦官的欺骗。

崇祯皇帝还是一位勤于读书的皇帝,史书上说他"上喜读书,各宫玉座左右,俱置卷帙,坐则随手披览。"据说崇祯皇帝所撰四书八股文水平不低,颇为士子传诵。

在处理政务方面,崇祯皇帝也颇示勤奋。他在位17年当中,既有东北清军的威胁,又有内地农民起义的打击,可谓内外交困,几乎无一日轻松之感。每天处理公文召见群臣,从早至晚,难得休息。

一次正旦大朝之后，崇祯皇帝到慈宁宫拜见刘太妃，坐在那里竟然睡着了。刘太妃让左右给他覆上锦被，不要打扰。过了些时候，崇祯皇帝自己醒来，忙整一下衣冠，对刘太妃说道："神祖时，海内少事。至儿子多难，所苦支吾两夜，省文书，未尝交睫。今在太妃前，然不自持，一至于此。"刘太妃为之泣下，崇祯皇帝也几乎落下泪来，周围宫人莫能仰视。

为处理文书彻夜不眠，崇祯皇帝可谓勤政了。但是，就是这样一位勤政之君，最终却落了个亡国自尽的结局，这究竟是什么缘故呢？《明史》讲了两个原因：一是客观原因，即"大势已倾，积习难挽"；二是主观原因，即崇祯皇帝"用匪其人"。应该说，《明史》纂修者的这一看法是相当精辟而有道理的。崇祯皇帝即位之初，陕西即已爆发农民起义，不数年间，便成燎原之势。此时的又一威胁则为关外辽东满洲势力，至崇祯九年皇太极即皇帝位，

明思宗，崇祯皇帝朱由检

改国号为清，建元崇德，便已不再是叛酋，而俨然是要取明而代之的敌国了，崇祯皇帝左右支梧；东西难顾，败势是十分明显的。而使他最终亡国丧身的更重要原因则是他的刚愎自用，自作聪明，既不知人，又不自知。

俗话说"山高皇帝远"。高居庙堂的皇帝不可能亲临村野，自己了解民情，微服私访只是偶尔之举，并非常事。因此，伴皇帝左右的文武百官便是皇上治理政务的左膀右臂，皇帝一般通过百官的奏疏来了解民情。因此，官吏的贤佞，奏疏的虚实，往往影响着皇帝的决策。如果皇帝不善于鉴别是非，就会让奸佞小人钻营投机，使贪官污吏有了鱼肉百姓的可乘之

机。所以，曾国藩认为，治理政治首要便是爱民，体恤民心。然而要做到真正爱民，就需要善于察吏。察吏举官最重要的是，善于洞察人心，知人方能善任。要了解一个人当然是听他的言论，但又不能完全听他一己之自述。言与行必须结合起来，把握其本质的思想和意图，掌握其品性的好坏。这方面，管仲就比崇祯皇帝更符合一个政治家的条件。

　　管仲生病，桓公见他病得不轻，赶紧请教治国之道。管仲建议桓公不用易牙、竖刁、启方三个人。

　　桓公说："易牙杀自己的儿子给我吃，这个人不能信赖吗？"

　　管仲说："爱自己的儿子乃人之常情，他对自己的儿子都那么残忍，对君王又有什么不敢做的呢？这人的忠心可疑。"

　　桓公说："竖刁自宫以便能服侍我，这个人不能信赖吗？"

　　管仲说："爱自己的身体也是人之常情，他对自己的身体都那么残忍，对君王又有什么不敢做的呢？这一点也要注意。"

　　桓公说："启方服侍我已经有15年了，丝毫不敢懈怠，他连父死都不敢回去奔丧，这个人不能信赖吗？"

　　管仲说："爱自己的父亲乃人之常情，他对自己的父亲都那么残忍，对君王又有什么不敢做的呢？"

　　管仲死后，桓公接纳管仲的建议，把易牙等三人流放远方；过了三年，桓公觉得国家治理得不够好，又把三人召回。过了一年，桓公病重，易牙等三人趁机作乱。重病的桓公被易牙与竖刁软禁，活活饿死在病榻上。饿死之后，三个月不给安葬，尸体上都长满了虫子。桓公的惨死，应验了管仲所说的话。

　　管仲当年曾为齐桓公兄弟竞逐王位而刺杀齐桓公未成，齐桓公不但没把管仲杀了，还任管仲为相，可见齐桓公在用人方面有一定的气度与见识。可惜的是，他仍和很多人一样，理智被小人的奉承服侍蒙蔽而付出惨痛的代价，可见这种软性的、温情的人性攻势对一个人心志的腐蚀力量有多大。

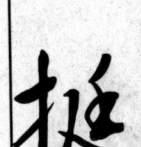

管仲对人才的任用有独到的观点，他对易牙、竖刁、启方的评语更是一语中的，发人深省。至于对三位小人的观察，从行为推论动机及心态这样的着眼也颇有可观之处，值得多加体会。管仲有五点识人的方法值得参考：

一，察其所好恶，则其长短可知也；观其交游，则其贤、不肖可察也。意思是：认识了一个人的喜好与厌恶，就可以知道他的长处与短处；观察一个人交友的详细情况，就可以知道他是否是好人了。

二，举所美，必观其所终；废所恶，必计其所穷。意思是：提拔于人，必须观察其是否能有始有终；废除坏人，必须预防其穷凶极恶。好人要坚持美德，诚非易事；坏人在山穷水尽的时候就会原形显现，干出恶劣的事情。

三，凡论人有要：矜物之人，无大士焉；彼矜者，满也；满者，虚也。意思是：骄傲的人必定自满，这种人不会进步，个人素质停步不前，不是可用的人才。

四，凡论人而还古者，无高士焉。既不知古而易其功者，无智士焉。意思是：不懂得学习前人的东西，而一切从自己开始，绝不是高人智士。

五，钓名之人，无贤士焉。意思是：凡是借用前人或名人声誉的人，肯定不是贤人。

总之，观察人才要注意其做事的动机、坚守社会道德的水平和本身所具有的素质。只有掌握了这些内在品质，才能比较确切地分析和预测他的可用程度。也就是说，用人者应学会由现状推知未来，由本质预测发展。

二　勤谦守身

【原典】

古人修身治人之道，不外乎勤、大、谦。勤若文王之不遑，大若舜禹之不与，谦若汉文之不胜，而勤谦二字，尤为彻始彻终，须臾不可离之道。勤所以儆惰也，谦所以儆傲也，能勤且谦，则大字在其中矣。千古之圣贤豪杰，即奸雄欲有立于世者，不外一勤字，千古有道自得之士，不外一谦字，吾将守此二字以终身，倪所谓朝闻道夕死可矣者乎！

【释文】

古人修养道德，治理人民的方法，不外乎"勤于政事、胸怀宽广、谦虚谨慎"这三点。勤于政事就像文王那样，孜孜不倦；胸怀宽广如同虞舜那样知人善任，无人能及；谦虚谨慎就如同汉文帝那样，超乎常人。而且"勤、谨"这两个字，更是必须自始至终的贯彻到底，一刻也不能背离的原则。勤于政事可以警示懒惰的习气，谦虚谨慎可以告诫傲慢情绪的滋生。能够做到勤劳而且谦虚，那么胸怀就自然地宽大了。古代的圣贤豪杰，即便是奸雄，只要想自立于世，不外乎一个"勤"字，古代修身养性富有道德的人，不外乎一个"谦"字，我将终生遵循这两字的要求来处世，这就是所谓的"朝闻道夕可死矣"不是么！

【要义】

勤敬，即小心翼翼地对待自己的权力，尽职尽责，坚持不懈。勤敬之于政务，首要的是治民；而治民的第一要义是爱民。做官的人，首先需要有政见或者施政纲领，那是对整个时局的看法，对自己所领导的部门基本构想和设计。这见解或者从历史中来，或者从经验中来，或者从部属中来，但不能没有。官越大就越需要有见解，那是他的行为守则、思维准则和施政原则。

曾国藩其人，"貌之过人处，眼作三角形，常如欲睡，而绝有光，身材仅中人，行步则极厚重，言语迟缓"，实在看不出"大人物的样子"，诚如梁启超先生言："文正公非有超群绝伦之天才，在并时诸贤杰中称最钝拙。"既非天才，又称钝拙，却做出了掀天揭地的事功，实在是后天努力的原因。概其一生，他是靠立志以植其本，博学以扩其知，谦恕以度其量，勤恒以履其责。勤敬是曾国藩为人处事的法宝，代表着他出类拔萃的个性品质。胡哲敷论说："大概谦恕二字可以代表他待人接物的气度；勤恒二字，则是他终身行事的不二精神。"

谦以和群，勤以补拙，可谓秀外实中。曾国藩的好友，被誉"有清第一"的书法家何绍基讲书法之道时说："书法并没有什么窍门，只在由平正而入险绝，由险绝复归平正。横平竖直，匝匝周周去写就是。"何绍基每日挥毫作字，数十年从不间断，始称一代大师。为人处世又何尝不同此理？高尚人品必出自每人每事的廉恕善处。"至人只是常"，大人物之"大"，不在外表，不在浮名，只在平平实实处人，兢兢业业做事，常心常态，点滴积累。

曾国藩认为，理想而又称职的政治家应具有以下品格：

一是责任。就责任方面而言：无论为人君，为督抚，为州县之官，均负领导社会、转移风气、培养人才之责任，这在曾国藩的《应诏陈言疏》中固可知之，于其所作之《原才篇》中更可知之，他尝致官文书云："弟与阁下均居崇高之地，总以维持风气为先务。"亦足见曾国藩理想中之政治家当负有维持风

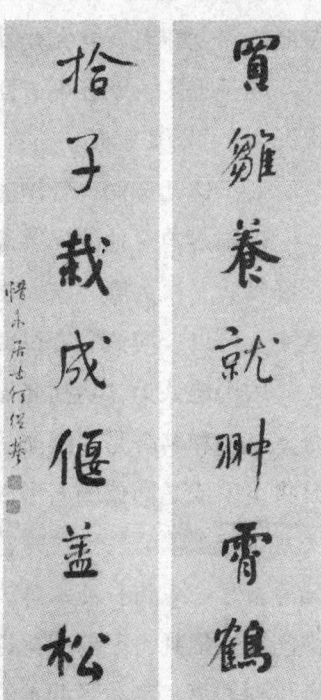

何绍基书法

气之责任。

二是道德。就道德方面言：欲领导社会，转移风气，必当律己以严，以身作则。此于曾国藩之《应诏陈言疏》中既可知之，于其所作之《原才篇》中更可知之，其复李希庵函云："今天下大乱，人人皆怀苟且之心，出范围之外，无过而问者焉。吾辈当自立准绳，自为守之，共约同志者共守之，无使吾心之贼，破吾心之墙耳！"足见曾国藩理想中的政治家应当具备律己以严的道德。

三是才具。就才具方面而言：即抱淑世之心，当有用世之具。"才须学，学须识"，曾国藩即称述武侯之言："取人为善，与人为善"，曾国藩复乐道孟子之语，"盖舍多学而识，无以成其才；舍集民广益，无以长其智。即无用世之才具，空抱救世之热忱，于事终无所济。"曾国藩生平虽好以德取人，亦兼顾才识。如复左宗棠函云："尊论人才唯好利没干两种不可用，鄙意好利中尚有偏裨之才，唯没干者，决当摒斥。"而《原才篇》亦云："民之生，庸弱者戢戢皆是也，有一二贤且智者，则众人君之而面受命焉，尤智者所君尤众焉。"故曾国藩理想中之政治家当有用世之才具。

四是态度。就态度方面而言：于曾国藩所谓"广收，慎用，勤教，严绳"，已可知其大概。盖自古官箴，为清慎勤。

对于这几方面，曾国藩认为无一不是因勤敬而得。

曾国藩曾对他的兄弟说过，我们兄弟位高、功高、名望也高，朝野上下都将我家视为第一家。楼高易倒，树高易折，我们兄弟时时都处于危险之中。所以，应该专心讲究宽和、谦逊，也许这样可以处高位而忧危险。

曾国藩认为，功高名显，必然会带来对自己的嫉妒和仇视，所以与人分享利益和名誉是曾国藩的一贯做法。每次打仗，他都不以首功自居，而是将下属或是同僚的名字放在前头，例如，在担任两江总督时，为了搞好关系，曾国藩就特别注意将满人都督官文的功名摆在自己之前。后来，曾国藩费尽心思将长江水师改经制水师，这样一件很大的事，曾国藩又将官文的名字推到自己前面。这是为什么呢？曾国藩分析了官文的为人。官文既仇视湘军，又沾了湘军的光。不是湘军的胜利，哪有他的一等伯爵？贪名贪利，毫无定识，更无风骨，对于这样的贪官，为了促成水师制，不让

他反对，给他点好处，他就会站在你这边。因此在给太后、皇上的折子里，如果建议改制后的长江水师统领让官文做，大家都做他的副手，他一定会乐意。这样既可以减轻官文对湘军的嫉恨，又可拉拢他一起做事，借此消除满人对湘军的仇恨和排挤。后来的发展证明了曾国藩推出一个满人担任领头的做法，获得了极大成功。自古名利太过都是祸害，与人分享才能与人共处。在曾国藩后期，正是凭着这样一种表面自谦，与人为善的伪面，才使他晚节得保，并在韬光养晦之中达到最高峰。

唐代文人杜荀鹤有一首诗："泾溪石险人兢慎，终岁不闻倾覆人。却是平流无石处，时时闻说有沉沦。"意思是告诉人们不要进入坦途就忘乎所以，在取得成绩时千万不要得意忘形，要始终保持平常心，永葆做人本色。

曾国藩为官多年，勤敬多年，对自己、对部属都严加约束。他常说："为政之道，得人治事，二者并重。得人不外四事，曰广收、慎用、勤教、严绳；治事不外四端，曰经分、纶合、详思、约守。操斯八术以往，其无所失矣。"他详细规定了一天的工作安排：

> 近日公事不甚认真，人客颇多，志趣较前散漫，大约吏事、军事、饷事、文事，每日须以精心果力，独造幽奥，直凑单微，以求进境，一日无进境，则日日渐退矣。以后每日留心吏事，须从勤见僚属，多问外事下手；留心军事，须从教训将领，屡阅操练下手；留心饷事，须从慎择卡员，比较入数下手；留心文事，须从恬吟声调，广征古训下手。每日午前于吏事军事加意，午后于饷事加意，灯后于文事加意，以一缕精心运用于幽微之境，纵不日进，或可免于退乎。每日应办之事，积阁甚多，当于清早单开本日应了之件，日内了之。如农家早起，分派本日之事，无本日不了者，庶积压较少。

曾国藩早年身体较强，精力较好，对幕僚依赖也较少，"遇陈奏紧要之件，每好亲为草稿，或大加削改。"直到同治四、五年间，虽然"精力

日减，目光逾退"，但仍"沿此旧习"。但到了晚年，尤其由直隶再回两江后，目疾加剧，"看文写字深以为苦"，不仅公文令人代拟，文章亦令人代作，有时甚至"除家书外，他处无一亲笔"，对幕僚的依赖也就愈来愈大了，但"其最要者，犹不假人"。

曾国藩自己出身于湖南的一个普通的农户人家，他和湘乡农村有着广泛深刻的联系，他很了解农民的疾苦、愿望、请求。在咸丰元年，他向皇帝上了一份奏疏《备陈民间疾苦疏》，呈奏中，他提出民有三苦。

一是银价太高，钱粮难交。在苏州、松州、常州、镇江、太湖等地钱粮过重，在全国罕见。百姓用辛苦耕作换来的粮米卖钱，而米价太贱；百姓抱怨；用铜钱交换银两，而银价又太高，所以老百姓怨声载道。

二是盗贼太多，良民难以安生。庐州、凤阳、赣州、亳州一带，自古就是盗贼密集的地方，盗贼在光天化日之下公开奸淫掳掠，绑架勒索，偷盗活动频繁发生。

三是冤案太多，百姓申冤难。地方官吏勾结权贵，贪赃枉法，胡作非为，混淆事实黑白，恣意冤枉好人，屈打成招，冤案迭起。

曾国藩向皇帝力陈这三项百姓的祸害，消除弊病是当务之急，尤其是盗贼太多，冤狱太多两项，要求皇帝反复告诫外省，务必想出改变的办法，严厉责令督抚。

在给弟弟的信中，曾国藩说："凡养民以为民，谈言亦为民也。官不爱民，余所痛恨。"曾国藩总结自己的为官之道时，也曾提到自己的"爱民发自内心"。他认为，爱民不是一句空话，不是做几件事可以摆摆样子，而是要真心实意地去爱，要出于"真心"。利民而不损民，助民而不累民，这是任何统治者都不可违背的基本规律。曾国藩多次上书恳请为受灾的百姓减免赋税，对于受兵灾战乱影响的地区人民，也为他们争取减免历年所欠的钱粮赋税。作为一个封建官僚，曾国藩有为统治阶级笼络人心的一面，但是，他处处为农民的利益着想，更是其以民为本的思想所决定的。

曾国藩所处的时代是清朝在西方势力冲击下由盛转衰、内忧外患、政治黑暗、军队腐败、社会动乱、民生困苦的时代。第一次鸦片战争，首证了龚自珍"万马齐暗究可哀"的嚎哭。由于抱残守缺、闭关锁国、穷兵黩

武而元气耗尽的清廷，迫于时局日困，不得不文网稍驰，言路稍开，使一部分读书士子有了经世致用的机会，给能够济困扶危于社稷的汉族能臣提供了表演舞台。曾国藩的勤敬表现，一生大致可以分为三个时期：做京官时期，他抓住言路稍开机遇，上书言事，勤于学问及社交应酬，敬于权臣道友，获得了清廷的信任和广泛的人才资源；办团练时期，他抓住绿营屡败于太平天国的机遇，承担襄办团练防剿事宜，勤于训练湘军。网罗人才，敬于各界名流，地方贤达，由道学家一变而成为统兵作战的统帅；晚年，他抓住清政府疑忌丛生，让其做清官的机遇，发表《曾国藩家书》，由外向型的进取转向内向型的修养，勤于学术著述，敬于名儒宿学，由全力关注时局的权臣又转为影响后世的理学家。

曾国藩胸襟中具备着成人、成事内外两个向度的才具，像万向轮一样，根据外界变化，随时调整自己的发展方向。能成事则困知勉行，奋力成事；不能成事则深藏远遁，努力成人。他每日自晨至晚，不断工作，不稍歇息，公文自理，手眼俱到，心力交瘁，夜以继日。晚年右目失明，仍阅公文，写日记，直到临终前一日方休。

三　苦懊思遁

【原典】

国藩从官有年，饱阅京洛风尘，达官贵人，优容养望，与在下者软熟和同之象，盖已稔知之，而惯常之积不能平，乃变而为慷慨激烈，斩爽肮脏之一途，思欲稍易三四十年来不白不黑、不痛不痒、牢不可破之习，而矫枉过正，或不免流于意气之偏，以是屡蹈愆尤，丛讥取戾，而仁人君子固不当责以庸之道，且当怜其有所激而矫之之苦衷也。

诸事棘手，焦灼之际，未尝不思遁入眼闭箱子之中，昂然甘寝，万事不视，或比今日人世差觉快乐。乃焦灼愈甚，公事愈烦，而长夜快乐之期杳无音信。且又晋阶端揆，责任愈重，指摘愈多。人以极品为荣，吾今实以为苦懊之境。然时势所处，万不能置事身外，亦惟做一日和尚撞一天钟而已。

【释文】

我曾国藩做官多年，充分了解了京城的人事，达官显贵，悠哉悠哉来获得人望，与我虚情假意，表面相熟，这些大概我是很了解的，而实际状况是以往的隔阂是不能消除的，这种矛盾的情况就演变成感慨万千，悲愤异常，进而要彻底屏弃这些肮脏的东西。想稍微改变这三四十年来是非不分，做事拖沓，不温不火，牢不可破的痼疾。而要从根本上改变这些不良作风，这就不免太过于意气用事，这样做会犯很多过失，从而闹出很多笑话而获罪。面对这种情况，我们不应该去责怪那些有仁义的正人君子自甘平庸，而是要去同情他们心理有很大的不满但又无法去改变的苦衷。

手上的很多事情处理起来都很棘手，焦灼烦恼的时候，经常产生躺入

棺材，一死了之，昂然长眠，万事不理，这样或许不见这纷繁的乱世来得快乐。心情越是焦灼，公事办起来就越烦恼，快乐的长夜却遥遥无期。并且现在加官进爵，责任更大，指摘越多。人们总以为做高官为荣，我却为此苦恼不堪。然而由于时势所迫，千万不能把自己置身事外，也只有做一天算一天，做一天和尚撞一天钟了。

【要义】

晚清末年，吏治败坏。曾国藩初入仕途，很想振作一番，有所作为。早在曾国藩做京官的时候，就在对时局造成内忧外患纷陈迭至的原因进行深入思考的基础上悟出：要使江河日下的清王朝振作起来，必须经历一个自上而下的大改革。改革的切入点应是整顿吏治，改变全国官场风气。为此，他先后上呈《应诏陈言疏》、《备陈民间疾苦疏》、《敬陈圣德三端预防流弊疏》，痛陈对统治危机的忧虑，阐述吏治弊病的极度严重，尖锐地指出：现在官场"大率以畏葸为慎，以柔靡为恭。"

可是官场上的种种倾轧，令他十分生厌。尤其是十余年的军旅生涯，使他的锐气磨去了许多。担任两江总督、节制四省后，尤其是太平天国失败后，他再图挽救，拯大厦于将倾，希图"中兴"之局早日到来。可是事与愿违，他无力回天，希望自己早点死去，不愿亲眼看见清朝灭亡的那一天。他讨论勤于政事与王朝命运的关系时说：

> 开国之际，若汉唐之初，异才畸士丰功伟烈，飙举云兴。盖全系乎天运，而人事不得与其间。至中叶以后，君子欲有所建树，以济世而康屯。则天事居其半，人事居其半。以人事与天争衡，莫大乎忠勤二字。乱世多尚巧伪，惟忠者可以革其习。末俗多趋偷惰，惟勤者可以遏其流。忠不必有过人之才智，尽吾心而已矣。勤不必过人之精神，竭吾力而已矣。能剖心肝以奉至尊，忠至而智亦生焉。能苦筋骸以捍大患，勤至而勇亦出焉。余观近世贤哲，得力于此二字者，颇不乏人。余亦忝附诸贤之后，谬窃

虚声。而于忠勤二字，自愧十不逮一。吾家子姓，倘将来有出任艰巨者，当励忠勤以补吾之阙憾。忠之积于平日者，则自不妄语始。勤之积于平日者，则自不晏起始。

太平天国失败后，清朝不但没有出现"中兴"之势，反而形势一天比一天糟。这不能不引起曾国藩的深思，使他进而联想到清王朝未来的命运。一天他对赵烈文说："今日有四川庶常来见，其言谈举止不类士夫。前日有同乡庶常送诗，排不成排，古不成古。国家所得人物如此，一代不如一代，文章与国运相关，天下事可知矣。"他一边说，一边不停地皱眉头。不过仅此而已。作为统治阶级最高层的一员，他没有也不可能再往深处去想。

同治七年七月，曾国藩接到清廷命令，调其为直隶总督。在此之前，曾已由协办大学士升为体仁阁大学士、武英殿大学士，并以"剿捻"功又得到一个云骑尉世职。一年数迁，可谓荣耀之至，清政府似乎对他很信任。然而，曾国藩的体验则恰恰相反。他感到自己渐渐在受到冷淡和疏远，由两江调往直隶，不过是清政府企图改变"内轻外重"状况的权宜之计。因而，恐直隶总督之职难得久任，与其如此，则不如及早辞谢。赵烈文也认为，清廷作如此调动，违反一般常理，"诚非草芭所能窥度其权衡之道"，必另有一番"深意"。曾国藩领悟这番道理，但仍有为难之处，"默然良久"说："去年年终考察，吾密保及劾者皆未动，知圣眷已差，惧不能始终，奈何？"赵烈文认为不至如此，并对他劝慰一番，使他的情绪大致稳定了下来，遂于十一月八日从江宁启行北上。但是，旅途之中仍然犹豫不决，尚未完全打消辞谢求退的念头，只是感到难于为陈请开缺措辞。

十一月二十七日，曾国藩行至泰安府，忽然接到新的寄谕，所奏报销折奉旨"著照所请"，只在户部备案，毋须核议。曾国藩为此大受鼓舞，认为这是清政府对他的特别信任，空前恩典。他写信对长子曾纪泽说，同治三年他曾得到与此类似的三个谕旨，一是军费报销免办清册，一是天京窖藏金银去向不予追查，一是不再深究幼天王下落。今又得军费报销户部

毋须核议的谕旨,使他"感激次骨,较之得高爵穹官,其感百倍过之"。因而回心转意,虽仍虑"久宦不休,将来恐难善始善终",但也不再要求辞职了。

为了陛见慈禧太后那拉氏和同治皇帝,曾国藩未去保定任所而先到了北京。自同治八年一月一日至二月九日,曾国藩在北京住了一个多月,先住金鱼胡同贤良寺,后移居宣武门外法源寺。在此期间,曾国藩除访亲问友会见各方要员外,还先后四次受到慈禧太后的召见,两次参加国宴,并在宴会上以武英殿大学士排汉大臣班次第十。这是曾国藩一生中最感荣耀的活动。

在此之前,曾国藩还没有见过慈禧太后、同治帝,通过观察、谈话和访亲问友,他对清政府中的核心人物有了进一步的了解。二月九日,曾国藩从北京动身,沿途巡视永定河等水利设施,直至二月十六日才到达保定,接任直隶总督。通过一个时期的了解,他发现清朝的实际情况比他原来预料的还要糟,到处是一片混乱,从中央到地方没有可以依赖的人材,整个清王朝已

慈禧太后,晚清中国的实际统治者

经像一艘千孔百疮的破船,只好眼看着它一天天地沉没下去,再也没有浮起的希望。

五月二十八日,赵烈文到达保定的当天晚上,曾国藩就迫不及待地向他吐露了自己的悲观心情:直隶"吏治风俗颓坏已极,官则出息毫无,仰资于徭役;民则健讼成性,藐然于宪典。加以土瘠多灾,暂晴已旱,一雨辄潦",使他深感诸事棘手,"一筹莫展"。但最使他失望的还是清政府领导核心中根本没有一个足以力挽狂澜,复兴大清之业的人。他分析清政府中的主要人物说:"两宫才地平常,见面无一要语;皇上冲默,亦无从测

之；时局尽在军机恭邸、文、宝数人。恭邸极聪明而晃荡不能立足；文伯川正派而规模狭隘，亦不知求人自辅；宝佩衡则不满人口。朝中有特立之操者尚推倭艮峰，然才薄识短。余更碌碌，甚可忧耳。"

曾国藩的这段话，可以说是对他与赵烈文关于清朝能否中兴问题争论的一个总结。赵烈文早就认为，清朝将太平天国革命镇压下去之后，虽然不少人大肆渲染所谓"同治中兴"，但从上到下竞相腐败，根本没有复兴的希望。经过两年的争论和观察思考，曾国藩基本上同意了赵的论断，得出大体与赵烈文类似的看法：清王朝从上到下都腐败无能，再没有复兴的希望，它的灭亡不过是个时间和具体方式问题。

从赵烈文的日记中，也可见曾国藩与这位幕僚讨论清朝灭亡的具体记载：

同治四年六月初八日，初鼓时，涤师至，见有客，乃去。少许，复来久谈，言："昨有严旨，因捻贼窜至豫东，全无拦御，各帅均被斥责，沅浦摘去顶戴，与豫抚李鹤年均交部议处，少帅戴罪立功。旨中并有各疆吏于捻贼入境则不能堵御，去则全无搁过，殊堪痛恨。李某剿贼已届半年，所办何事等语。辞气严厉，为迹来所无。少帅及沅浦胸次未能含养，万一焦愤，致别有意外，则国家更不可问。且大局如此，断难有瘳，吾恐仍不免北行。自顾精力颓唐，亦非了此一局之人，惟祈速死为愈耳。"言次神气凄怆。余无以为慰，但嘱安心养摄数日，勿以境累心。

八月初六日，涤师来久谈，言："捻势猖獗已至沂州境，李帅以调度乖方，奉旨议处，东抚丁宝桢革职留任，摘去顶戴。李帅尚欲守运，恐益无把握。将来事仍要到吾身上，自顾精力如此，终致偾误奈何！"

余曰："烈来此后，侧听时事，审知缪、运两防之决不能集久矣。古人穷寇勿遏，围师必阙，况以疲卒当方张之寇，而欲致之死地，一鼓荡平，其可得乎！天时人事，必当仍属于师，师幸勿为苟且目前之计，劳神于不急之务，天下幸甚，生民幸甚。"

可以看出，他们在以他们的关心，演示着他们对朝政的勤敬。早在与太平军作战时期，他就说过：

> 天下滔滔，祸乱未已，吏治人心，毫无更改，军政战事，日益虚伪，非得二三君子，倡之以诚朴，道之以廉耻，则江河日下，不知所属。默察天意人事，大局贻无挽回之理。鄙人近岁在军，不问战事之利钝，但课一己之勤惰。盖战虽数次得利，数十次得利，曾无小补，不若自己勤劳，犹可稍求一心之安。

请特别注意这一段话。曾国藩在这里已将成事与成人、效力朝廷与修德弘道明显区分开来。效力朝廷需要勤敬，修德弘道也需要勤敬，"不问战事之利钝，但课一己之勤惰"。不管是勤于王事，还是勤于自修，每天都不能闲着、不能偷懒，都须奋勉力行。一个政权的兴衰自有其定数，垮起来谁也没有办法。中国历史五千年，改朝换代数十次，长则如夏商周，五百年必有王者兴。短则如后汉，仅三年就江山易主。虽王事异变，而道统永存，积淀着民族文化，民族精神的道统乃是华夏子孙自立自强之本，生生不息之魂。曾国藩讲的"稍求一心之安"，这个"一心"，不是一己之私心，而是道心。不因世变而节变，不以主沦而道沦，这就是曾国藩在那个风雨飘摇的年代每日勤敬不懈的内衷。

诡道第十

兵者,诡道也。故能而示之不能,用而示之不用,近而示之远,远而示之近。利而诱之,乱而取之,实而备之,强而避之,怒而挠之,卑而骄之,佚而劳之,亲而离之。攻其无备,出其不意。此兵家之胜,不可先传也。

——《孙子兵法·计篇》

一　仁礼带军

【原典】

带勇之法，用恩莫如用仁，用威莫如用礼。仁者，即所谓欲立立人，欲达达人也。待弁勇如待子弟之心，尝望其成立，尝望其发达，则人之恩矣。礼者，即所谓无众寡，无大小，无敢慢、泰而不骄也。正其衣冠，尊其瞻视，俨然人望而畏之，威而不猛也。持之以敬，临之以庄，无形无声之际，常有懔然难犯之象，则人知威矣。守斯二者，虽蛮貊之邦行矣，何兵勇之不可治哉。

【释文】

带兵的方法，用施恩的办法还不如对他们使用仁义，用立威的办法还不如对他们使用礼待。仁就是自己想要建立功业就让别人也建立功业，自己想要发达就让别人也发达。对待部下就好像怀着对待自己的子弟之心，满怀期望他们能够建立功业，能够发达，这样对方就感恩戴德了。礼就是无论人多人少，无论职位高低，都不敢怠慢，安泰而不骄横。衣冠整齐，举止严肃，注目来人，仰视片刻，这样就会令人生畏，这样做，有威严但不生猛。内心保持敬待部下的心态，外表显露出庄严，这样在不知不觉中就建立起了庄严不可侵犯的形象，那么人家就知道你的威严了。如果能够做到这两条，即使蛮夷之国都可以畅行无阻了，哪里还会有军队不能带好呢？

【要义】

曾国藩是湘军的精神领袖，用他自己的话说，他是一个训练人才，而

不是一个战阵之才。他在作战指挥能力上还不如他的部将，因此，王灵运说他"用将则胜，自将则败"。而攻陷天京时，兵员最多不过十万的湘军竟战胜了人数多达50多万的太平军。同治元年九月十一日，曾国藩在写给其弟曾国荃的信中说："制胜之道，实在人而不在器。"这里讲的"人"不是指人多，而是指将强、兵精。

曾国藩把"练兵"的"练"分解为"训练"和"操练"。训练指精神教育，操练指作战技能。曾国藩目睹50万绿营兵惨败于太平军的现状，深感只有把训练摆在首位，才能练出一支可与太平军对抗的新军。由此逐渐摸索和总结出一套前所未有的文人带兵的练兵理论。

曾国藩练兵的显著特点，是双向并举：内向练兵、外向练技，使军队从上到下形成正人先正己、治兵先治官的治军法则。他不是一般性地重视精神教育，而是把这种教育具体化，强调"练兵之要，首在练将"。而练将又强调"破山中贼易，破心中贼难"。曾国藩为这种教育的实施独创了一套操作性很强的规范、条例和强制性督导手段。

曾国藩治军方略的一个首要的内容就是注意用仁义礼教去陶冶、维系军心。对于练兵、带兵，曾国藩本是外行，可是他凭着读书、修养的一套"明理"工夫，竟建立起一支武装。

曾国藩治军的最终目的，就是要把孔孟"仁"、"礼"思想贯穿于士兵的头脑之中，把封建伦理观念同尊卑等级观念融合在一起，将军法、军规与家法、家规结合起来，用父子、兄弟、师生、朋友等关系掩饰、调剂以至弥补上下尊卑之间的关系，极力减少湘军内部将帅之间、士兵之间的摩擦和抵触情绪，使士兵或下级尊敬官长、服从官长、维护官长，为官长出生入死，卖命捐躯，在所不惜。为顺利达到这一预定的目的，曾国藩非常重视对士

湘军兵勇

兵的思想政治训练和对将领的选拔培养。

曾国藩对士兵的训练，特别重视"训"字的作用。他认为，"训"有两方面的意思，"一曰训营规，二曰训家规"。营规就是"点名、演操、巡更、放哨"；家规就是"禁嫖赌、戒游惰、慎语言、敬尊长"。如果一个营官，能"待兵勇如子弟，待人人学好，个个成名，则众勇感之矣"，同时他本身就是一个好营官。在具体做法上，曾国藩对部属谆谆劝导，反复强调要以三纲五常为基本内容，而忠君事长则是其核心。他对潘鼎新等人说："第一教之以忠君，忠君必先敬畏官长，义也。"为此，他在给各将领的书札、批牍中，以自己的实践经验，用肺腑之言去开导他们，要以父母仁爱子弟之心去教育兵勇："吾辈带兵，如父兄之带子弟一般。无银钱，无保举，尚是小事，切不可使之因扰民而坏品行。因嫖赌洋烟而坏身体。个个学好，人人成材，则兵勇感恩，兵勇之父母亦感恩矣。"

他认为将帅对士兵如父兄对子弟一般仁爱慈祥，那么士兵就会像子弟对父兄那样忠义孝敬。他反复强调，这其间首要的问题是，将帅应以身作则，做出榜样，才能影响兵勇的言行。

中国古代兵家历来十分重视将帅的表率作用，把它看成是稳定军心、鼓舞士气的重要原则之一。将帅表率的内容涉及各个方面。主要的有以下几点：

一是至公无私，清廉律己。这主要是说，在处理公与私、个人与社会的关系问题上，将帅自己要品行端正，一心为国，廉洁奉公，光明正直。要"廉于财，节于色，疏于酒，持身以礼，奉上以忠"。不贪图财物，不荒淫酒色，"临财之际，均分义让"，俘获敌方的妇女不据为己用。将帅只有自己品行端正，才能在军队里有崇高的威信，才能对士兵严格军纪，振作士气。正如康熙帝所言："封疆文武大吏，当用兵征剿时，固在智勇兼优，亦重清廉律己。"

二是安危必同，生死与共。将帅必须和士兵同吃、同住、同穿、同行，同甘苦、共患难、同安危、共生死，绝不搞特殊化，危险之处自己以身先人，这是获得士兵爱戴拥护的重要条件。将帅如能真正做到这些，士兵们在临阵时就能舍生忘死，"其兵为天下雄"。诚如《吴子·治兵》所

说，将帅如能以身作则，与士兵同甘共苦，"与之安，与之危，其众可合而不可离，可用而不可疲，投之所往，天下莫当"。《尉缭子·战威》中说："夫勤劳之师，将必先己。故暑不张盖，寒不重衣，险必下步。军井成而后饮，军食熟而后饭，军垒成而后舍，劳逸必以身同之。如此，则师虽久不老、不弊。"我国绝大部分兵经著作里都作了同样的论述。

三是功劳归众，失误归己。正确处理是非功过问题是将帅之间能否搞好团结、将帅能否获得广大士兵信任与支持的重要问题。如果把一切功劳归于自己，把一切错误推给别人，势必丧失兵心士心，一次之后就很难激发起将士舍生忘死的士气。将帅只有功劳归于大家，发生错误时自己勇于承当责任，才能获得军心士心的衷心拥护，士气不老不废。把功劳归于将士群众，把过失归于个人自己，是我国古代兵家一贯倡导的优良政治道德传统，是我国良将的优良道德作风。《周易·谦》讲："劳谦，君子有终，吉。"说自己有功劳，但不自夸。君子之事有终，吉。《尚书·汤诰》记载，商汤就曾经说："万方有罪，在予一人。予一人有罪，无以尔万方。"指出民之有罪，实际上是君之所为，所以应由他个人负责。《尚书·盘庚》记载，盘庚曾说："邦之臧，惟汝众；邦之不臧，惟予一人。"意指国家好是大家的功劳；国家治理不好，是我个人的责任。

有功归众，有过归己，这一思想在后学著作里讲得特别清楚。如《司马法·严位》指出："凡战，胜则与众分善，……若使不胜，取过在己。""自予以不循，争贤以为人，悦其心，效其力。"这意思就是说，凡是作战，胜利了就要同众人分享荣誉；假如没有取胜，就要把错误归于自己。自己承担错误，把荣誉让给别人，就能使士卒悦服，乐于效力。《管子·小称》指出："明王有过则反之于身，有善则归之于民。"即过失归咎于己，功劳归于大家。《三略》语：将帅应"得而勿有"，即胜利了不要归功于己；"为者则己，有者则士。"即胜利的决策虽是自己所出，但所得的功劳应于战士。《将苑》也说："有难则以身先之，有功则以身后之。"

中国历史上这一推功揽过的高尚政治道德思想，培养出不少道德高尚的将帅。

西汉名将李广在征匈奴时迷失道路，耽误了会战，主帅卫青要追究他部下的责任，当时他就挺身而出，说诸将无罪，是我自己迷失道路，我去领罪。

东汉名将冯异在战争胜利评功时，其他将领都在为自己评功摆好，而他却独自一人躲在大树之下，不夸自己的功绩，因而人们称他为"大树将军"，传为佳话。

此外还得恩威并用。曾国藩认为，军事不同儿戏，行军作战是一件不寻常的事情。因此，他在强调仁爱的同时，主张"恩威并用"，即要求在"严肃"二字上痛下功夫。他说："待勇不可太宽，平日规矩，宜更整严，庶临阵时勇心知畏，不敢违令。"这里所说的"严肃"，实际上强调的是军队的纪律性。曾氏考虑到，兵勇如有骄气，即是覆败的预兆。所以，他劝导将士要时时体察营中兵勇是否有骄气，有之，则应及时采取补救措施，决不能听之任之，姑息迁就，以防酿成后患。他感觉到，清朝八旗、绿营兵纪律松弛，时常扰害百姓，因而得不到下层民众的支持，所以他力求在湘军中挽回这种风气，反复申说，要求兵勇勿扰百姓。并且规定，兵勇不许此营议彼营之短，彼营议此营之过，以免互相发生争端。总之，曾氏认为，严肃军纪，应从日常生活上下手，尤其要脚踏实地，克勤小物，而后才有成效。为了严肃军规，使兵勇都能遵守纪律，针对他们大多不识字的情况，他用浅显的语句，将兵勇起居生活、营房驻扎、出阵攻守等方面的规章与告诫之言，编制成歌，要求兵勇背诵，于无形之中印入脑海，在日常言行中约束自己，以期收到积极的效果。

曾国藩很重视对兵勇在军事技术方面的训练。他重视"训"字，主要是在精神、思想方面的训导。他重视"练"字，"一曰练技艺，一曰练阵法。""技艺"就是"刀矛能保身，能刺人；枪炮能命中，能及远"。"阵法"就是"进则同进，站则同站，登山不乱，越水不杂，总不外一个熟字"。如果兵勇把阵法练得极熟，"则千万人可使如一人"。为了使兵勇在技艺和阵法上都达到练得"析熟"，对扎营、开仗、行军、守夜、军器、稽查等方面都提出了具体的要求。

曾国藩善于以仁义忠信培养忠将、良将。在将领的选拔和培养方面，曾国藩更是运用中国传统文化中的封建道德伦理观念、儒家仁义忠信那一套东西从精神上去进行训导，使之成为忠将、良将，以无负君父、国家之望。

仁与礼是治国治民的大经大法，曾国藩用这套理论来治兵，确有成效。湘军将帅之间、上下之间基本保持团结一致，从而使湘军形成了一支具有超强凝聚力、向心力和战斗力的武装。

二 兵为阴事

【原典】

兵者，阴事也，哀戚之意，如临亲丧，肃敬之心，如承大祭，庶为近之。今以羊牛犬俏而就屠烹，见其悲啼于割剥之顷，宛转于刀俎之间，仁者将有所不忍，况以人命为浪博轻掷之物。无论其败丧也，即使幸胜，而死伤相望，断头洞胸，折臂失足，血肉狼藉，日陈吾前，哀矜不遑，喜于何有？故军中不宜有欢欣之象，有欢欣之象者，无论或为悦，或为骄盈，终归于败而已矣。田单之在即墨，将军有死之心，士卒无生之气，此所以破燕也；及其攻狄也，黄金横带，而骋乎淄渑之间，有生之乐，无死之心，鲁仲连策其必不胜，兵事之宜惨戚，不宜欢欣，亦明矣。

【释文】

用兵的事情，其实是凶事，应抱有哀戚的心境，就如同亲人的丧礼，有严肃敬默的心态，就好像参加庄严的祭祀大典，做到这样就差不多了。现在即便是伴着音乐宰杀牛、羊、狗等，烹食美味，看到这些动物在刀俎上临死的挣扎声，心有仁义的人都有所不忍，何况用人命相搏的战场上去轻视士兵的性命。无论是失败，还是有幸取得胜利，战斗下来，看到的都是死的死，伤的伤，断头穿胸，断手断脚，血肉狼藉等这样的惨况，这种景象呈现在我面前，哀伤都来不及，怎能高兴得起来？所以军队中不应该有欢乐的气象，有欢乐的气象，无论是喜悦，还是趾高气扬，这都是败象。田单在即墨之战的时候，将军抱着必死的决心，士兵怀着拼命的愿望，因此最终战胜了燕军；到后来进攻狄的战斗，穿着华丽的衣服，耀武扬威地在淄渑之间驰骋，有生的欢乐，没有死的心意，因此鲁仲连预言他

们一定不能取得胜利。由此可以看出，用兵的事情应该怀有悲哀惨戚的心态，而不应该有欢欣的气象，这就很明了这个道理了。

【要义】

战争是人类最残酷的较量手段，它摧残生命，甚至使许多古代文明在战争中消失。因此，古代有"兵者，凶器也，战者，危事"的观点。老子说："兵者不祥之器，非君子之器，不得已而用之。"勾践说："兵者凶器也，战者逆德也，争者事之末也，故不得已而用之。"这是从战争同人的生命之间的关系角度考虑才作出这判断的。认为兵器是伤人杀人的凶器，战争是违背德治的行为，只是在万不得已的情况下才使用它。这观点是以人性为基础的。从抽象的人性论出发，认为凡是用兵器伤人、杀人都是不道德的。这种思想对中国古代兵家与兵学家影响很大。可以说绝大部分兵学著作都作此判断，包括竭力主张正义战争的人们。

战争是力量的比赛，是大量消耗人力物力的场所。事实证明，战争发动者的欲望和目标一旦超过了自己的承受量，失败的结局是难以避免的。

穷兵黩武，不仅会造成财殚力竭的经济危机，而且还会造成生灵涂炭、民怨沸腾的政治危机。所以，《孙子兵法》开章就讲："兵者，国之大事，生死之地，存亡之道，不可不察也。"《火攻篇》中还郑重提出，国军不可凭一时恼怒而兴兵打仗，将帅不可凭一时的怨愤而与敌交锋。符合国家利益就行动，不符合国家利益就停止。人的感情可以由怒变喜，而国家灭亡了难以再复，人死了不能再生。所以，对待战争问题必须慎重决策。

在复杂的局势中，力量形成了互相牵制的联系之网。螳螂捕蝉，黄雀在后。一个不慎的军事行动，常会引起连锁反应。军事决策者要善于瞻前顾后，进攻的计划应当同时包含着退却的方案；争利于此同时要想到是否会失利于彼。《列子》中有一则寓言讲道：

　　春秋时期，晋文公率军去进攻卫国。途中，有个叫公子锄的人仰面大笑。晋文公问他笑什么，他说，有一个邻人送他妻子回娘家，在路上遇见一个采桑的女子长得很漂亮，便微笑着向人家搭话。待他猛然回头，却见另一个男人正在向他的妻子招手呢。晋文公领悟了公子锄的意思，立即停止进兵，带领人马回返。还未到家，就发现有人正在攻打他的北部边疆。

力量消长反映着战争发展的胜负趋势。然而，好战者的欲望大于能量，在这个特性的刺激下，就必然产生错误的力量对比和力量分析。

由于打仗是胜负的较量，因此行诡道又是十分正常的。曹操用兵如神，是个典型的诡道人物。而他少年时代的几件轶事更反映了他的这种性格。

曹操出身于宦官家庭，幼时没有受过传统儒学教育，又因孩提时母亲不幸早逝，缺少亲人的管教，因此形成了放浪不羁的品性，喜欢飞鹰走狗，耍枪弄棒。这一点，被他的叔父看在眼中，很不以为然，认为这是"不务正业"，不能继承家业、争列名门。因而他的叔父经常在曹操的父亲曹嵩面前说曹操的坏话，曹操因此多次受到父亲的教训。久而久之，曹操内心大为不满，于是叔侄间一时成了"对头"。曹操打算用他的"聪明"去伺机报复。

有一天，曹操在路上碰上了叔父，便故意倒在地上，假装中了风。他歪着脖子，张着大嘴巴，脸上的肌肉在抽搐。叔父一见此种情景，叫曹操不要乱动，好好休息，便急忙跑去告诉曹嵩。当曹嵩同几个随从慌慌张张赶来时，见曹操好端端地站在那

有"奸雄"之称的曹操

里，神态和平时一样，好像什么事都没发生过。曹嵩感到奇怪，便问道："你叔父说你刚才中了风，难道这么快就好了？"

曹操装作委屈的样子，回答说："我从来没有中过风呀！这是怎么说的？大概是叔父不喜欢我，在背后说我的坏话吧！"

于是曹嵩产生了怀疑，此后弟弟再反映曹操的情况，他不再信以为真。曹操也就深为得意，比以前更加放纵了。

显然，曹操这是通过类似于"栽赃"的做法而使自己的"对手"失去了信誉，从而使形势发生了有利于自己的变化。这已明显带有"诡道"的色彩。

中国历史上关于战争中必须行使诡诈之道的思想，相传黄帝轩辕氏已经开始。轩辕氏使用了诡诈的手段，把蚩尤诱至有利于己、不利于敌的涿鹿地区打败了蚩尤。周武王姬发在准备和进行伐纣的过程中，就使用了一系列的诡诈权术。如孟津军事演习时有一条白鱼跳入武王的船里，武王就借此大造政治舆论，说："殷人崇尚白色，今白鱼跳入我的船中，正是他们灭亡的征兆。"用这办法提高自己军民的信心与士气。

牧野之战时，姜尚选择纣王麻痹大意、主力部队远在东南、朝歌空虚之机，乘敌之隙，果断地发起进攻，终于取得了长途奔袭的胜利，消灭了商纣，这种做法正是诡道。《史记·齐太公世家》说："周西伯之脱羑里，与吕尚阴谋修德以倾商政，其事多兵权与奇计，故后世之言兵及周知阴权，皆宗太公为本谋。"司马迁这话清楚地表明兵家都以姜尚为老祖宗，所谓阴谋诡道，实质就是以谋为本。

《逸周书》中的《武纪》是篇专讲军事的名篇。它一方面强调"仁义之师"，另方面又主张兵不厌诈，提出用兵必须"间其疏，薄其疑"，"乘其衰，暴其约"，即对敌国中同君主关系疏远的大臣可以用离间的方法为我所用，在敌人还没有拿定主意的时候要迫使它作战，乘敌人士气力量衰弱的时候攻打它，趁敌国贫困的时候就去欺凌它。

晋楚城濮之战前，晋文公问谋臣狐偃："楚国兵多，我国兵少，怎样才能取胜呢？"狐偃回答说："繁礼君子不厌忠信，战阵之间不厌诈伪。君

其诈之而已矣。"这意思就是说,爱好礼仪的人,忠信的言行再多他也不会满足,战阵之间诡诈的手段使用再多也不会过分,您就使用诡诈手段好了。这就是成语"兵不厌诈"的由来。

韩非子在讲起这事时进一步明确指出应该分清"诡诈"使用的对象:狐偃讲的"不厌诈伪","不谓诈其民,谓诈其敌也。"诈伪的手段是只能用来对付敌人的,是不能用来对付自己的老百姓的。在韩非子的论断里已包含着对自己内部矛盾与敌我矛盾应采取不同方法的思想萌芽了。《老子》一书明确提出"治国"与"用兵"方法上的原则区别,说要"以正治国,以奇用兵"。所谓"以正治国,以奇用兵。"就是要用正规的正常的方法治理国家,用不正常的、出奇的方法指挥战争。它讲的是不正常的、出奇的方法,就是"将欲废之,必固兴之;将欲夺之,必固与之","将欲歙之,必固张之;将欲弱之,必固强之","知其雄,守其雌''等等权术,也就是人们在军争中常用的"欲擒故纵"、"欲取故予"、"强则示弱"、"卑而骄之"等阴谋诡道。

三　用兵如文

【原典】

练兵如八股家之揣摩，只要有百篇烂熟之文，则布局立意，常有熟径可寻，而腔调亦左右逢源。凡读文太多，而实无心得者，必不能文者也。用兵亦宜有简练之营，有纯熟之将领，阵法不可贪多而无实。此时自治毫无把握，遽求成效，则气浮而乏，内心不可不察。进兵须由自己作主，不可因他人之言而受其牵制。非特进兵为然，即寻常出队开仗亦不可受人牵制。应战时，虽他营不愿而我营亦必接战；不应战时，虽他营催促，我亦且持重不进。若彼此皆牵率出队，视用兵为应酬之文，则不复能出奇制胜矣。

【释文】

练兵就像做八股文的人的思维一样，只要有百篇烂熟如心的文章打底，那么做起八股文来，文章的布局立意，往往有熟路可寻，行文腔调也左右逢源，有章可依。凡是那些虽读书太多，但虚浮而没有心得的人，是写不好文章的。用兵也一样，应该有简单适用的军队，有纯熟的将领，演练的阵法也不要贪多而导致华而不实。这个时候要想自己控制局面是毫无把握，想快速取得成效，就会虚火上升，你的心里不能不了解这点。出动军队进攻敌人必须由自己作主，不要由于别人的言论而受到牵制。不仅是军队进攻敌人是这样，就是平常调动军队准备作战也不能受人牵制。真正交战时，即使其他的军队不愿意出战，我们的军队也要发动进攻；不应该交战的时候，即使是友军催促我们出战，我们也要保持谨慎，不轻易冒进。如果彼此都受牵制而轻率出兵，把用兵看成是表面文章，草率行事，

那么就再也不能出奇制胜了。

【要义】

用兵之人不可不读书。湘军不是武人组建起来的，而是由一批学养深厚的文人组建起来的，其中的骨干人物甚至可以称得上道学家，如罗泽南、江忠源、李续宾、李续宜。曾国藩任京官14个年头，主要攻读理学和诗古文，虽然当过一年多兵部左侍郎，却未深习兵法。他在日记中常把自己正读什么书详细写出，但不见有涉猎多少兵书的记载。及至咸丰二年底他出任帮办团练大臣，咸丰四年正式带勇作战，这个书生才真正接触军事。他的军事知识首先是从史书中学来的。他根据《资治通鉴》所纪兵事，概述道："行军之道，有依次而进者；有越敌人所守之寨，而先攻他处者。""张兴世守据钱溪，宋子仙取鄞州，许德勋下黄州，都是水路越攻而胜；王琳下金陵，以水路越攻而败。尉元取下邳四城，李塑下蔡州，郭崇韬策汴梁，以陆路越攻而得；李道宗策平壤，李泌策范阳，以陆路不越攻而失。成败得失，固无一定的轨辙。"

曾国藩熟读兵书，又具有长期作战的经验教训。但他并不因循旧法，拘泥书本，而主张择善而从，灵活变通，从战争实际出发用兵。他说："用兵之道，随地形贼势而变焉者也。初无一定之规、可泥之法。或古人著绩之事，后人效之而无功；或今日制胜之方，异日狃之而反败。唯知陈迹之不可狃，独见之不恃，随处择善而从，庶可常行无弊。"

用兵从大处着眼，即今天所说的具有战略眼光。用兵贵于审形势、度缓急，顾全局而不计小利，规远大而不图近功：曾国藩用兵主张高屋建瓴、审时度势、通观全局。他批评向荣说："中外皆称向兵为天子劲旅，而余不甚以为然者，以其不能从大处落墨，空处着笔也。"他并告诫曾国荃："兵事宜从大处分清界限，不宜从小处剖析微芒。"

中国历代兵家都注重"因时造势"。《吕氏春秋》曰："孙膑贵势。"就是说孙膑用兵讲究因地制宜、因时造势，运用灵活多变的战术，达到克敌制胜的目的。《孙膑兵法·威王问》中就敌我兵力对比的不同情况提出了不同的作战方法。

齐威王问："两军相当，两将相望，皆坚而固，莫敢先举，为之奈何？"

孙膑回答说："以轻卒尝之，贱而勇者将之，期于北，毋期于得。为之微阵以触其侧。"

齐威王问："我强敌弱，我众敌寡，用之奈何？"

孙膑回答说："毁卒乱行，以顺其志，则必战矣。"

齐威王问："敌众我寡，敌强我弱，用之奈何？"

孙膑回答说："命曰让威，必藏其尾，令之能归。"

所谓"让威"，即先让一步，后发制人。《孙膑兵法·十问》中指出，当我方"人兵则众，车骑则少"时，应当"保险带隘，慎避广易"。即依靠险阻隘塞之地，小心避开广阔平坦的地方，充分发挥步兵的长处，击败敌车骑兵。当敌人占据有利地形，我方远则不能交战，近则无处立足时，应当"攻其所必救，使离其固，以揆其虑，施伏设援，击其移庶"。即设法攻打敌人必然去帮援的地方，迫使敌人离开坚固的阵地，然后布下伏兵，将前来救援的敌人击败。

孙膑还注意营造有利于自己的条件，以争取更大的主动，孙膑认为战争中存在着一系列的矛盾，如敌我、主客、攻守、进退、众寡、强弱、奇正、积疏、盈虚、徐疾、动静、险易、治乱、生死、胜败等。同时，这些矛盾又并非固定不变的，而是可以转化的。"天地之理，至则反，盈则败，……代兴代废，四时是也；有胜有不胜，五行是也；有生有死，万物是也；有能有不能，万生是也；有所有余，有所不足，形势是也。"孙膑将这种矛盾转化理论运用到战争中，从而创造了以弱胜强，以少胜多的典型战术。他认为"势"是可以创造和转化的，如"避而骄之，引而劳之，攻其无备，出其不意"。再如"告之不敢，示之不能，坐拙而待之，以骄其意，以惰其志"。都是利用各种方法麻痹、迷惑敌人，以使形势向有利于我方而转化。

战争讲"诡道",最主要的是不拘成法,最终以力量优劣定胜负。《孙子兵法》说:"昔之善战者,先为不可胜,以待敌之可胜","胜兵先胜而后求战,败兵先战而后求胜。善用兵者,修道而保法,故能为胜败之政。"所谓"先为不可胜,以待敌之可胜",就是创造条件,使自己不被敌方战胜,等待时机成熟,然后发起进攻,将对方击溃。曹操评论这一战术原则是"自修理以待敌之虚懈"。曾国藩关于主客的用兵方法,就是孙子这一原则的运用。

蔡锷认为这一战术为"攻势防御",是一种"因时制宜"之法。他对此评论说:"曾、胡论兵极重主客之见。只知守则为主之利,不知守反为客之害。盖因其时所对之敌,并无节制之师,精练之卒,且其人数倍于我,其兵器未如今日之发达,又无骑、炮兵之编制,耳目不灵,攻击力量薄弱,故战术偏重于攻势防御,盖亦因时制宜之法。"

战国时期,赵国大将李牧长期驻守雁门郡,以防匈奴侵袭。他指挥士卒练习骑马射箭,不轻易燃点烽火,大量使用间谍。之后,他与将士约法三章:如果匈奴前来掳抢,你们应立即回来保卫营寨,如果有人敢于捕获匈奴,就斩了他。"匈奴每次入侵掳抢时,李牧的部下立即集合,坚守营垒,不与匈奴交锋。这样坚持了几年,并无什么损失。然而,匈奴却以为李牧怯弱,甚至于赵国的边防部队也以为自己的将领懦弱无能。赵王责怪李牧,李牧依然如故。于是,赵王召回李牧,另行派人接替他统领边防部队。此后一年多里,匈奴每次入侵,赵军都出击迎战,但屡屡失利,损失惨重,边境也无法耕种、

李牧

放牧。

于是，赵王又请李牧出山，李牧假托有病，闭门不出。赵王便再次强行起用他，让他带兵戍边。李牧说："您如果任用我，保证让我像以前那样，才敢接受您的任命。"赵王答应了他的要求，李牧便前往雁门郡，到达之后，仍像以前那样管理部队。匈奴每次入侵时都捞不到什么，却总认为李牧怯弱。边防上的士兵每天都得到赏赐，而李牧却不让他们作战，可士卒们都愿意与敌人拼一死战。于是，李牧便配备经过选拣的战车，共计一千三百辆；选拣了战马，共一万三千匹，挑选了勇猛顽强的士卒五万人、弓箭手十万人，都将他们集中起来进行战前训练。同时，他还让边民大量放牧，以至于农民漫山遍野。

一天，匈奴入侵时，他假装失败，而不取胜，并扔下几千人不管。单于听说后，便率领大批人马前来侵犯。李牧布下了大量奇阵，出动左右两翼迎击，大破匈奴。杀死匈奴十多万人马，单于落荒而逃。此后十多年里，匈奴不敢犯赵国边境。

这样佯弱诱敌，能而示之不能的"诡道"战术古已有之，而且代代相传，屡用屡验，一次又一次地显示了无穷的魅力。处于弱势的赵国攻打强大的秦国，秦军大将白起根据当时的军事态势及地理位置，决定先将赵军引出，然后再聚歼之。因而在交战之初，白起几次佯败，能而示之不能。果然，赵军首领赵括骄气冲天，挥师直前，主动走进白起的埋伏圈，白起遂派骑兵以迅雷不及掩耳之势一举全歼赵军。

这种能而示之不能的战术并非每个人都能用好。这是因为，运用这一战术者，必须具备良好的心理素质。首先，运用这一战术必须沉着冷静。其次，是决不可求利心切。如果自恃兵强马壮，见敌人攻来，便急于求胜建功，恐怕多有败绩。另外，能成功地利用这一战术者必然是真正的强者，真正的智者。只有真正的强者与智者才不在乎敌手的傲视与小觑，相反，甚至还要主动地骄纵敌人，乐于做敌人眼中的"弱者"与"懦夫"。

曾国藩比一般人更爱动脑子，在兵法上尤其如此。他在统军的过程

中，极力探研用兵之道。他曾写信给季弟曾国葆说："弟与沅弟既在行间，望以讲求将略为第一义，点名看操等粗浅之事必躬亲之，练胆料敌等精微之事必苦思之。"曾国藩本人极誓"苦思"，也极善总结前人和自己的实践。他认为，"用兵之道与读书同，不日进则日退，须'日知其所无，月无忘其所能'为妙。"执著的追求，长期治军的认识积累，形成了曾国藩的颇具影响、颇含辩证因素的战略战术思想。这大概正是这位儒将没有"随风尘以殄瘁"的缘故。

曾国藩宣称"古人兵书皆装饰成法"，对古代兵、史书记载的做法不迷信、不盲从，而主张从战争实际中摸索、掌握用兵的方法和战争的规律。所以他说"临事而惧，好谋而成"这八个字足以包括古今兵书。依他自己的解释，"临事而惧"，指戒骄气；"好谋而成"，指无时无事不谋，多谋善断。这说明了曾国藩带兵打仗从实际出发的态度。

久战十一

其用战也胜,久则钝兵挫锐,攻城则力屈,久暴师则国用不足。夫钝兵挫锐,屈力殚货,则诸侯乘其弊而起,虽有智者不能善其后矣。故兵闻拙速,未睹巧之久也。夫兵久而国利者,未之有也。故不尽知用兵之害者,则不能尽知用兵之利也。

——《孙子兵法·作战》

一　久战之道

【原典】

久战之道，最忌势穷力竭四字。力则指将士精力言之，势则指大局大计及粮饷之接续。贼以坚忍死拒，我亦当以坚忍胜之。惟有休养士气，观衅而动，不必过求速效，徒伤精锐，迨瓜熟蒂落，自可应手奏功也。

【释文】

持久战的原则，最忌怕的就是"势穷力竭"这四个字。"力"就是指的将士的精力，"势"则是讲的战略大局、战役环境、作战计划以及粮饷的持续供应。敌人以坚忍的决心拼死抵抗，我军也应当用坚忍的决心来战胜它。只有养兵蓄锐，看到敌人出击才应战，没必要追求速战速决，白白地损失自己士兵的锐气，要等到时机成熟的时候，自然就会轻而易举地取得胜利。

【要义】

本篇题为"久战"，但其内容不是指战略性的持久战、消耗战，而是指战役性的决战、攻坚战、围歼战，是在将作战双方情况都吃透了非久战不可胜的硬仗、恶仗。这是曾国藩总结天京之战的心得体会。

曾国藩的"挺经"，表现在作战上，以打硬仗、持久战著称。他讲求蓄势蓄力，坚挺取胜。在曾国藩的军旅生涯中，最驰名的"久战"之役，就是攻陷天京。曾国藩运筹和指挥的天京之战，从1862年5月到1864年7月，打了两年多，是中国军事史上有名的典型战例。曾国藩巧妙运用了当时清朝政府18个省中13个省的财力、物力、军力，一举歼灭了太平军的全部有生力量和主要将领，而使自己始终处于调动敌人却不被敌人调动的有利地位，而他制胜的法宝，是从大本大源中获得的清静心。曾国藩正因为有"内省之明"，才能有打胜这一仗的"外观之识"。

同治元年春，曾国藩调动湘、淮军七万余人，分兵十路，包围天京。直到秋末，忠王李秀成在天王洪秀全多次严诏之下，率二十万太平军回救天京，激战四十五日，屡攻不利，仓促撤离，李秀成被"严责革爵"。不久，洪秀全责令李秀成领兵渡江，西袭湖北，以收"进北攻南"之效。但李秀成迟至次年春才率主力渡江西进，途遭湘军阻截，于五月被迫从六安折返江南，调动湘军不成，反遭重大损失。二年冬，李鸿章所部淮军在洋枪队"常胜军"的支持下，自上海推进至常州城下。左宗棠部也进围杭州。曾国荃部湘军攻占天京外围各要点，逐渐缩小包围圈。三年正月，湘军合围天京。城内米粮日缺，仍打退湘军多次进攻。

曾国藩自咸丰四年以团练大臣的身份出征以来，历尽艰辛万苦，如今兵临天京城下，却不敢有丝毫的懈怠，经验告诉他，想要在短期内攻克天京，剿灭太平天国，实属天方夜谭。在经历了九江、安庆攻坚战后，曾国藩认为必须对天京实施持久战，在对其包围的情况下，切断天京粮道，待其弹尽粮绝时，进行最后的攻坚。因此，攻击的重点就是控制水、陆运输线。

天京城大人众，靠陆路的肩挑人扛来送粮食，犹如杯水车薪，且不经济。长时期以来，天京城内大宗粮食主要靠水上运输线，以长江和内河为主。内河粮道是天京至高淳，"使苏浙之米，能由高淳小河通金陵"。自从曾国荃进驻雨花台以后，彭玉麟就将内河水路完全切断。九洑洲之战以前，在长江水道上太平军仍然控制着九洑洲、下关、燕子矶一带，因此一些外国商人为谋取暴利，不断偷运粮食，卖给坚守天京的太平军

湘军名将彭玉麟

将士。九袱洲之战以后，湘军水师先后占领了九袱洲、下关，于是长江水道也为湘军所控制。此时，曾国藩一面高价买下外商所偷运的粮食，一面上书朝廷，通过总理各国事务衙门照会各国驻华公使。要求在攻克天京以前，严禁外国轮船停泊在天京城外，以彻底杜绝天京的一切粮源。因此，天京城内的太平军将面临着粮食日渐告罄的严峻局面。

太平天国定都天京以后，杨秀清为提高天京城的防御能力，分别在九袱洲、七里洲、中关、下关、雨花台、紫金山、秣陵关、江东桥、上方桥等处，严密筑垒，坚如城池，并掘宽壕与之相铺。曾国荃在力克雨花台后，又屡克数处，只有西南要隘江东桥，东南粮道上方桥还未攻克。

同治二年七月二十日，曾国荃命萧庆衍率七营湘军，出印子山，向东迫近太平军营垒下寨。二十九日，湘军与太平军接仗以后，太平军被击败，河下船只尽数丧失。深夜，萧庆衍偷袭上方桥，待太平军察觉，湘军已半入垒中。次日，上方桥遂告陷落。

江东桥是天京的西南要隘，八月十二日晨，江东桥被攻克。天京城失去了上方桥和江东桥要隘后，天京城东南还有中和桥、双桥门、六桥瓮、方山、土山、上方门、高桥门及秣陵关、博望镇，作为天京城的辅蔽。九月二十二日，上方门、高桥门、双桥门石垒被萧庆衍、陈堤、彭毓橘等攻陷。军事要隘博望镇，上可以接应皖南水阳，旁可以控制芜湖金柱关。九月十九日驻守金柱关的湘军守将朱南桂会同朱洪章、武明良偷袭博望镇，取得成功。九月二十五日，陈堤、熊登武又攻陷了中和桥。既而，曾国荃又派赵三元、伍维寿夺取了秣陵关。十月十五日曾国荃率军进扎孝陵卫。天京城渐被合围。

此时南京近郊，各方征调的大军已达八十余万之多。至同治三年六月十五日那天，湘军所掘地道，长达十余里，已达南京中区了。曾国荃以这秘密的大功行将告成，倘被天国识破，势必前功尽弃，因此下令加紧炮轰，免得掘地声给天国听到。这日未到午夜，湘军在地道终点，突用大量炸药，轰穿地面。大队兵卒由李臣典等率领，涌出南京中心，一时真是火烟遍地，喊声震天。由地道涌上的这批湘军，一部分四面作战，一部分已由中区攻向边区的城门，城外清军即同长江决口般的蜂拥而入。湘、淮两军历时两年多，终于攻陷天京。

持久战，是对抗性的战争，是综合因素的较量，而持久战的决定因素是人，特别是有战斗力的士兵。

曾国藩认为，绿营兵腐败无能的一个主要原因，在于兵饷太低。清朝定规，绿营步兵月饷银一两五钱，绿营的守兵月饷一两，绿营马兵月饷二两。这种情况在清朝初年，勉强可以维持生活，至道光以后，米价上涨，绿营兵饷已不够维持五口之家的食用，加之绿营兵饷日薄，就更无法依靠兵饷来维持生计了。《道咸宦海见闻录》记载，绿营兵"营中公费，近年益缺，各种杂出费用无一不摊派兵饷，是以每月每兵仅得饷三钱有零，不敷一人食用，别寻小本经纪或另有他项技艺，借资事畜"。因此绿营兵就不得不经常出营寻求生计，便忽视了训练，最后导致战斗力低下。绿营军官为了聚敛财富，也常常克扣军饷或冒领军饷，导致绿营军军心不稳。

为了刺激湘军士兵出生入死，曾国藩提出厚饷养兵稳定军心的主张。为此，他制订了湘军官兵俸饷优于绿营的制度。具体数目是：

陆军营官月薪五十两，月给办公银一百五十两，凡帮办、书记、医生、工匠薪水及置办旗帜、号补各费用均包括在内。哨官月饷九两、伙勇三两三钱、长夫三两。

水师营官月薪水及办公银二百两，哨官十八两，舱长四两八钱。马队营官月薪及办公费一百五十两，帮办月薪十六两，正哨官十八两，副哨官十五两，什长七两八钱，马勇七两二钱，伙夫三两三钱。

阵亡者，恤银三十两，伤重者赏银十五两，次者赏银十两，复伤者赏银五两，成为残废另加赏银。

湘军士卒的月饷几乎是绿营兵士月饷的三倍或三倍以上。湘军士兵的兵饷，除个人生活外，还可贴补家用，因此能够安心操练，战斗力大大提高，一改绿营兵因口粮不足，而常常离营兼做他事，荒于训练的弊病。

同时，曾国藩也希望通过给予一线将领以丰厚的收入，来减少克扣兵

饷的事情发生，达到"养廉"的目的。曾国藩在奏疏中阐述了这一想法，"臣初定湘营饷项，稍示优裕，原冀月有赢余，以养将领之廉，而作军士之气"。饷章中规定："统带三千人以上者每月为三百九十两，五千人以上者五百二十两，万人以上者六百五十两。"王闿运在《湘军志》中指出："故将五百人，则岁入三千，统万人，岁入六万金，犹廉将也。"湘军将领中除多隆阿"统万人，而身无珍裘，麻葛之奉，家无屋，子无衣履"以外，人人都有很多的财产。就连曾国藩本人有时也不得不承认"章程本过于丰厚"。

曾国藩如此厚饷养兵，自然"陇亩愚氓，人人乐从军。闻招募则急出效命，无复绿营征调别离之色"。于是，当兵便成了湖南贫苦农民的第二职业，将曾国藩当成了他们的衣食父母，湘军也因此而成为一支骁勇善战的"曾家军"。

曾国藩除了厚饷养兵来稳定军心外，他还深知人都有一种惰性，有时候很难靠他的觉悟让其冒大险，此时就需要灵活运用夺心之术。曾国藩正是利用这种夺心之术，使湘军兵勇甘愿为其效命，每临成阵，个个勇往直前，奋力拼杀，使得曾国藩的"久战"得以取胜。

在时代主题由战争、政治转变为经济发展、经济竞争之后，久战的心法还有没有借鉴作用呢？回答是肯定的。一个企业集团的成长和发展，也必须讲究"势"和"虚实"。经营者的"做势"，就是做品牌，"运势"就是运用品牌效应来聚集资源、调度资源，把自己做大做强。经营者的"善用虚实"，即是灵活地运用自己手中的有形资本（财富）和无形资本（品牌、技术、经营管理等），通过人才而实现资源的最佳配置，良性转换。"虚实"，又是运势过程中的扬长避短、舍虚取实，有所为有所不为，一个阶段一个阶段地集中兵力营运项目。这同样需要"大本大源"的内力、内功，同样需要洞悉幽明的清静心，同样是"无内省之明，乃无外观之识"。

二　浪战为忌

【原典】

凡与贼相持日久，最戒浪战。兵勇以浪战而玩，玩则疲；贼匪以浪战而猾，猾则巧。以我之疲战贼之巧，终不免有受害之一日。故余昔在营中诫诸将曰："宁可数月不开一仗，不可开仗而毫无安排算计。"

【释文】

凡是与敌人相持长久的战斗，最忌讳的是未经深思熟虑而草率出战。草率出战士兵就不尽力，士兵不尽力就容易疲劳。敌人就会因为我军的草率出战而变得狡猾，敌人狡猾就会变得聪明。这样用我们的疲劳之师去与聪明狡猾的敌人作战，终有一天会失败的。所以过去我在军中的时候总是告诫各位将领说，宁可几个月不打一仗，也不可打毫无准备之仗。

【要义】

纵观历史，打持久战的故事不胜枚举，清政府平定大小金川叛乱便是一例。从军事角度看，大小金川地仅千里，兵仅万人，清廷所派官员多达数万人，前后用兵数年，耗银七千万余两，阵亡官兵三万余人，才平息该地土司叛乱，其经验教训至为深刻。

打仗是一门学问，学问精的往往能打胜仗。古代的白起、王剪、孙武、孙膑，都精通兵法的。曾国藩亦起自书生，未带兵之前，恐怕对兵书也没有下过苦功吧，居然敢冒此大险，组织他的地方武力，称为湘勇，与太平天国百万大军对抗。曾氏本无打仗经验，他纠集的亲友从军，全部皆为书生和农民。他一出马同太平军作战，由于未经战阵，多有失利。但他

不怕失败，失败总结教训，打胜仗也总结教训。经过长时间的实践和思考，曾国藩总结出持久战的一条原则：不可浪战。不浪战，就是稳扎稳打，不打无准备之仗；一旦开战，就要有所收获。两军持久对峙，谁也赢不了谁，这时哪一方主观上出了毛病，犯错误，哪一方便是输家了。

主攻天京的是曾国藩的四弟曾国荃统领的吉字营。曾国藩原拟用"十面埋伏"之策，调集十路大军各集城下，但这个计划却没有实现。李续宾部被阻于寿州，鲍超部被阻于宁国，多隆阿部借故按兵不动且率军远去陕西。彭玉麟和杨载福的水师因战船年久失修，不得不停泊上游修补。曾国荃孤军深悬，处境十分危险。这时，曾国藩及时调整部署，让曾国荃转攻为守。深沟高垒，死守雨花台湘军大营，待后续部队陆续抵达后再转攻势。

曾国藩定下心来，咬定雨花台不放。而洪秀全这时却在战略上犯了以急对缓、以躁对静的大错误。

就在曾国藩视察雨花台大营时，太平军在苏州召开了高级将领会议。李秀成主张坚守天京，以逸待劳，待机歼敌。但洪秀全被清军气势吓得惊慌失措，诏令各地主力回援天京与围城的曾国荃决一死战。于是李秀成调集大军合围雨花台湘军大营。调来的太平军多是苏、浙、赣募集来的饥民，没有受过军事训练，也没有精良武器。用这样的军兵去攻打深沟高垒的湘军大营，对付装备精良、训练有素的湘军主力，打了两个月多，折损了三万多人，却始终没有将雨花台攻下来。但曾国荃在头部受伤的情况下仍坚守在第一线，死守阵地。而太平军因粮草不继，洪秀全又突然改变主意，这时却突然撤退了。洪秀全令李秀成从天京撤下来后，立即联合江北捻军去攻敌人后方武汉，切断湘军补给线，迫使曾国藩回师援救以解天京之围。

洪秀全一前一后两次错误决定，使太平军疲于奔命。而在这时，湘军彭玉麟部却采用偷袭端掉了太平军的粮食、军械、火药库，而后与曾国荃合围天京。等到李秀成攻武汉受阻回援天京

时，清廷已调集近八十万大军围定天京。太平军再竭三衰，锐气尽挫，湘军却以逸待劳，只等最后一决。

老子的思想对曾国藩影响很大，成为他攻防战守的主要理论基础。《老子》云："用兵有言：吾不敢为主，而为客；不敢进寸，而退尺。是谓行无行，攘无臂，扔无敌，执无兵。"大意是说，我不敢先发进攻，而是采取守势；不敢冒进一寸，而要后退一尺。这就叫做：虽然有阵势，却像没有阵势可摆；虽然有奋臂进击，却像没有手臂可举；虽然可以牵制敌人，却像没有敌人可以牵制；虽然手持兵器，却像没有兵器可持。那么何为主，何为客？何为奇，为何正？这主客奇正有什么奥妙，又是如何体现的呢？曾国藩说："守城者为主，攻者为客，守营垒者为主，攻者为客，中途相遇，先至战地者为主，后至者为客。两军相持，先呐喊放枪者为客，后呐喊放枪者为主。两人持矛相斗，先动手戳第一下者为客，后动手即格开而即戳者为主。"

这种战略战术核心思想就是要以退为进，不轻易出击，保存实力，后发制人。"兵者不得已而用之，常存一不敢为先之心：须人打第一下，我打第二下"，正是这一思想的具体体现。

曾国藩说："行军本非余之所长，兵贵奇而余太平，兵贵诈而余太直。""平、直"二字，概括出了曾国藩战略战术思想的特点。但是，平直不等于用兵呆拙。曾国藩在极主稳慎的同时，也很注意机动灵活，讲求变化多端。他指示下属说："兵事喜诈而恶直也。""古人用兵，最重'变化不测'四字。"又说："行兵最贵机局生活。"

兵有"正奇"之分。中间排队迎敌为正兵，左右两旁抄出为奇兵。屯宿重兵、坚扎老营与贼相持者为正兵，分出游兵，飘忽无常，伺隙狙击者为奇兵。意有专向、吾所恃以御寇者为正兵，多张疑阵、示人以不可测者为奇兵。旌旗鲜明，使敌不敢犯者为正兵，羸马疲卒、偃旗息鼓、本强而故示以弱者为奇兵。建旗鸣鼓、屹然不轻动者为正兵，佯败佯退、设伏而诱敌者为奇兵。一般说来，用奇兵比用正兵好，老子就说要"以奇用兵"，奇兵的优点是隐蔽，出其不意，变幻莫测，但有时也要用正兵，威风凛

凛,气吞山河,使敌不敢进犯。那么,什么时候为主,什么时候为客,什么时候用正兵,什么时候用奇兵,这要视具体情况而定。稳慎与变化,有先后之序;精到与简捷,须同时并求。这就是曾国藩的战略原则的总的要求。曾国藩说:"忽主忽客,忽正忽奇,变动无定时,转移无定势,能一一区别之,则于用兵之道思过半矣。"可见"变动无定时,转移无定势",这才是用兵的最高智慧和最高境界。

为了力求机局多变,曾国藩提出了"虚虚实实"之法。他说:"兵法最忌形见势绌四字,常以隐隐约约,虚虚实实,使贼不能尽窥我之底蕴。若人数单薄,尤宜如此诀。若常扎一处,人力太单,日久则形见矣;我之形既尽被贼党觑破,则势绌矣,此大忌也。"

善于审力、审机、审势,则静动、主客、迟速、正奇、虚实、轻重、呆活、伸缩、开合等等对立物,皆可有机地统一,运筹自如,得心应手;否则,必然弄巧反拙,南辕而北辙:这就是曾国藩"先求稳当,次求变化"的辩证思考。两军对垒,有如弈棋。曾国藩说:"善弈棋者,常于棋危劫急之时,一面自救,一面破敌,往往因病成医,转败为功。善用兵者亦然。"既要自救,又要破敌,曾国藩的方针是招招稳慎,下稳慎棋。

正因为稳慎,曾国藩提出了"以静制动"的原则。曾国藩的这一"静"字法,实乃《孙子》"敌疲我打"、"击其惰归"的具体运用。正因为稳慎,曾国藩强调"扎营宜深沟高垒,虽仅一宿,亦须为坚不可拔之计,但使我真能守垒安如泰山,纵不能进攻,亦无损于大局"。

正因为稳慎,曾国藩又提出了"以主待客"的原则。曾国藩把这套"主客论"进而推到了战略问题上。他批评江南大营之所以失败,是因为他们对于"内外主客形势全失"。向荣、和春专注金陵一隅,而不顾对金陵上游的争夺,在江北,连与江浦、六合紧连的和州、无为一带也不去占领,安庆、庐州更不在他们的战争全局的投影之内;在江南,对与江南大营毗邻的皖南地区,未力加控制,以巩固大营的后方。这叫做全失内外之势。与此同时,向荣、和春又根据朝廷的旨令,"援浙、援闽、援皖、援江北,近者数百里,远者二三千里,援军四驰,转战不归",被太平军各个击破。如冯子材率五千人援江北大营,几被全歼于小店;在六合、浦口之役中，李若珠部五千余人全部被歼于扬州，张国梁大败于浦口，周天培部全军覆灭。仅这两次战役，共损失"兵勇一万数千名，精锐失之过半"。这叫做全失主客之势。江南大营的内外、主客之势之所以全失，曾国藩认为，这是因为向荣等"不能从大处落墨，空处着笔也"。

曾国藩对待战争中的快慢问题，主张慢中求快；对待战争中的战守问题，主张先守后战；对待战争中的静动问题，主张以静制动；对待战争中的主客问题，主张以主待客。这些都是以"稳慎"二字为出发点来立论的。曾国藩之所以强调后发制人，是与当时战争中的主客观条件有关的。蔡锷分析说："其时所对之敌，并非节制之师、精练之卒，且其人数常倍于我"，"兵器未如今日之发达，又无骑、炮两兵之编制，耳目不灵，攻击力复甚薄弱"，"所以战术偏重于攻势防御，大概有因时制宜的法则"。所以，曾国藩的"稳慎棋"也是一种特定历史条件下的产物。

三　气不可竭

【原典】

夫战，勇气也，再而衰，三而竭，国藩于此数语，常常体念。大约用兵无他巧妙，常存有余不尽之气而已。孙仲谋之攻合肥，受创于张辽；诸葛武侯之攻陈仓，受创于郝昭，皆初气过锐，渐就衰竭之故。惟荀之拔逼阳，气已竭而复振；陆抗之拔西陵，预料城之不能遽下，而蓄养锐气，先备外援，以待内之自毙。此善于用气者也。

【释文】

打仗依靠的是勇敢作战的士气，这种士气第二次进攻时就会衰减，到第三次进攻时就会衰竭，我对这几句话，经常去细细体会。一般用兵没有其它的奥妙，就是经常保存好士兵源源不断的士气而已。孙权攻打合肥，被张辽击败；诸葛亮进攻陈仓，被郝昭战胜，都是因为刚开战时士气太旺，随着进攻久攻不下，士气逐渐衰减直至衰竭的缘故。只有春秋时的晋国将领荀罃攻占逼阳的战斗，原本衰竭的士气后又重新提振起来，最后取得胜利；陆抗攻取西陵时，预先估计到了城池难以迅速拿下，因而养精蓄锐，先安排好外援，围困敌人，等待城中敌人自行灭亡。这两个人都是善于利用士兵士气的将领。

【要义】

久战，实为持久之战。其必心如铁石，意志坚韧。"绳锯木断"就是这个道理。"一鼓作气"之说，来自"曹刿论战"的故事。

鲁庄公十年的春天，齐国军队攻打鲁国，鲁庄公将要迎战。曹刿请求庄公接见。他的同乡说："大官们会谋划这件事的，你又何必参与呢？"曹刿说："大官们眼光短浅，不能深谋远虑。"于是进宫廷去见庄公。

曹刿问庄公："您凭什么跟齐国打仗？"庄公说："衣食是使人生活安定的东西，我不敢独自占有，一定拿来分给别人。"曹刿说："这种小恩小惠不能遍及百姓，老百姓是不会听从您的。"

庄公说："祭祀用的牛羊、玉帛之类，我从来不敢虚报数目，一定要做到诚实可信。"曹刿说："这点诚意难以使人信服，神是不会保佑您的。"

庄公说："大大小小的案件，虽然不能件件都了解得清楚，但一定要处理得合情合理。"曹刿说："这是尽本职的事，可以凭这一点去打仗。作战时请允许我跟您去。"

鲁庄公和曹刿同坐一辆战车。在长勺和齐军作战。庄公一上阵就要击鼓进军，曹刿说："现在不行。"齐军擂过三通战鼓后，曹刿说："可以击鼓进军了。"

齐军大败。庄公正要下令追击，曹刿说："还不行。"说完就下车去察看齐军的车印，又登上车前横木了望齐军的队形，才说："可以追击了。"于是追击齐军。

打了胜仗以后，鲁庄公询问取胜的原因。鲁刿答道："打仗要靠勇气。头通鼓能振作士兵们勇气，二通鼓时勇气减弱，到三通鼓时勇气已经消失了。敌方的勇气已经消失而我方的勇气正盛，所以打败了他们。齐是大国，难以摸清它的情况，怕的是有埋伏，我发现他们的车印混乱，军旗也倒下了，所以下令追击他们。"

军事家们都知道，当强敌前来进攻时，通过坚壁清野等防御方式，持久防守，能消耗敌人的实力、瓦解敌人的斗志。同时充分发挥我方的潜力，改变敌我力量对比，争取有利态势和战机，以夺取战争的胜利。

西汉建立后，刘邦所封的同姓诸侯王的封国，占了国土的一大半。他们刚被封时或年龄尚小，或羽翼未丰，尚未对中央政权构成威胁。随着他们势力的逐渐扩大，与中央的冲突也就开始逐渐激化起来。在这种情况下，中央开始进行削藩，以抑制诸侯王的势力。

汉景帝三年，吴王刘濞见朝廷不断下令削地，立刻就要轮到吴国，决心公开叛乱。他先后串通了楚、赵、胶西、胶东、淄川、济南六国秘密谋划。当年冬，当朝廷下诏削吴国的会稽、豫章郡时，吴王刘濞公开举起叛旗，在领地内征发三十余万人，从广陵出发向西汉统治的中心区域进攻。接着胶西、胶东、淄川、济南、楚、赵等国纷纷出兵响应，赵王还出兵与匈奴联络。七国彼此呼应，共同反叛中央，这就是历史上的"吴楚七国之乱"。

吴楚等国叛乱的消息传到首都后，汉景帝立即进行部署，令中尉周亚夫为太尉，率王十六将军迎击吴、楚叛军；令曲周侯郦寄击赵，将军栾布率兵解齐之围，并令窦婴为大将军，驻荥阳督战。

当周亚夫率军至霸上准备东征吴国时，有位叫赵涉的人拦住周亚夫说："将军东诛吴、楚，胜则宗庙安，不胜则天下危。能用臣之言乎？"

周亚夫

周亚夫急忙下车向赵涉行礼，问他有何指教。赵涉说："吴王素富，召集敢死之士已经很久了。他知将军已至霸上，必然在途中设伏。兵事以神秘为上，将军何不从此向西，走蓝田，出武关，抵洛阳，这样，最多迟到一两天，然后直入武库，击鼓而出，诸侯不意猝至，以为将军从天而下也。"周亚夫从其计，避开吴王的设伏区，秘密迂回至洛阳，使吏搜查崤关，果然发现吴国的伏兵，周亚夫乃请赵涉为护军。

不久，周亚夫控制了荥阳的军械库和敖仓的粮草。在荥阳有险可守，有粮可食，有器可用，利于持久作战。这时，吴国进攻梁王。梁王十分危急，向周亚夫求救。周亚夫却引兵东走昌邑，深壁而守。梁王再次诏亚夫救梁，亚夫不往。梁王上书汉景帝，景帝诏亚夫救梁。周亚夫从实际出发，不奉诏令，并毅然派轻骑出淮泗口，断绝吴楚粮道，在昌邑集结军队，坚守不出。吴、楚进攻梁，久攻不下，又急于迅速击破汉朝军队，便转而与周亚夫对垒昌邑，周亚夫坚壁不战，欲使吴、楚军粮尽援绝，自行崩溃。

吴楚连续强攻昌邑，都未成功。又采取声东击西的方法，佯攻东南隅，周亚夫却让精兵备守西北隅，一会儿吴军果然从西北攻城。由于周亚夫防守得当，吴楚军队攻城不克，却粮尽援绝，饥疲不堪，只得引军东撤。

周亚夫见吴军、楚军撤退，立即率精兵追击，吴王仅率千余人逃走，楚王自杀，将士纷纷投降，叛军主力瓦解。吴王刘濞不得不弃军渡淮，亡走丹徒，企图收罗散亡士卒，依东越自保。但东越人不愿依附吴王，乃诱杀吴王，献其头于汉朝。参加叛乱的其他诸王也纷纷败亡，七国之乱三月而平。

曾国藩讲求"心战"，以"心战"夺敌锐气，养己威势，练就一支能够"久战"的队伍。他的"心战"首要是"养吾气"，分为四个方面：

养吾正气，防其邪气。对全军进行思想政治教育，使广大将士深信其事业是"正义"的，其军队是"正义之师"，所从事的战争是"正义之战"。

善吾和气，防其离气。搞好官兵团结、上下团结、三军团结。治军之道，"要在人和"。"和则一可当百"。如果"上不信下，下不信上，上下离心"，必至于败。

练吾胆气，防其恐气。练兵先练胆，人无胆气，一切技艺都归无用。

严吾刚气，防其骄气。"气不自壮，励之乃刚"。军纪必须威严，军容必须整齐，要培养全军的阳刚之气。

己方士气高涨，同时也要用心战"攻敌心"。"攻敌心"有四个步骤。首先，兵临敌境，应大造舆论，宣传自己出师目的是为了禁残止暴，救民于水火，揭露对方残暴无道，借以瓦解敌方军心民心，这叫"谕义夺心"。其次，未战之前，先大肆宣扬自己军队多么强大，将帅如何英明，装备如何精良，三军如何团结，给敌以强大的心理威慑。这叫"谕威夺气"，即《尉缭子》讲的"讲武料敌，使敌之气失师散"。然后，两军对垒，我方先作巨大的声势，使敌感到强大不可抵敌，丧失胜利的信心与斗志。此为"先声夺人"。最后，敌来进攻，我方以精兵强将先拔头筹，挫其锐气。由此可知曾国藩"久战"能胜的原因。

曾国藩在与太平军争战的过程中，他的最大困难，不是敌手的强大，而是清朝本身的政治、军事与财政各方面，存在着太多的矛盾，不能形成强大的力量。

北宋刘书在《刘子·兵术》中说："万人离心，不如百人同力。"久战之军之所以能够坚持到胜利，关键的一条是军队将士内部的团结。曾国藩不是从理论上，而是从现实沉痛教训中，认识到军队团结的重要性的。他认为绿营兵的主要弊病之一是卒与卒不亲，将与将不和，作战时势必各怀一心，败不相救。因而，如不改变绿营体制和调遣成法，即使孙子复生、诸葛再世也难以扭转清军一溃千里的局面。

曾国藩彻底扫除绿营积习，建立了一支"呼吸相顾，痛痒相关，赴火同行，蹈汤同往，胜则举杯酒以让功，败则出死力以相救"的新军。

绿营属世兵制，国家立有军籍，父子相承，世代为业。绿营子弟成年即在营习武，称随军余丁，营中遇有空额，便可补名吃粮。所以，绿营一般不从营外招兵，只在余丁不足时才自外募补。勇营则全部公开招募。为了加强湘军内部上下左右的联系，曾国藩特别注重地域原则和私谊。所

以，湘军士兵只在湖南招募，又多集中于长沙、宝庆二府，尤以湘乡县最多，军官则多为师生、故旧、亲友、族属。

曾国藩非常重视新募兵勇的训练，明确规定各项训练标准，虽酷暑时节亦不肯少懈，以致被指责为"虐士"。他认为"新募之勇全在立营时认真训练。训有二，训打仗之法，训作人之道。训打仗则专尚严明，须令临阵之际，兵勇畏主将之法令甚于畏贼之枪子；训作人之道则全要心诚，如父母教子，有殷殷望其成立之意，庶人人易于感动"。

曾国藩对士兵和下级军官进行思想教育的主要方式是队前讲话，"每逢三、八操演，集诸勇而教之，反复开说至于百语"，"虽不敢云点顽石之头，亦诚欲苦口滴杜鹃之血。"其对高中级军官进行培养教育的主要方式是个别谈话和书信、批札。他在一封奏折中颇为自豪地宣称："臣昔于诸将来谒，无不立时接见，谆谆训诲，上劝忠勤以报国，下诫骚扰以保民，别后则寄书告诫，颇有师弟督课之象。其于银米子药搬运远近，亦必计算时日，妥为代谋，从不班以虚语。各将士谅其苦衷，颇有家人父子之情。"可以说，这是曾国藩带兵的重要特点，八旗、绿营乃至以往各朝的军队是很少这样做的。

由于曾国藩的种种努力，湘军果然成为"齐心相顾，不肯轻弃伴侣"的部队，他们即使平时有仇隙，可一到战场却能同仇敌忾，气势浩荡，死生相顾。这里最重要的，是曾国藩身先士卒，起带头作用，不敢一事懈怠推诿，所以众将士才有呼必应，奋勇杀敌。湘军上下同心，团结紧密，统帅部指挥如意；而太平军内讧不止，分崩离析，形不成一个拳头，统帅部朝令夕改，飘忽不定，每误战机。胜败也自然可分了。

廪实十二

凡治国之道,必先富民。民富则易治也,民贫则难治也。奚以知其然耶?民富,则安乡重家;安乡重家,则敬上畏罪;敬上畏罪,则易治也。民贫,则危乡轻家;危乡轻家,则敢陵上犯禁;陵上犯禁,则难治也。故治国常富,而乱国常贫。是以善为国者,必先富之,然后治之。

——《管子·治国》

一　勤俭自持

【原典】

勤俭自持，习劳习苦，可以处乐，可以处约，此君子也。余服官二十年，不敢稍染官宦气习，饮食起居，尚守寒素家风，极俭也可，略丰也可，太丰则不敢也。凡仕宦之家，由俭入奢易，由奢返俭难，尔年尚幼，切不可贪爱奢华，不可惯习懒惰。无论大家小家、士农工商，勤苦俭约，未有不兴，骄奢倦怠，未有不败。

【释文】

勤俭自律，吃苦耐劳，既可以享受安逸的生活，也可以承受简约的生活，这样的人就是君子。我为官二十年，不敢稍微沾染追求浮华的官宦风气，饮食起居都还保持清淡朴素、简约节俭的家风，非常节俭没问题，稍微丰盛些也能接受，始终不敢太过丰盛。凡是官宦人家，由节俭的生活到享受奢侈的生活这样的变化是很容易接受的，但由奢侈的生活再返回到过节俭的生活就难以承受了，你们年龄尚小，万万不可贪恋奢华的生活，不可养成懒惰的习惯。无论家族大小，也无论从事工农仕商，只要吃苦耐劳，勤俭节约，就没有不发达的，娇生惯养，懒惰成性，就没有不失败的。

【要义】

本篇标题从管子"仓廪实而知礼节，衣食足而知荣辱"而来，讲致富生财之道。

曾国藩"廪实"的理财之道，是从俭字入手。他深知在理财问题上，

大手大脚最是要不得的，既不利于人的德性修养，又不利于财物的积累。曾国藩曾对家中的理财之事做过严格的限定，目的在于要家人懂得生活之艰辛。当然，其目的是不愿意子孙后代过贫困潦倒，低三下四去求得别人恩赐的生活。如何避免这种困境的出现呢？曾国藩教导子孙后代的办法就是谨守节俭二字，只有这样才能理好家财，操持好以后的生活。

曾国藩认为，家富之道，只在"勤俭自持"。善劳作，能吃苦，既可以置身快乐之中，又可以积累钱财，这是生财有道的君子之为。将勤俭生财与身心快乐联系在一起，是一个崭新的观点。快乐从劳动中来，即使"习劳习苦"亦是苦中有乐。这种乐，一是养身之乐，二是收获之乐，三是"履常之乐"，即在劳动中格物穷理。懂得勤苦俭约，未有不兴，骄奢倦怠，未有不败的道理，并且学到养家的技能。曾国藩主张要天天用"勤俭"二字教育后代，使他们都凭自己的本事养活自己。务农则应是种田能手，为工则有百工技艺，为商则善察市场行情，为武则会武术有武德，为文则会写经世文章。每个人都要会做实际工作，会当家理财，不能光靠卖嘴巴皮子养活自己。自给有余，才可以有能力扶助他人。否则，空喊治国平天下，谁也不会相信你。曾国藩在做两江总督时，除自己种菜外，每天读书、写字、做笔记，笔耕不止。他的夫人欧阳氏每天也要纺四两棉花才休息。曾国藩规定其家族成员，男子都要会耕作，会读书作文，这叫做既养身，又养气，既劳动，又劳心。妇女则须"于衣食粗细四字，缺一不可"。并且规定了每天的功课，食事每日检查一次，衣事三日检查一次，每人每月要做一双鞋子。

曾国藩在署衙中，也以"俭"字诀教诲幕僚。他讲了很多徽商的经营理财之道。明、清两朝间徽州出大商大贾，全国出名，而他们致富的原因，曾国藩认为离不开"俭"字诀。他说：

徽州以勤俭甲于天下，所以其富庶也甲于天下。……青衣童子在家赋闲，或长途跋涉而进京应试，都是身穿仅到小腿的短衣，光脚穿草鞋，随身只带一把伞，为节省轿子、车马的费用而徒步出行。而其实都是拥有千万金的富室子弟。徽州人无论士、

工、商，都很俭朴，所以他们起家致富，称雄天下，没有几十万、上百万的家业就不能称为富户。

曾国藩的弟弟们有的任官，有的持家，他多次去信说无论为官为家，都应节俭。针对地方官吏的挥霍浪费，曾国藩提出了"节用"的主张。他力主裁减冗员，减少应酬以节省开支，并将这一问题与减轻民力联系起来。在晚清士大夫中，曾国藩以居家治身尚俭朴为众人所称道。

克勤于邦，克俭于家，是中国人一贯提倡的节俭作风。即使是富可敌国，动辄家藏白银百万的晋商，也把"勤俭为黄金本"作为他们的经营原则来看待。勤俭能致富，奢侈则家败，在晋商中这样的事很多。

包头广盛公商号，本是祁县乔、秦两家创立，但秦氏子弟奢侈浪费，把个家业搞得难以维持，而乔家发迹后，只是在旧院里盖了个四合院，他们深知，买卖有赚就有赔，既要赚得起也要赔得起，才能立于不败之地。在买卖兴隆时，他便把赚下的银子积存起来，以备不测。并且教导子女，要勤俭持家，绝不能奢侈浪费。在广盛公遇到商业不景气时，商号掌柜要东家投资，扩大生意，以扭转商号不景气状况，乔氏出银四万两，而秦氏一分没有。

六年后，广盛公又获大利，将广盛公改名复盛公，股本中乔家共投入六万余两，秦家只余一万余两，这样乔家有十一股，秦家只有三股。到后来，秦家因子弟不争气，只会花钱，从复盛公中抽股，而秦家抽一股，乔家补一股，最后秦家只剩下一厘二毫五了。

复盛公第三代掌门，著名晋商乔致庸

山西人节俭，所以看人有钱没钱绝不能以貌取人。明人沈思孝在《晋录》中说："晋中俗俭朴古，有唐虞夏之风，百金之家，夏无布帽；千金之家，冬无长衣；万金之家，食无兼味"。顾公燮也说："山陕之人，富而若贫，江粤之人，贫而若富。"张四维《条农堂集》载：明代蒲州人王恩，尽管天南地北做生意，发了大财，但仍然量入为出，小心谨慎，"终其身未尝有锱铢滥费"。乾隆《祁县志》记载：清代祁县人郭干诚，"虑家贫，以生殖致饶裕，性俭约，不喜奢华"。定襄邢渐达"十五岁而孤，……而自事生业，艰苦备尝，不辞劳瘁，自奉俭约……盖自服贾以还，一切货物往来，俱存宽厚"。这些例子也许说明俭约是山西人的一种天性吧。

明人谢肇湖在《五杂俎》中称，富商"江南则推新安，江北则推山右……新安奢而山右俭也"。山右说的就是山西。康熙皇帝有一次南巡时说："我一向听说东南有许多巨商大贾，但今天我走遍了江浙一带，仔细观察从商之人大多系是山西人，而当地人很少，应该是晋风多俭，积累易饶，南人习俗奢靡，家无储蓄的原因吧。"

历史上那些能忠实遵循勤、廉二字的君主、官员，他们不但能使国家富强，保一方平安，而且自己也因此而名垂青史。

周武帝宇文邕

周武帝宇文邕，鲜卑族宇文部人。父亲是西魏权臣、北周的实际缔造者宇文泰。宇文邕是被他的堂兄宇文护拥立为帝的。宇文泰临终前，见自己的几个亲生儿子年龄幼小，就委托侄子宇文护来辅佐他们。宇文护的权力欲极强，只想专权独断，根本不把皇帝放在眼里。武帝之前的闵帝宇文觉、明帝宇文毓都是被宇文护毒死的。天嘉元年，宇文邕被拥立为帝，但朝政大权仍掌握在宇文护手中。13

年后，宇文邕才找到机会，将宇文护杀掉，切实将政权夺回到自己手中。

周武帝从即位到亲政的13年间，亲眼目睹了宇文护"僚属纵逸"、"任情诛暴，肆行威福"等一系列弊端，决心亲政后予以改革。为了增强国力，他提倡节俭，反对奢侈浪费。

周武帝对自己要求很严，身上穿的是布袍，床上盖的是布被，室内没有金玉装饰，宫殿中的华丽处，也都让撤除毁掉。他在位期间，曾七次下诏提倡节俭，直到临死前，还遗诏丧事从俭，教导子孙不要奢侈。

如果想做一个平庸的领导者，也许这种自我节制并不十分重要。但是若想成为一个杰出的领导者，就必须要借着坚强的意志力，来贯彻自我节制的内圣决心。这个原则不仅在公的方面，即使在个人生活中也是不可或缺的。

二　君子言利

【原典】

大抵军政吏治，非财用充足，竟无从下手处。自王介甫以言利为正人所诟病，后之君子例避理财之名，以不言有无，不言多寡为高。实则补救时艰，断非贫穷坐困所能为力。叶水心尝谓"仁人君子不应置理财于不讲"，良为通论。

【释文】

一般来说，治国、治军，没有充足的财源，是无法着手的。自从王安石提倡理财招致后来的正人君子所讥讽之后，正人君子都回避理财这个说法，都以不讲现今财力有没有、有多少为自己高明之处。而实际的情况是要补救时世的艰难，断非无钱无力所能做到的。南宋理学家叶适叶水心曾经说："仁人君子不要不谈理财的问题。"这是个很实用的很正确说法。

【要义】

自古以来都是"君子喻于义，小人喻于利"，似乎君子不应当言利，这是不对的。古人只是反对"不义之财"。孔子就说过："富而可求也，虽执鞭之士，吾亦为之。"

经商，无论用什么方法，只要促进商贸的发展，自己赚钱，国家富强，就是应该大加倡扬的。这个问题，太史公司马迁早有论述，他曾在《史记·货殖列传》中述说："如果农民不生产粮食，人们就会没有饭吃；如果工匠不做工，人们就会缺乏日用的器物；如果商人不做买卖，人们就会缺乏各种珍奇货物；如果掌管山泽的虞人不开发山泽之物产，那么国家的财源就会匮乏。财源匮乏，那么山林川泽也就无法进一步开辟了。农、工、商、虞这四个方面，是民众衣食的本源。本源大了，那么生活就富足，本源小了，那么生活就贫困。本源大，富国富家。"

人们都知道汉武帝雄才大略，击破匈奴、吞并朝鲜、遣使出使西域，开拓汉朝最大版图，却不一定知道这与桑弘羊的贡献是密不可分的。桑弘羊出身商人家庭，13岁时"以心计"入赘为侍中，因能"言利事，析秋毫"，深得汉武帝赏识，被委以重任，历任大农丞、大农令、搜粟都尉兼大司农等要职，统管中央财政近40年之久。终武帝一代，桑弘羊忠心耿耿，聚敛资财以增强国力，"民不益赋而天下用饶"。如果没有桑弘羊，就不会有汉武帝的灼灼武功。

重视商业资本的思想是桑弘羊全部理财思想的核心。桑弘羊认为，商业是致富的本源。否定农业是唯一能致富的本源的观点，这是他和以前各学派观点的不同之处。他非常重视商品流通。在他看来，如果没有商人则财富之源流断绝，财物的消费会缺乏。他率先提出了"由于自然资源的地域分布不同，所以商品流通非常重要"的思想。

桑弘羊重视商业却不忽视工农。他对工业的作用看得很高。"工不出，则农用乏……农用乏，则谷不殖"，人民生活离不开工业。在许多场合，他仍认为农业是"本"，不过"本"不等于"富"，富要靠商业。

桑弘羊对对外贸易的作用也有非常充分的认识。他认为国与国之间的贸易，可以使本国的用品丰富。虽然货币的多少可以作为财富的象征，但

桑弘羊

他不把货币的取得作为对外贸易的目的。他以货币为"末"，为"虚"，而以供人们物质生活需要的物品为"本"，为"实"。这比西欧15世纪重商主义以货币为本的思想要先进得多。

桑弘羊认识到了货币是财富，具有独立的交换价值，具有流通手段的职能。他坚持并贯彻了货币铸造权的集中，反对私人和郡国拥有货币铸造权。认为自由铸造货币弊端很多。他还大力推行平准制度。他在京师设立平准机构，稳定京师物价。这个机构掌握了巨

大的商品储备及运输队伍。当某种物价上涨时即贱价抛售；反之，某种物价甚贱时则加以购买。他已经开始运用市场价值规律稳定物价了。

桑弘羊主张经济干涉政策，认为山林川泽为国家所有，故应该加以控制，不能任其自由开放。自然财富是国家所有，不能随意对私人开放，必须按照国家的要求来使用。否则，豪强得山泽之利，轻则危害百姓，重则危害国家。桑弘羊认为，社会上之所以出现兼并，造成贫富悬殊现象，一方面是由于人们的才智不同，另一方面是由于国家没有很好地控制山泽之利、没有相应的法制造成的。他主张由国家来经营盐铁，并抑制兼并。

桑弘羊的这些经济思想几乎是超越时代的，现在也有积极的借鉴意义。

贫困与富贵是其自然的法则，没有谁能够夺取和赐予的，聪慧精巧的人富而有余，愚蠢笨拙的人穷而不足。

周初姜太公受封于营丘，那里的土地盐碱化，人烟稀少，在这种情况下，姜太公鼓励妇女从事纺织刺绣之类的生产活动，使技巧逐步提高到很高的水平；又让人们从事渔业和盐业及其贸易活动，结果使天下人才和货物源源不断地从四面八方流聚到齐国。所以，齐国的冠带衣履可供天下服用，富甲四方，声威大振，东海和泰山之间的各诸侯也都毕恭毕敬地前往齐国朝拜归服。

后来齐国中道衰落，管仲奉行"能商工之业，便鱼盐之利"的政策，进行改革，设置九府管理商品货币、市场流通，从而使国力大增，齐桓公得以称霸，多次召集诸侯会盟，共同遵奉周天子的正统，而管仲也得以受封三归之地，虽居于陪臣的地位，却比各诸侯国的君主还富有。因此齐国国富民强，一直持续到齐威王、齐宣王的时代。

曾国藩在理财上确实有他的一套办法，即注意"节流"，又注意"开源"。关于"节流"，一是他讲求实效，不图虚名，二是他对筹集到的钱款有一个明确的报销章程，这就让出钱的人勇于捐助。至于"开源"，他为了度过难关，有时甚至违心为不清廉的人奏请入祀贤良祠。曾国藩一生多次为一些贤德或有功之人奏请封赏或代写一些碑、铭类的颂扬文章，而这

一次他为其奏请入乡贤祠的则是一个贪官杨键。曾国藩一生廉洁自律，对贪官如同寇仇，但这次却是曾国藩一生中的少有的一次例外。

当时，武汉形势吃紧，朝廷连番下旨让曾国藩自湖南出援武汉，他迟迟未动。其中原因主要是皇帝命他率兵千里迢迢，援救湖北，而且一路征战，竟未提军饷自何而出。没有军饷如何出征？他让人各处求助，恳求商绅捐资，犹如泥牛入海，毫无消息。

恰在此时，有个在籍户部候补员外郎杨江要求捐助。曾国藩闻讯自然高兴，但杨江提出个条件，让曾国藩代他上奏皇帝，准许为其祖父在原籍衡阳建乡贤祠。

而曾国藩是了解杨家的为人和杨江要求建乡贤祠的原委的。杨江的祖父杨键是湖北巡抚，道光二十五年病死。死后其家属便活动地方官入奏道光，请求建乡贤祀。而有人上奏说，杨键官声很坏，有严重的贪污、受贿行为。道光帝闻奏，不仅未允其入祠，且把上奏请入祠的地方官臭骂了一顿。这件事闹得轰动京城，曾国藩当时任职詹事府，自然熟知此事，他为杨家而不耻。

如今，为了军饷问题，要亲自出面为一个贪官申请入乡贤祠，一是不合儒家道德规范，再是要冒风险，弄不好自己要下不了台。可是，为了军饷所逼，曾国藩只好同意了为杨键写奏折。奏折封送之后，杨江当即捐助两万白银，还说等皇帝批复后再捐五万两。杨江带头捐款，其他官绅也不能袖手旁观，一下子捐了十万余两。这点钱虽不多，但总算解了燃眉之急。

对于老百姓来说，重要的是衣食住行有保障。在生活中，一是有饭吃，二是有钱花，这样，人心就可以安定，生活有保障，人民就愿意接受教育。所谓"富而后教之"说的就是这个道理。教育施行了，人们就会按合乎社会标准的道德准则来要求自己的行为。这样，社会风气就会好起来，社会也就有秩序，天下也就太平了。

三　商战立国

【原典】

　　夷务本难措置，然根本不外孔子忠、信、笃、敬四字。笃者，厚也。敬者，慎也。信，只不说假话耳。然却极难。吾辈当从此字下手，今日说定之话，明日勿因小利害而变。如必推敝处主持，亦不敢辞。祸福置之度外，但以不知夷情为大虑。沪上若有深悉洋情而又不过软媚者，请邀之来皖一行。

　　以正理言之，即孔子忠敬以行蛮貊之道。以阴机言之，即句践卑辱以骄吴人之法。闻前此沪上兵勇多为洋人所侮慢，自阁下带湘淮各勇到防，从无受侮之事。孔子曰能治其国家，谁敢侮之。我苟整齐严肃，百度修明，渠亦自不至无端欺凌。既不被欺凌，则处处谦逊，自无后患。柔远之道在是，自强之道亦在是。

　　第就各省海口论之，则外洋之通商，正与内地之盐务相同。通商系以海外之土产，行销于中华。盐务亦以海滨之场产，行销于口岸。通商始于广东，由闽、浙而江苏、而山东，以达于天津。盐务亦起于广东，由闽、浙而江苏、而山东，以达于天津；吾以"耕战"二字为国，泰西诸洋以"商战"二字为国，用兵之时，则重敛众商之费；无事之时，则曲顺众商之情。众商之所请，其国主无不应允。其公使代请于中国，必允而后已。众商请开三子口，不特便于洋商，并取其便于华商者。中外贸易，有无交通，购买外洋器物，尤属名正言顺。

【释文】

　　跟外国人打交道本来是很棘手的事情，然而跟他们交道的核心也不会

跑出孔子所说的忠、信、笃、敬这四个字的范畴。笃就是淳厚。敬就是谨慎。信就是不讲假话罢了。但是不讲假话是很难做到的。我们都要从这个字做起，今天所说的话，不要第二天因为一些小的利害而改变。如果一定要你主持的话，也不要推脱。应该把祸福之念置之度外，只把不了解外方的情况作为最大的顾虑。上海若有了解外国人情况的且不软弱媚外的人，可以邀请他来安徽一趟。

冠冕堂皇地说，我们是按孔子所说的忠敬之道来对待未本教化的蛮夷之族。暗地里讲我们就是用勾践忍辱负重、卧薪尝胆麻痹吴国人的做法。听说先前上海兵勇好多都被洋人所侮辱，自从阁下带湘军、淮军进驻上海以后，再也没有被侮辱的情况发生了。孔子说他能治理国家，谁还敢欺负他。我们如果能够严肃整齐，各方面都做到很清明，他们也不会没理由地欺负我们。既然不受欺负，我们就要处处谦逊，自然没有后患了。以柔怀远的策略就在这里，自强之道也在这里。

再就各省海口的情况来说，外国与我们通商，就如我们内地盐务一样。两国通商就是外国把他们的土产在中国内地销售。盐务也就是把海滨产的盐，通过口岸管理下销售。与外国通商从广东开始，进而扩展到福建、浙江再到江苏、山东，最后到天津。盐务也是从广东开始，进而扩展到福建、浙江再到江苏、山东，最后到天津；我们是以耕战立国，西洋各国以商战立国，用兵的时候，就会加重征收商人的税费；没有战事时，就会顺应商人的发展意愿。商人们的要求，他们的国家没有不答应的。他们派驻我们的公使就代表他们国家的商人向我们提出要求，只有答应他们才会罢休。他们的商人提出增加三个通商口岸，这不仅对他们的商人有好处，也利于我们的商人。中外贸易，互通有无，购买外国人的商品，更应该是名正言顺。

【要义】

清末所谓"三千年未有之大变局"，实际上就是指西方帝国主义列强向东发展，与中国人民产生了碰撞。这种碰撞既有经济上的，也有文化

上的。

鸦片战争不但使中国沦为半殖民地半封建社会,也使中国的传统文化遭到西方文化的挑战。清王朝的声威一遇到西方的枪炮就扫地以尽,天朝帝国万世长存的迷信受到了致命的打击,野蛮的、闭关自守的、与文明世界隔绝的状态被打破,开始建立起联系。面对新的变局,士大夫中大多数人仍然浑浑噩噩,或醉生梦死,或顽固地坚守"夷夏之辨"、"用夏变夷"的信条。但是,也有像林则徐、魏源这样一些代表着近代文化新趋向的有识之士。他们从传统文化的封闭体系中挣开了一条缝隙,开始注视西方的文化,并企图将某些东西纳入自己古老的体系里,加以吸收、改造。曾国藩作为社稷之臣,由家及国,考虑中国的富强之道。曾国藩认为,中国的落后,只是军事装备、科学技术的落后,只要学习西方先进的科学技术,中国就能走上"自强"的道路。

在镇压太平军过程中,曾国藩较早使用西洋新武器,从而认识到引进和学习西方科学技术的重要性,他认为这既能"平内患",又能"勤远略"以抵御外侮。于是他第一个办起了新式军火工厂。

湘军攻陷安庆,曾国藩即着手筹建兵工厂。他派人寻觅到了徐寿、华蘅芳等科技人员,即奉命筹建军械所。安庆军械所是一个综合性军火工厂,主要生产子弹、火药、炸炮、劈山炮和火轮船。其重要成就是自己试造的小火轮,主持该轮制造的负责人是蔡国祥,科技人员则为徐寿、华蘅芳。大量一流的科技人才麇集于安庆内军械所,开始了紧张的工作。只用了一年的时间,便造了第一台轮机。该机的计算由华蘅芳负责,徐寿主

中国第一艘自制蒸汽机轮船"黄鹄"号(模型)

持设计、施工，徐寿次子徐建寅参与其事，"出奇思以佐之"。在此基础上，于同治二年造出我国第一条木壳小火轮。该船"长五十余尺，每一时行四十余里"。曾国藩"登船试行江面"，亲自命名"黄鹄"。

同治二年，容闳经李善兰的介绍加入曾幕，办理洋务。曾国藩专折保奏他为五品衔，派其赴美购买先进的机器设备，设立江南制造总局。

在江南制造总局开办伊始，工人技术素质不高，成为时常困扰曾国藩的一个大问题。此时，西学刚刚进入中国，工人对于近代科技知识了解甚少，这对于引进和消化西方生产技术无疑是一大障碍。同治六年，曾国藩在视察江南制造总局时，容闳建议应在制造局设机械制造学校，此项计划得到曾国藩的高度重视。随即，江南制造总局便出现了一个带有学堂性质的画图房，招收中国学生，讲授外文、算学、绘图等课。在实践中学生们绘制了大量的机械图。从理论到实践，都有着巨大的收获。

曾国藩的外交策略，也不是简单的妥协、投降外交。人们对曾国藩常用"软弱"、"妥协"、"媚外"、"投降"、"卖国"等责骂之词，未免有欠公允。因为曾国藩的羁縻外交思想，实际上是对强敌权且笼络，争取一个和平环境，速图自强，最终达到御侮的目的。曾国藩能正确地审时度势，知道中外实力悬殊甚大，和列强硬碰，靠武力与之周旋，是不智、不现实的。在特定的历史条件下，贫穷落后、受人欺负的国家，要生存，要反弱为强，舍此羁縻外交，别无良策。曾国藩的外交方针有四个字："'诚'，推诚相见；'信'信守和约；'争'，据理力争；'和'，外敦和睦。"在这样的态度和原则下，曾国藩主张发展对外商贸。曾国藩主张在定和议、不启兵端的前提下，对外国资本主义势力的经济侵略采取妥协的态度。他说："欲制夷人，不宜在关税之多寡、礼节之恭倨上着眼。即内地民人处处媚夷、艳夷而鄙华，借夷而压华，虽极可恨、可恶，而远识者不宜在此等着眼。"从这一思想出发，曾国藩主张对外商走私，关税等问题放松限制。

清朝政府对工商业不重视，其政权是用来维护满族世袭贵族利益的，

在与外商打交道的过程中，曾国藩已痛切地感到中国与外国列强在这方面的巨大差距。"借商以强国，借兵以卫商"，这是中国古代开明的官员所极力提倡的，但并没有成为封建王朝的国策。曾国藩通过与洋人打交道却敏锐地看到了商与战的内在联系。重视工商业是富国，保护工商业是富国，为工商业主兴兵办外交也是富国。总之，西洋各国是围着工商业转。因此曾国藩主张开放市场，而且主张先沿海后内地开放通商。曾国藩不便直言的暗示是，中国也应当在"国"与"商"的关系上取法西方，使工商业成为国家财富的主要来源，使国家政权的运用成为工商业发展的主要手段。这既是富民之道，更是富国之道。

曾国藩主张以通商术致富，他的继承人李鸿章将此发扬光大。同治八年，李鸿章正式就任湖广总督。不久他的老师曾国藩接任直隶总督。师生二人同为"中兴"名臣，分别总督一方，南北相望，为一时盛事。

李鸿章的第一项事业是制器、练兵以"求强"。还在镇压太平天国运动期间，李鸿章便开始与洋人打交道，购买洋枪洋炮。同治二年派参将韩殿甲在上海设局制造军火，同年又专折奏调丁日昌到上海另建一局，仿造短炸炮以及各种新式炮弹。稍后英国人马格里得到李鸿章允许，与知州刘佑禹共同主持另一炸弹局。李鸿章将它们合称为上海"炸炮三局"，时人又称为上海洋炮局，此为李鸿章洋务事业之开湍。李鸿章当时不无自信地认为，只要中国人有了开花大炮和轮船两样，西方人就可以敛手了，一百年后，中国可以自立。

同治二年，淮军攻战苏州，李鸿章即把马格里主持的洋炮局迁往苏州，成立了苏州洋炮局，第二年又迁往南京，成立金陵制造局。此后，李鸿章主持的各项军事工业也越办越多，越办越大。同治四年设

江南机器制造局炮厂炮房

立的江南制造总局，下设枪炮厂、造船厂、火药厂、炼钢厂、机器制造厂等，从国外购进先进的机器设备，工厂工人达3592人，成为当时中国最大型的综合性企业。制器之外，李鸿章开始创办中国近代海军。从光绪元年到十四年，经过13年苦心经营，李鸿章统领的北洋海军已经拥有一支可观的大型舰队。计有巨型铁甲舰2艘，高速巡洋舰7艘，炮船6艘，鱼雷艇6艘，练船3艘，运输船1艘，共计大小舰船25艘。按当时中国的海军实力，位居世界第四亚洲第一。

"求强"的同时，李鸿章还倡言"求富"。他认为中国富强的基础发端于矿业。于是在光绪四年创办开平矿务局，开煤炼铁。到光绪二十年产煤达2000吨，自光绪七年到光绪十七年止，李鸿章先后奏准开办了热河平泉铜矿、山东登州铅矿、山东平度金矿、黑龙江漠河金矿等近10处。

开矿之外，李鸿章又力排众议，倡筑铁路，建成中国第一条自办铁路——唐山至胥各庄铁路，随后又建立中国铁路公司。至甲午中日战争爆发前的十多年时间里，李鸿章主要依靠中国自身力量，在中国北方修建1300多公里长的铁路线。

光绪六年，李鸿章奏请设立天津电报总局，并于次年架设了一条连通津沪两地的电报线。这是一条贯穿南北，亘古未见的通讯干线。此后又相继建成苏浙、闽粤、上海至云贵川等几大干线，至光绪二十一年，已形成一个"殊方万里，呼吸可通"的全国性电讯网。

此外，李鸿章还倡导"商战"，自强求富，创办中国近代第一家棉纺织企业——上海机器织布局，"夺洋人水上之利"，创办轮船招商局；倡设广方言馆，首开近代中国留学美欧之先河。凡其所举，无不开风气之先，一时全国洋务勃兴，成为时代主流。

峻法十三

上下比罪，无僭乱辞，勿用不行，惟察惟法，其审克之！上刑适轻，下服；下刑适重，上服。轻重诸罚有权。刑罚世轻世重，惟齐非齐，有伦有要。罚惩非死，人极于病。非佞折狱，惟良折狱，罔非在中。

——《尚书·吕刑》

一 峻法为治

【原典】

世风既薄，人人各挟不靖之志，平居造作谣言，幸四方有事而欲为乱，稍待之以宽仁，愈嚣然自肆，白昼劫掠都市，视官长蔑如也。不治以严刑峻法，则鼠子纷起，将来无复措手之处。是以壹意残忍，冀回颓风于万一。书生岂解好杀，要以时势所迫，非是则无以锄强暴而安我孱弱之民。牧马者，去其害马者而已；牧羊者，去其扰群者而已。牧民之道，何独不然。

挺经

【释文】

社会风气越来越凉薄，人人都怀有不安分的心思，平时无事造谣，一旦天下出现变故就想着叛乱，以仁心对他们稍微宽容一些，他们就更加嚣张，肆无忌惮，敢在光天化日之下抢掠都市，把官长不放在眼里。不对他们治以严刑峻法，这些鼠辈就会纷纷闹事，将来形成气候就无法收拾了。因此才要用残忍的手段，希望能有机会挽回这颓废的风气。其实读书人岂是嗜好杀戮的人，主要是现在的形势所迫，不这样就不能铲除强暴，让孱弱的人民安居乐业。就好像牧马的人，就要除去害群之马，牧羊的人，就要除去在群中起哄的羊罢了。统治百姓为什么独独不能这样呢？

【要义】

峻者，严也。法者，纲常法纪也。这里讲的峻法，还不是今天所讲的法制，而是人治社会的牧民治军的执法原则。

曾国藩熟读春秋诸子百家学说，他特别推崇法家思想。先秦法家思想

的集大成者是韩非，他本是韩国贵族，师从荀子，却提出了与儒家相对的政治主张。如儒家讲人治道德，韩非重法治律令；儒家认为民贵君轻，从道不从君，韩非则主张绝对尊君，君主的言行命令就是法令律条，不可违背；儒家认为人性本善，讲求教化，韩非认为人性本恶，须以法律严戒；儒家贵和平，主张以德服人，韩非主张耕战，崇尚武力；儒家主张尊古，韩非认为古不如今，历史是向前发展的。总之，法家之所以被称之为"法家"，就在于它主张严刑峻法，让人们畏法，从而不敢为非作歹。

韩非认为，仁政或暴政，都于国不利，"仁暴者，皆亡国者也"。要想国泰民安，必须推行法治。用他的话说就是"抱法处势则治，背法去势则乱"。"治强生于法，弱乱生于阿。""家有常业，虽饥不饿，国有常法，虽危不亡。""释法术而心治，尧不能正一国；去规矩而意度，奚仲不能成一轮；废尺寸而差短长，王尔不能半中。使中主守法术，拙匠实规矩尺寸，则万不失矣。"韩非针对君主"舍常法而从私意"的情况，明确提出君主也应当恪守法令，做到"不游意于法之外，不为惠于法之内，动无非法"，"功名所生，必出于官法。法之所外，虽有难行，不以显焉"。韩非的任法主张含有行政规范化的思想倾向，这一点必须肯定；而它更主要的还在于使所有的臣民都是变成法的奴仆，由独处于法上的君主通过法来主宰。韩非认为，君主制定了法令，下臣就必须恪守，而不得越雷池半步。他说："法也者，官之所以师也。""人臣循令而从事，案法而治官。"在韩非看来，法是下臣行动的唯一准则，根据法令，下臣有功即予奖赏，有罪予惩罚，以此约束群臣，使之不敢妄为。至于道德仁义，皆不可为据。

在为官的生涯中，曾国藩主张严刑、峻法，对官吏要清除腐糜之风，对民众则要用严刑惩治奸滑之徒。无独有偶，明代的开国皇帝朱元璋也厉行峻法，对贪官污吏绝不手软。

> 洪武二年二月，朱元璋告谕群臣说："从前我在民间时，见州县官吏多不恤民，往往贪财好色，饮酒废事，凡民疾苦，视之漠然，心里恨透了。如今要严立法禁，凡遇官吏贪污蠹害百姓的，决不宽恕。"

四年十一月立法，凡官吏犯赃罪的不赦。下决心肃清贪污，说"此弊不革，欲成善政，终不可得。"

二十五年又编醒贪简要录颁布中外。官吏贪赃到钞六十两以上的枭首示众，仍处以剥皮之刑。府州县衙门左首的土地庙，就是剥皮的刑场，也叫皮场庙。有的衙门公座旁摆着人皮，里面塞以稻草，叫作官的触目惊心，不敢作坏事。

地方官上任给以路费，家属给衣料。来朝时又特别告诫："天下新定，百姓财力困乏，像刚学飞的鸟儿和新栽的树木，拔不得毛，也碰不得根。"从开国以来，两浙、江西、两广、福建的地方官因贪赃被杀的很多，很少人能做到任满。尽管朱元璋杀了许多贪官，但仍有人以身试法，急得朱元璋直跺脚，说："我欲除贪赃官吏，奈何朝杀而暮犯！今后犯赃的，不分轻重都杀了。"

明太祖朱元璋

洪武一朝，"无几时不变之法，无一日无过之人"，是历史上封建政权对贪污进行斗争最激烈的时期，杀戮贪官污吏最多的时期。虽然贪官污吏随杀随犯，朱元璋也下定决心，随犯随杀。

曾国藩认为："待勇不可太宽，平日规矩，宜更整严，庶临阵时勇心知畏，不敢违令。"他清楚，治军统兵最关键的在于纪律严明。有了营规就要令行禁止；营官要对士兵有威慑力。为此，曾国藩举孙武训练宫女时的例子：

吴王阖闾读了《孙子兵法》，很是钦佩，想亲自考察一下孙武的实际才能，便召见他。吴王说："可以试试练兵方法让我看看吗?"

孙武说:"可以。"

吴王又问:"你的练兵方法可以适用于妇女吗?"

孙武答:"可以。"于是吴王挑出宫女180人,孙武把她们编成两队,由吴王的两个最宠爱的妃子担任队长。

孙武对宫女说:"你们都知道自己的前心、左右手和后背的位置吗?"宫女们说"知道"。孙武说:"向前,就看前心所对的方向;向左,看左手方向;向右,看右手方向;向后,就看后背方向。一切行动以鼓声为准,大家都明白吗?"她们都说"明白"。

孙武部署已定,又命令士卒扛来大斧,并指着大斧反复说明军队的纪律,违者处斩。战鼓擂鸣,孙武下达了向右转的命令。宫女们不但不听命令,反而嘻嘻哈哈地笑了起来。孙武说:"约束不明,命令不熟,这次应由将帅负责。"于是重新再三反复作了说明。可宫女们还是笑不可支,不遵命令。于是孙武说:"纪律已讲清楚,大家都说明白了,但仍旧不听从命令,这就是故意违反军纪。队长带头违犯军纪,应按军法处置。"

吴王看见要杀自己宠爱的妃子,急忙传令说:"我已经领教了将军练兵的高明了,我没有这两个爱妃,饭都吃不下,请不要杀她们吧!"孙武说:"我既已受命为将,将在军,君命有所不受。"当即把两个队长一同斩首,然后指定两队领头的人为队长,继续操练。这时,再发出鼓令,宫女们全都服从命令,而且严肃认真,合乎要求。

曾国藩生平是以儒者自许的一个老翰林,可是他在惩办"盗匪"、维护地方治安的工作上,却完全是另一副作风。他鉴于以往的地方官过于怠惰畏事,往往积案不办,甚至良莠不分,罪犯逍遥法外,横行无忌,于是主张"治乱世,用重典",以严刑峻罚来痛惩不法分子。

清廷命曾国藩襄办团练,曾遂回家主建湘军。湖南地方和其他各省一

样，由于地方官的掩饰弥缝，乃致到处布满了反抗清政府的团会和散兵游勇，地方治安坏到极点。小至白昼抢劫，大至攻破城池，焚掠官署，变故层出不穷。他们占据山岭险阻，构筑工事，官兵简直是莫可奈何。秘密会社多至不可数计，太平军初到湖南时，便有成千上万的会党徒众，加入合流，使太平军声势更盛。因此，曾国藩在长沙城内鱼塘口设立行辕，专办全省团练，肃清地方事宜。又创设了一所"审案局"，专门审办各地缉解来的不良分子。曾国藩希望通过自己的严刑峻法杀一儆百，使广大百姓不敢随从太平军。咸丰六年，他给李元度写信说："各属民未厌乱，从逆如归，所出告示，严厉操切，正合此时办法。但示中所能言者，手段须能行之，无惑于妄伤良民、恐损阴骘之说。斩刈草菅，使民之畏我，远过于畏贼，大局或有转机。"

他将过去衙门办案的"一切勘转之文，解犯之费，都行省去，宽以处分，假以便宜"，同时，对被捆送者稍加讯问，立即结案，重则砍头，轻则杖毙，最轻的也要鞭之千百，病死狱中。曾国藩峻法的刚挺之气令枉佞之徒胆战，这种作风一直到他任直隶总督时还如此。

按说儒家思想最讲求"仁义"之道，如孔子所谓"一日克己复礼，天下归仁焉"，曾国藩也最躬奉儒家哲学，说过："昔仲尼好语求仁，而雅言执礼；孟子亦仁、礼并称，盖圣王平物我之情而息天下之争，内之莫大于仁，外之莫大于礼。"但是曾氏一旦以在籍侍郎身份在湖南办起团练，便露出不讲仁义的另一手。他用严刑峻法对付所谓"莠民"，仅四个月就杀了二百多人。他自己也承认"欲纯用重典以锄强暴"，即使"身得残忍严酷之名亦不敢辞。"

那么，曾国藩为什么又要舍身赴难，不惜可能身败名裂也要恩威并重地施以"峻法"，为清廷效犬马之劳呢？首先，从局势看，虽然农民起义席卷半壁江山，但曾国藩一旦出马，事属尚有可为，正如赵烈文所言，清王朝毕竟已经营二百年，还未到"抽心一烂"的地步，也就是说尚无新的力量从根本上代替它。曾国藩难免有"中兴"的指望。再者曾氏以科举起家，仕途腾达，到38岁时已升至二品京堂，十年七迁，连跃十级，如此恩典，让他决心"益当尽忠报国，不得顾身家之私"。说到底，扶持清王朝和旧秩序，原也就是维护他自己及其所属阶级的利益，一荣俱荣，一损俱损，曾国藩不会不明白。

峻法一度使曾国藩声名重创，受到朝野抨击，一时有"曾剃头"、"曾屠户"之浑号流传，无非是说他"滥杀无辜"而已。但是曾国藩没有退怯，他相信只有"挺"下去，坚持峻法，才能拯救垂危的清王朝。

峻法十三

二　简汰劣羸

【原典】

医者之治痈痹，甚者必剜其腐肉而生其新肉。今日之劣弁羸兵，盖亦当之为简汰，以剜其腐者，痛加训练，以生其新者。不循此二道，则武备之弛，殆不知所底止。立法不难，行法为难。凡立一法，总须实实行之，且常常行之。

【释文】

医生在治疗痈疮病人时，病情严重的就一定会剜掉他身上腐烂的病肉，以便长出新肉。今天我们军队中那些品行低劣、身体不良的士兵，也应该把他们淘汰，就像在病人身上剜腐肉一样，然后严加训练，就好像长出新肉那样。如果不遵循这两个原则，那么武备的松弛都不知道会到什么样才会停止。现在建立一些法规不是什么难事，难在能得到有效执行。每制定一条法规，都要实实在在地执行，而且要持续不断地执行。

【要义】

曾国藩在军内实行峻法，目的是增强军队的战斗力。曾国藩主张淘汰掉那些品行恶劣、身体太弱的士兵，因为这样才能保持军队有强劲的战斗力。其实，治军是这样，治吏也是如此。国家设立机构官职，出发点就是办事，不是为了用人而用人，更不是为了养闲人，谁能把事情办好，谁就该用，而不必管他是君子还是小人。在此前提下，对有点问题的能人加强管理和教育，把不能办事的人打发走，总之要让出位置来给能人。

历史上裁汰冗员最"狠"的，就是有"刻薄寡恩"之名的雍正皇帝。

雍正元年，雍正指示湖广总督杨宗仁在考察属员时，将贪婪酷劣及老病无能向来苟且姑留之辈，尽数纠参。

雍正八年，雍正对国家政府官员进行考核；同年，又在奉天及直隶等七省罢掉年老官55人、有疾官26人、贪官1人、浮躁官12人、不谨官36人、软官13人、才力不及官34人。

雍正九年，雍正在京察罢掉年老官1人、有疾官6人、浮躁官1人、不谨官4人、软官3人、才力不及官6人。

雍正十年，在军政界，罢年老官3人、有疾官2人、贪官2人、才力不及官1人。

雍正十一年，雍正发现兵部有两个满族老郎中，就责备部员："郎中阿尔哈图、玛申已是年力衰迈，此等人员留于部内，不但于部务无益，且碍后进之阶，应该及时清理。"同时传谕各部衙门："章京、笔帖式内有此等年老衰迈，人平常者即行奏闻。以便清除。"

雍正十一年，在浙江等十省、直隶及河务总督，罢年老官79人、有疾官27人、浮躁官21人、不谨官38人、软官25人、才力不及官39人。

雍正皇帝爱新觉罗·胤禛

这样大规模、不间断地劝退老年官员和有病官员，罢免有贪污劣迹官员以及平庸官员等等。自上而下，由中央到地方地大裁员，可算是个大举措。当时朝廷机构少，人员并不多，许多中央部级机构编制只有几个人，不像现在动辄就是好几百人在一个机关里拿高薪、端着铁饭碗吃皇粮。所以由此来看，雍正确实显示了大气魄，敢动硬的，敢来铁手腕，发现有年

老官员在哪里出现就要拿部主管试问。

雍正的这种裁官现象引起非议，持不同政见者认为："进入太骤，用人太速，不利于政局的稳定，人心惶惶，朝堂大乱。被免职退休的老年官员大都久经历练，成熟有经验，而新起用的官员走马上任，丈二摸不着头脑，不谙世事，很难把工作干好。"针对此理，雍正用非常生动鲜明的话给予批驳，他说："朕未闻先学会生子育子再为人妻做人娘的道理。"这个例子举的真是太绝了，用浅显的生活现象寓示了深刻的道理。雍正的意思是老练而有经验的官员也是由生手锻炼出来的，哪有不工作就有劳绩的，不经过战场拼杀就有战功的？

事实上，在位久的老年官员并非十全十美，相反存在好多弊病，如：居功自傲，结党援才，恃功放旷，凡事不精心不敬谨，处事圆通和稀泥等。而起用的新官往往年富力强，苍鹰乳虎大志鸿鹄，敬业爱岗。雍正早已认识到这一点，故大举裁官，快刀换血，为朝廷吸引输送新鲜的血液，使该朝锐意进取，生机蓬勃。

史载，清朝在入关以前已有三年考满，进退官员的规定，顺治初年又仿明代惯例行京察、大计之典。对京官的考察叫京察，对地方官员的考察叫大计。雍正元年规定京察、大计均以三年为限，即三年一考核。在考核中不合"四格"的，就要进行参劾罢免。

所谓"四格"：一是守，即品德；二是才，即才干；三是政，即工作态度；四是年，即年龄和身体条件。参劾有六法。"不谨"官，即行止有亏，败伦伤化；"罢软"，即庸怯无能者。犯此二者，均要革职。三是"浮躁"，指办事不踏实，轻举妄动者，要降一级调用。四是才力不及者，要降二级调用。五是"年老"，六是"有疾"，这二者一般都御批退休养老。另外还有徇私枉法者一经参劾，立即革职提问。综观雍正八年以后大规模的裁官，都是严格按照"四格六法"的规定来办事的。

需要说明的是，按历朝规定，京师官员一旦离任是要回原籍休养的，一律必须离开京城。所以当官短的离开京城有"五日京兆"之说；即便是候补、待分配的官员，除了允许在京外，都要回原籍去待着的。朝廷吏部办事有规矩，到用你时自会通知你来京或者去某地的。想打通关节，来京

活动谋职的，也只是匆匆而来匆匆而去，办完就走。京城虽好，并非是久留之地。如此，京中少压力，帝都不拥挤。别的地方不说，雍正的裁减冗员，是颇有改革意味的，无疑使朝廷保持了活力，提高了运转效率。

仁与礼是治国治民的大经大法，曾国藩用这套理论来治兵，也确有成效。他招募兵勇有自己的条件，年轻力壮，朴实而有农夫气者为上；其油头滑面而有市井气者，有衙门气者，概不收用。他在上朝廷奏疏中也曾说过："山僻之民多悍，水乡之民多浮滑，城市多游惰之习，乡村多朴拙之夫，善用兵者，常好用山乡之卒，而不好用城市近水之人。"所以曾国藩在初募湘军时，每天坐在招募处，看到黑脚杆而又不好说话的乡下人，便连声说"好、好"，表示可以选上；如果看到近城市的人，或好说话的人，则"唔、唔"两下，表示不可选上。因此湘军士兵，几乎无一不是黑脚杆的农民。这些朴实的农民，既能吃苦耐劳，又能忠勇，一上战场，则父死子代，兄仆弟继，义无反顾。有兵如此，怎么能不打胜仗呢？

曾国藩还有一个选将标准，就是不用喜欢爱说话的人。他说：将领之浮滑者，一遇危险之际，其神情之飞动，足以摇动军心，其言语之圆滑，足以淆乱是非，故湘军历来不喜善说话之将。

曾国藩仿戚继光治兵成法，逐日训练，阵法技艺，无不演习。至少操练两个月。凡体弱者、艺低者、油滑者，都陆续淘汰。留下的，就是一支充满战斗力的部队了。

不过，作为湘军领袖的曾国藩，有时出于政治的考虑，对违令的部下并不是有过必罚。比如鲍超为人贪财，有一次升官不准，立即离营，并索要万两银钱，曾国藩气愤异常，声言要严惩。胡林翼知道情况后，立即派人持手书劝阻，并说"国家用人之际，忽以小眚掩大功，况且孤洁自清，谁肯辅成大事？"曾国藩就放了鲍超。他对弟弟曾国荃的种种贪行也是睁一眼闭一眼。比曾国藩更严格执法的，是在湘军水师中有威震江湖之声的彭玉麟。

彭玉麟归隐后，长江水师规制渐坏，弁勇横行抢掠，朝野有人认为水师可废。清廷下诏彭玉麟再出视师。彭玉麟出山后即劾罢营哨官182人，于是江湖肃然。尤其是不顾情面，劾退了名将

黄翼升。

彭玉麟勇于负责，有功不贪。常轻舟小艇，往来倏忽，不独将佐畏之如神，即地方官也望风震慑，民间不轨之徒及作奸犯科者辄互相惊吓曰："彭宫保来！"立即奔逃不敢出。威声震动数千里。

彭玉麟刚介绝俗，颇有豪气，尤善饮，经常咯血而酒不废。中年黜妻屏子，没有姬侍，只有一二个老兵供事其旁。对待部下旧将如同布衣子弟，而纪律极严。他的弟弟久客州县，服食鸦片成瘾，正巧军中严禁食烟，旁人将此事告知，彭玉麟大怒，立杖四十，并斥出曰："不断烟瘾，死不相见。"他的弟弟感愧自恨，卧三日已濒死，竟绝不再服，复为兄弟如初。

彭玉麟所到之处，访知文武贪官，非杀即参，人们称他为"彭打铁"。因此，凡听到他来的人，无不头痛。但彭玉麟来往无常，没有一人能事先知道。自从接受巡江大臣的任命后，不但水师赖以整顿，即使东南数省大小官吏，也不敢过于贪酷。

彭玉麟与曾国藩本为好友，但后来却渐生罅隙。其中一个重要原因，就是因为在曾国藩的袒护下，曾国荃嚣张跋扈，盛气凌人，所部吉字营更是无恶不作，在天京城中烧杀抢掠。为此，彭玉麟曾两次力劝曾国藩要大义灭亲，从全局考虑，杀掉曾国荃，以正视听，但每每都被曾搪塞。

曾国藩的"峻法"与彭玉麟的"峻法"是不同的。彭玉麟有"清代包公"之誉，是纯粹的以法治民治军的学究。但曾国藩是以平定天下为目标，他只是把"峻法"作为实现其经营目标的手段之一，而且内外有别。湘军集团的核心成员，在他的眼中就是家族亲兄弟，他以严家教、峻家法、施仁爱、明礼义来管束。曾国藩一生没有因"峻法"杀过一个主要将领，但湘军将领却都有事业心而少功名心，重礼义廉耻而轻功名富贵，胜则举酒让功，败则拼死相救。罗泽南、李续宾、王鑫、江忠源等均以节烈赴死。湘军的军纪军风在总体上不仅远胜绿营，而且好过后来的淮军。

挺经

三 宽严兼全

【原典】

以精微之意，行吾威厉之事，期于死者无怨，生者知警，而后寸心乃安。待之之法，有应宽者二，有应严者二。应宽者：一则银钱慷慨大方，绝不计较，当充裕时，则数十百万掷如粪土，当穷窘时，则解囊分润，自甘困苦；一则不与争功，遇有胜仗，以全功归之，遇有保案，以优奖笼之。应严者：一则礼文疏淡，往还宜稀，书牍宜简，话不可多，情不可密；一则剖明是非，凡渠部弁勇有与官姓争讼，而适在吾辈辖境，及来诉告者，必当剖决曲直，毫不假借，请其严加惩治。应宽者，利也，名也；应严者，礼也，义也。四者兼全，而手下又有强兵，则无不可相处之悍将矣。

【释文】

用准确细致的态度，来履行我们的威严的职责，达到死的人没有怨恨，活着的人能得到警示的效果，我们的内心才会少少安定。我们处理这些事情的尺度，有两个方面应该从宽要求，有两个方面应该从严掌握。应该从宽要求的：一个是花钱慷慨大方，丝毫不计较，当钱财很充裕的时候，能够动辄花费几十万、上百万，视钱财如粪土，当钱财窘迫的时候，也能解囊相助，自甘困苦；一个是不与他人争夺功劳，碰到打了胜仗，总是把所有功劳归于别人，碰到有因功叙保的情况，总是把最好的奖励来笼络他人。尺度应该从严掌握的：一个是礼节要简单，往来要稀少，书信要简洁，话不要多，不要过于拉近感情。一个是剖析清楚是非对错，凡是你的部下将士中有与当地官员百姓争斗、诉讼的，又恰好在我们自己所驻的

地方，跑来向我们求告诉苦的情况，一定要弄清事情原委，是非对错，丝毫不要包庇，请他们严加惩治。应该从宽要求是"名"与"利"两方面，应该从严掌握的是"礼"和"义"。这四个方面都做到了，而且手下又拥有有战斗力的军队，就没有什么不能友好相处的悍将了。

【要义】

严格执法，不等于一味处罚，而是要宽严相济，赏罚分明。宽，就要不吝惜钱财，重赏部下以激励他们的斗志；打了胜仗，要归功于他人。严，就要与部下要保持一段距离，少来往；部下犯错要严惩。

陈国瑞原是蒙古王爷僧格林沁的手下大将，此人未读过书，性情暴躁，品行恶劣。但骁勇善战，打仗时炮弹击碎了他手中的酒杯，他能端坐不动，指挥若定。僧王死后，曾国藩接手"剿捻"事宜，与陈国瑞打上了交道。陈国瑞还没剿捻就与淮军的刘铭传军发生两次械斗。曾国藩处理此事时，先以凛然不可侵犯的正气打击陈国瑞的嚣张气焰，继而历数他的劣迹暴行，使他知道自己的过错和别人的评价。当陈灰心丧气，准备打退堂鼓时，曾国藩话锋一转，又表扬了他作战勇敢、不好色、不贪财等优点。告诉他是个大有前途的将才，切不可因莽撞而自毁前程，使陈国瑞又振奋起来。紧接着，曾国藩与他促膝谈心，象父教子那样谆谆教导他，并定下了不扰民、不私斗、不梗令三条规矩。陈国瑞当下表示口服心服。但回营后照犯不改。曾国藩见状，马上请到圣旨，撤去其帮办军务之职，剥去黄马褂，责令其戴罪立功，以观后效。并且告诉他再不听令就要撤职查办，发往军台效力了。由于前面用了软的，后面这一招十分奏效，陈国瑞唯唯诺诺，俯首听命，成为曾国藩麾下的一员勇将。

战国时期，群雄并起，由于秦国实行了奖励军功的政策，因此秦国军

队的战斗力最强。楚汉战争时期，项羽的力量原本远远优于刘邦，由于刘邦善于奖励军功，使中间力量逐渐叛楚归汉，刘邦最终取得了胜利。曹魏时期，诸将出征，"败军者抵罪，失利者免官爵"。因此，"法令既明，赏罚必行，士卒虽寡，皆争致死"。历史上的许多名将，都是赏罚分明的典范。

魏武侯曾经问吴起说："严刑明罚，足以胜乎？"

吴起回答说："严明之事，臣不能悉。虽然，非所恃也。夫发号布令而人乐闻，兴师动众而人乐战，交兵接刃而人乐死，此三者，人主所恃也。"

武侯又问吴起："怎样才能做到这样呢？"

吴起回答说："对有功的人进行奖赏，对无功的人进行激励。"

魏武侯按照吴起的办法奖励了有功之士。三年后，秦国入侵河西，魏国士兵奋起反击，取得了巨大胜利。

吴起治军，军纪严明，在对有功人员进行奖赏的同时，对违犯军令者则严惩不贷。有一次，吴起率军与秦军交战，尚未下达进攻的命令，一位勇士就冲入秦军，斩获双首而还。吴起为了严明军纪，下令将这位勇士斩杀，军吏劝诫说："此勇士，不可斩。"

吴起说："他虽然称得上是勇士，但不能听从军令，所以斩杀他。"

战国名将吴起

这位勇猛无比、斩获双首的勇士，由于未按军令行事而被吴起斩杀，这正是吴起严赏明罚治军思想的具体体现。

赏罚都不是目的，只是手段。因此，将帅在严格赏罚的同时，要加强对士卒的教化，使其明白赏罚规章，在军队训练时，反复申明军法、军令，培养士卒遵纪守法的优良习惯。早在春秋时期，孔子就指出："以不教民战，是谓弃之。"即驱使没有经过训练的民众去作战，就是让他们白白送死。强调战前对士卒进行训练和教化。《左传》曰："明耻教战，求杀敌也。"指战前申明军法，严惩怯懦退缩，使士卒有羞耻荣辱之心，激励他们去杀敌立功。将帅通过平时的教化，使士卒可杀身成仁，可舍生取义。如果平时不重视教化，士卒违纪时辄严加惩处，就容易引起"军中之变"，造成不稳定因素。因此，不能把赏罚看作是治军的万能钥匙，它只是教化部队的一种辅助手段。

在平时的军事训练方面，曾国藩规定了操、演、巡、点四个项目。规定非常详细、严格。要求士兵们严格按照这样项目训练，达到熟练方可罢休。除了刻苦训练之外，曾国藩还制定了点名、放哨等不同于绿营的新营规，加强对士兵的控制和对敌人的防范，使全军随时处于戒备之中。曾国藩的部队打败太平军有各方面的因素，但湘军严明的纪律、刻苦的训练则是其中重要的一个因素。

湘军刚成立时，尤其严格禁止吸食鸦片。因为鸦片会让人上瘾，士兵不仅会因此搞坏身体，而且花费颇大，一旦缺钱，就会走上偷盗、抢劫的道路，给军队造成极坏的影响。所以，禁止吸食鸦片的规定在各营都可以见到。而其他方面的一些规定则因各营规定而有所不同，例如左宗棠的军营禁止赌博，王鑫的军营则禁止饮酒。

曾国藩之所以这样重视军纪，主要是出于军事斗争的需要，当时，太平军纪律严明，又以维护百姓为口号受到老百姓的欢迎。曾国藩想通过自己的努力，在老百姓的心目中重塑良好的形象。对于训练不严、纪律性不强的兵勇，曾国藩不准带往前线。曾国藩在给自己手下名将塔齐布的信中曾提到："外间传言勇不安静，在茶馆闹事，足下须严行约束。若有一勇不规矩，不严肃，吾即不愿带去。"对目无法纪、骚扰百姓之徒，曾国藩主张以法治罪，杀一儆百，决不姑息。咸丰三年八月，曾国藩写信给张荣组，表彰他以法治军的业绩："宁远恶差一案，终食之顷，削除四凶，实为人间一大快事！……田应林正法，黄先觉、杨龙章革伍一案，田庆得马粮降战一案，皆近世驭兵者所未尝梦见之事。吕蒙诛取铠之卒，魏绛戮乱行之仆，古人处此，岂以为名！非是例无以警众耳。"

曾国藩一方面提倡严刑峻罚，同时，他也重视传统思想教化的一面，主张礼法结合，礼治在先，施用严法是为了保证礼治的实行。

曾国藩重视执法人才的品格、才识，要求执法者既公又明，为民便民，否则立法再好，也会"全失本意"。他强调"任法不如任人"，这既是历史经验的总结，又对后来产生了深刻的启示和影响。如光绪年间刑部尚书薛允升说："有法治而无治人，法亦系虚设耳，有法治尤贵有治人。"请求修订法律大臣沈家本认为，执法人才之重要，不仅在立法，更在执法，并说："有其法者，尤贵有其人矣。"

近代法学家沈家本

曾国藩主张认真执法，重视执法人才，而执法人才主要是中央和地方的各级官吏。官吏有维护政权、保证实行国家所定法律的责任。官吏掌握着执法权，有可能利用法律谋取私利、毁坏法制，破坏法律的执行；军队是国家机器，可能用武器破坏法律的执行，甚至违法乱纪。因此，曾国藩要求以法整顿约束官吏和军队，保证法律的真正实行。

曾国藩提出以法治吏之论，首先明确为官任职是为民，并将管理钱粮、狱讼视作为民的主要标尺。曾国藩采取培养、甄别、选举、考察等方法选拔官吏。对于官吏的要求是平等待人，不贪污不受贿，用人唯公唯贤，不惟私惟亲。对于谋私、受贿、害民之吏，惩治严厉，立即斩首，就地正法。中国历史上,《汉律》《唐律》及以后代法律,对贪污受贿、谋私害民的官吏均有惩治规定。如《唐律》将"枉法"、"不枉法"、"受所监临财物"列为"六赃"之三。有公允的执法者是实现"赏一人而天下劝,刑一人而天下惩"的良好的执法局面的前提。曾国藩认为,如果执法者"心不公明,则虽有良法百条,行之全失本意。心诚公明,则法所未备者,临时可增新法,以期便民。"曾国藩重视执法中强调人的作用,认为法执行得如何,完全在于人是否熟悉法以及能否公允地运用法。他强调:"任法不如任人。"只有"公民"、"便民"的执法者,才能认真执法,公平断案,维护法律的严肃性。

曾国藩的"峻法",实际上是个恩威并施、灵活运用的治国、治军的手段,他认为,制度是死的,而人是活的,制度再好,倘无人执行,也是徒然。只有好的制度,倘无好的人,制度终无法贯彻;但若人好,即便制度不善,亦可灵活变通以补制度之不足。他说:"制度易讲,如何有人行?"就是说制订制度很容易,但执行者若不去执行怎么办?更况且制度亦往往是不完备的、有毛病的。他说:"大抵立法必有弊,未有无弊之法。"但人就不一样了,"若是个人,则法虽不善,亦占分数多了。若非其人,则善法亦何益于事!"他的这种"人治"思想,在社会极不发达,法制不可能完备的时代,确有其合理的一面。

就严明用法于部将来说,曾国藩的一些作法对企业经营者,特别对家族型企业的经营者有很大的借鉴作用。一个企业犹如一支军队,如果没有严格的规章制度,没有一支严格执法的"营官"队伍,没有礼法并用,恩威并施的用法手段,经营者的经营决策是不可能执行到位的。

外王十四

中华之聪明智巧必在诸夷之上，往时特不之用耳。上好下甚，风行响应，当有殊尤异敏，出新意于西法之外者，始则师而法之，继则比而齐之，终则驾而上之。自强之道，实在乎是。

——[清]冯桂芬《校邠庐抗议》

一 自立自强

【原典】

逆夷据地求和，深堪发指。卧之侧，岂容他人鼾睡！时事如此，忧患方深。至于令人敬畏，全在自立自强，不在装模作样。临难有不屈挠之节，临财有不沾染之廉，此威信也。《周易》立家之道，尚以有孚之威归反诸身，况立威于外域，求孚于异族，而可不反诸己哉！斯二者似迂远而不切合事情，实则质直而消患于无形。

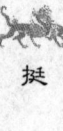

【释文】

敌对的西夷占据了我国的土地，还要求停战议和，这实在令人愤慨。卧榻之侧，怎么能容忍别人打着鼾睡觉！现在国家面临的局面到了这样，让人非常忧心。要改变这种局面，让人尊敬畏惧，全都要靠自立自强，而不是装模作样。面对危难表现出不屈不挠的顽强气节，面对钱财显示出决不染指的清廉操守，这才是威信之所在。《周易》中讲到的家庭强盛之道，尚且要求自我修养才能具备使人信服的威望，何况国家对外去建立威信，使他国信服，怎能不要求从自己做起！这两者看起来有些迂阔遥远而不切实际，实际上道理是简单、明确的，做起来就可以在不知不觉中消除祸患。

【要义】

外王，为内挺外逊，雍容大度之象。此篇讲处理中国与外国的关系。外王，是说保持独立尊严、自立自强的民族气节，进而不避险，凛然不可犯。全篇的中心思想，是说中国有自己的独立主权，中国的土地上不能容

忍外国人为所欲为；要使外国人敬畏我们"全在自立自强，不在装模作样"。而革新政治，访求人才是中国自强的基本要务。

曾国藩的基本思维方法，是把一个国家、一个民族当作一个集合型的"人"来看，把国与国、民族与民族的关系当作这个人与那个人的关系来看的。从内外双修、以内主外的思维方式出发，主张先从自己内挺、内诚、内实做起。

弱国无外交，既知弱，便不要对外称强。李鸿章曾经回忆他与老师的一段对话。曾国藩问李鸿章如何同洋人办交涉。李回答他只是一味同洋人"打痞子腔"。曾国藩不以为然，以五个手指捋着胡须很长时间不说话，后来才以眼睛看着李鸿章说："依我看来，还是用一个'诚'字为好，诚能感动一切人和事，我想洋人也同样具有这种人情……我

《马关条约》签订，再一次说明"弱国无外交"

们中国现在既然没有实在力量去与洋人相抗衡，无论你如何虚强造作，洋人是看得明明白白的，都不会产生什么实际效果的。不如老老实实，推诚相见，与洋人平情说理，这样做虽然不能占到洋人的便宜，或者不至于吃亏。无论如何，我们的信用身份，总是站得住脚的。"

曾国藩对李鸿章讲的"不要虚强造作"，与挺经中讲的"不在装模作样"，都是讲要以坚忍图强、不要打肿脸充胖子搞虚强。曾国藩说："我苟整齐严肃，百度修明，渠亦自不至无端欺凌。既不被欺凌，则处处谦逊，自无后患。柔远之道在是，自强之道亦在是。"柔远之道是示弱、示柔、示敬、示卑于外，而实实在在地向内使劲，真正把自己做大、做强、做坚、做实。日本人讲究"鸭子划水暗使劲"，表面上点头哈腰，背地里苦

练内功，这种做法是十分精明的，值得我们学习。"称强"的结果只会提醒对手加倍练内功，帮别人做强。"吹强"更是愚不可及，还没等你吹完，别人早已把你的底牌摸得一清二楚，打破你的牛皮毫不费力。曾国藩的这个示弱于外的路数取法于孙膑兵法，值得我们认真研究。外称弱而内图强才能真强，外示柔而内主刚才能大刚，一个国家也应当这样。

曾国藩主张用孔子的仁、礼原则来处理中国与外国的关系。他认为，一个国家威信的建立就如同一个人的威信树立一样，要"临难有不屈挠之节，临财有不沾染之廉"，处理外交事务还是用老祖宗"忠信笃敬"那一套为好。"忠"是忠实于自己的土地和人民，"卧之侧，岂容他人鼾睡"；"信"是内诚外信，不说假话；"笃"是淳厚实在，不搞小动作；"敬"是慎重庄敬，不油滑浮躁。"临难有不屈挠之节"，是说无事不要寻衅，有事不要怕事。"临财有不沾染之廉"，是说君子爱财取之有道，中国不能靠巧取豪夺侵略别人来发财，而要靠仁和礼让、平等合作来发展。曾国藩所描述的中国的总体形象，不是一个以强凌弱的霸主，而是一个淳厚信实的君子。这就是"外王"思想的真谛所在。

曾国藩早年在潜心研究理学的过程中，继承了朱熹"理一元论"的宇宙观，将封建的伦理原则与至高无上的真理相等同。在曾国藩看来，自觉地服从封建伦理纲常，是人臣的本份。正是从这一高度出发，自觉地维护以君权为核心的封建伦理，便成为曾国藩一生的政治准则。

但是在接踵而来的民族矛盾和阶级矛盾的冲击下，曾国藩意识到，无论汉学还是宋学，都无力解决所面临的社会危机，必须寻找新的出路。于是，曾国藩在坚持以义理为本源的程朱理学基础上，并不固守前辈旧有的理学阵地，主张"一宗宋儒，不废汉学"。因此，曾国藩在治学过程中，没有将自己局限在哪一个领域，只要是传统文化的精华，他都加以吸收。体现了他在学问上的"外王"特质。

曾国藩并不是一名单纯的学问家，他始终将自己置于国家藩屏的位置，为挽救清王朝所面临的灭顶之灾，他不是从学术的角度，而是从政治的需要出发，去吸收和利用学术领域中某些合理因素，为封建统治渡过难关而服务。因此，他不能不把经世致用之学放在重要的学术位置上，在他

之前，人们常把学问分成义理、词章、考据三种，经世致用之学是包括在义理之中的。曾国藩却认为："为学之术有四：曰义理，曰考据，曰辞章，曰经济。"他赞同将经济之学从义理之中独立出来，从而将经济之学放到和义理、词章、考据一样重要的位置上。

经世致用作为一门关于国计民生的学问，虽在明末由黄宗羲、顾炎武等人所提出，但在"康乾盛世"之时，却一度低落。道光年间，尤其是第一次鸦片战争前后，伴随着内忧外困，龚自珍、魏源、林则徐等人再度高举起经世致用的大旗。开眼看世界的林则徐、魏源，面对日益落后的清王朝，提出"师夷之长技"，目的就是要学习西方先进的科学技术，以反抗资本主义列强的侵略。从某种意义上理解，"师夷之长技以制夷"的思想，是经世致用思想在"内忧"、"外患"的"千古奇变"情况下的发展。

曾国藩早就有"修身、齐家、治国平天下"的抱负，计求经世致用，并接受林则徐、魏源"师夷之长技以制夷"的思想，向西方寻找救国之良方，也是顺理成章的。曾国藩由理学经世到倡办洋务，这也是他高于同时代其他理学大家之处。绝大多数正统的理学家，都主张"窃闻立国之道，尚礼义不尚权谋，根本之图在人心不在技艺"，坚决反对将西方先进技术引到中国，以解决清王朝所面临的危机。曾国藩虽然也讲求理学，但务实的精神，却使他摆脱了"夷夏大防"的心理，指出："学于古，则多看书籍；学于今，则多觅榜样；问于当局，则知其甘苦；问于旁观，则知其效验。"这种"多觅榜样"、"知其效验"的务实精神，正是曾国藩由理学家到洋务派的思想基础。

魏源，被誉为"开眼看世界"第一人

二　据物为己

【原典】

凡恃己之所有夸人所无者，世之常情也；忽于所习见、震于所罕见者，亦世之常情也。轮船之速，洋炮之远，在英、法则夸其所独有，在中华则震于所罕见。若能陆续购买，据为己物，在中华则见惯而不惊，在英、法，亦渐失其所恃。购成之后，访募覃思之士，智巧之匠，始而演习，继而试造，不过一二年，火轮船必为中外官民通行之物，可以剿发逆，可以勤远略。

【释文】

拿自己有的东西向没有的人炫耀，这是世之常情，忽视常见的东西，惊异于罕见的东西，这也是世之常情。轮船速度之快，洋炮射程之远，这些东西，英国、法国认为是他们独有的而拿来炫耀，对中国来说则会因为罕见而惊异。如果能陆续从他们那里购买回来，作为自己的东西，国人见得多了就不会再惊讶了，而英国、法国也会逐渐失去他们所依仗的本钱。买回来之后，招募精细思考的聪慧之人和机智灵巧的工匠，先操练演习来熟悉它，接着开始尝试仿造，用不了一两年，火轮船就会成为中国、外国、官吏、平民常用之物，可以用来围剿太平军，也可以到远处作战。

【要义】

被称为"封建社会最后一尊精神偶像"的曾国藩，其理学经世思想为众人所知。作为一名儒学大师，他在义理、词章、经济等方面都有很深的造诣。在晚年，面对着列强环伺，摇摇欲坠的帝国大厦，他却积极主张

"师夷长技",并躬身实践,兴办洋务,成为清朝末期著名的洋务派。理学家与洋务派,二者在思想上是尖锐对立、互不相容的,然而在曾国藩身上却兼而有之。那么,在曾国藩的思想上,是什么使它们统一起来的呢?究其原因:一是他对各家学派采取了开放、宽容的态度,摒除了门户之见;二是他积极倡导经世致用,讲求实用之学。

博采众家之长,使国家强大,是有作为的知识分子孜孜以求的事情,也是中国文化能够源远流长的主要原因。早在汉代就有张骞出使西域,凿通丝绸之路,盛唐时更是一个勇于容纳别国文化技艺的时代。即使是被欧洲人视为"野蛮"的蒙古民族,也出现了成吉思汗这样善于向其他文化吸收养料的伟人。几乎在每次较大规模的战争中,成吉思汗都处于劣势,为什么大多数又是以他胜利结束呢?除了成吉思汗本身能征善战,足智多谋外,还有一点,就是他善于借用敌人的智慧。

成吉思汗对于工匠有着令人奇怪的兴趣,每战之后,工匠一个不杀,都带到大漠,让他们从事生产。这是因为蒙古生产技术落后,尤其缺少工匠。也真难为成吉思汗能想出这种办法来,用最快的方式赶到了时代前沿,不亚于经过了几次科技革命。他用工匠们建造无数的大兵工厂,生产作战所需兵器。

有一个俘虏想活命,但他又不是工匠,当蒙军过来检查时,他用右手食指在左手食指上来回换了两下,表示他会锯木头,蒙古人也居然留了他一条命。有一个西夏的降人,工技娴熟,因而深得成吉思汗的宠爱。当耶律楚材到成吉思汗身边时,这个工匠还讥讽他说:"现在是需要工匠的时候,你这个酸秀才来干

"成吉思汗"孛儿只斤·铁木真

什么?"

成吉思汗天才创意,把被俘的工匠组成了独特的军种——工匠队。充分利用工匠,保证了蒙古军武器始终处于世界先进水平。他们不仅有抛石机、连发弩、"火焰喷射器",还从汉人那学来了火药技术,改进了火器,建造了当时世界上威力最大的火炮。在后来的攻城战中,炮兵的作用越来越重要。四大发明的火药技术传到欧洲,就是蒙古军队带去的。

以当时几乎是最落后的民族掌握时代最先进的技术,成吉思汗用一个"借"字,解决了几百年都不一定解决的问题。

在吸收欧洲先进科学文化的过程中,明朝的徐光启尤其做出巨大贡献。

徐光启出生于上海县徐家汇的一个手工业者家庭。其父以课农学圃自给,祖母及母亲亦早暮纺织。他生长在这样的家庭中,从小对农业、手工业有较多的了解。他喜爱科学,久不通八股文,屡试不第,只好以教书维持生计。万历二十四年,他在赵凤宁家教私馆,随赵凤宁到广西浔州,过韶州时认识了西洋传教士郭居静,开始接触西学。在此期间,徐光启有鉴于李时珍等人总结古典科学,遂有志于科学技术研究,对农学、水利、算学及军事学产生了兴趣,并着手搜辑农学、算学等方面的资料。

万历三十二年,42岁的徐光启终于考取进士,跻身仕途,生活和科研条件有了改善。在翰林院学习期间,他把主要精力用在研习天文、兵法、屯盐、水利、工艺等"可施于用"的科学技术方面。同时他利用课余时间向西方传教士利玛窦学习自然科学,并翻译西洋科学书籍,吸取有用的东西来弥补中国学术之不足。

万历四十年,徐光启译完了《泰西水法》六卷。他深知中国是以农立国的,农业是"本业",而水利则是农业的生命。他翻译《泰西水法》,旨在引进和介绍西方先进的水利知识。在全面了解中国原有的水利灌溉方法及工具的基础上，他对西方水利先进方法和工具等方面的知识进行有选择的翻译介绍。

在农学方面，徐光启以富国强兵为目的，注重农业科学技术的研究，提出了对农业、手工业进行改革的学说，完成了著名的《农政全书》。《农政全书》作为一部农学著作，除了大量介绍和探索农业科学技术问题外，还阐述了徐光启学以致用的科研目的与思想。他认为中国贫穷的原因，是农民不知科学生产，没有充分认识和利用天时地利，以致明王朝每年只知从南方漕运几百万石大米供给京师和边防，而西北田地荒芜不垦。漕运东南大米，不仅农民负担日重，而且大量的可以用来种植水稻的水利资源也被浪费。此外，北方之民只知种棉而不织布，北棉南运，北方棉贱布贵。在理论与实践上提出了开垦西北荒地、兴修水利，把一切水源包括用于漕运之水都用来生谷，以北之棉教南之织等农业、手工业的改革学说。

为了实践和传播这些思想，他以科学试验来解决技术问题。如对高产作物的甘薯、蔓菁都作过多种试验。又如在北方种稻试验，他解决了南稻北植的许多技术问题，大开北方种稻风气。再如北方种棉不织布，它的主要问题是北方自然条件不利于浆纱刷纱。有鉴于此，徐光启通过大量的调查研究，在肃宁人纺织的经验上，提出了解决北方织布浆纱刷纱的技术问题，由此北方纺织业开始兴起。在纺织工艺方面，徐光启基于原有的技术和设备，不断地改进生产工具和方法。在缫丝技术上，他创造了"五人一灶缫茧三十斤"的方法，比旧时"二人一灶缫茧十斤"方法节省了人力和物力。在纺车制造上，他设计从四梭管改进成五梭管，以提高纺织手工业的生产效率。此外，他还亲自试验晒盐法，改革了传统的熬盐法。他的晒盐法试验成功，不仅大量节省了灶户的人力，而且节省了樵薪，给国家农业生产的开发也带来了利益。

徐光启在潜心科学试验的同时，逐渐地形成了系统的科学救国思想。他多次提出"富国必以

徐光启

本业，强兵必以正兵"，抨击"名理之儒"不通科学与生产，固步自封，一谈及西学就言中国古已有之，但对中国古代科学技术既不应用，又不予以总结和研究，以致"失且天下之实事"。因此，他在大量翻译介绍西学的同时，十分注重对中国原有的农学、军事学资料整理与研究。

改革农业、手工业生产技术，是实践他"富国必以本业"思想的试验。但是，他并不满足于这一个方向，对于"强国必以正兵"也很关注，并作了大量的实验。万历四十六年，杨镐的40万大军被努尔哈赤打败，明王朝面临的边祸日重。徐光启曾有意研究兵学，针对明军在战场失败的教训，提出培训作战军兵思想。这一年，他在通州昌平训练新兵，亲自撰写了《选练条格》，亲临院校场，从事实选实练试验。后来由于当政者不予支持，兵源饷械不足，训练计划未能实现。

十年后，他从兵器改造方面着手，吸收西方火器技术的长处，重新训练新兵。这次练兵试验，他提出了组织车营、建筑台铳的办法。车营即用火器武装起的部队，其组织办法是以4000人为一营，战士2000人，队兵2000人；每营用双轮车120辆，炮车120辆，粮车60辆，共300辆；西洋大炮16门，中炮80门，鹰铳100支，鸟铳1200支。这种运用西洋大炮和中国火器的车营，在军事技术上结合了中西兵器和战术的长处。

同时徐光启还提出运用西洋的望远镜。徐光启从军事技术上加强国防建设，是他科学研究与实验的一大成就。西洋大炮的制造与应用，在守卫京师战役中发挥了它的威力。但是，由于明王朝政治腐败，他的军事技术改革的作用也是有限的。

徐光启在我国科学史上对天文历法有卓越的贡献。他会通中西历法，编译《崇祯历书》，修正了当时已经失掉正确性的《大统历》，对我国传统历法进行了重大改革，奠定了我国近三百年来的历法基础。

三 自强之本

【原典】

师夷之智，意在明靖内奸，暗御外侮也。列强乃数千年未有之强敌。师其智，购其轮船机器，不重在剿办发逆，而重在陆续购买，据为己有。粤中猖獗，良可愤叹。夷情有损于国体，有得轮船机器，仍可驯服，则此方生灵免遭涂炭耳。有成此物，则显以宣中国之人心，即隐以折彼族之异谋。各处仿而行之，渐推渐广，以为中国自强之本。

【释文】

学习西方的智慧，表面上是用来肃清内乱，暗中则可以用来抵御西方列强。现在的西方列强，是我们数千年以来没有遇到过的最强大的敌人。学习他们的智慧，购买他们的轮船机器，重要的不是仅仅为了剿灭太平军，而是重在买回来据为己有。广东那边西方势力很猖獗，实在令人愤慨。西方的横行霸道有损我们国家的尊严，如果得到了轮船、机器，我们还是可以制服这列强，这样就可以使百姓免遭战争涂炭。如果仿造成功，那么就可以明确地展示我们中国人的智慧与能力，可以威慑西方列强侵略中国的野心。各地都效仿这样的做法，逐渐推广开来，这才是中国自立强盛的根本。

【要义】

曾国藩主张用读圣贤书的方法来学习外国的先进技术。也就是说，师夷之智，要诚得其法，触类引申，递相师授，孜孜以求。就如同学圣贤那样，自择要坚，不可有排斥心；自持要高，不可有卑下心；自责要重，不

可有轻忽心；自任要勇，不可有退缩心。

曾国藩有一种认识，认为清廷经过太平天国的大患难之后，必有相当觉悟。同时，他怕满清的灭亡，要引起长期的内乱。他是深知中国的历史的。我国几千年来，每换一次朝代，总要经过长期的割据和内战，然后天下才得一统太平。在闭关自守无外人干涉的时代，内乱虽给人民带来无穷的痛苦，尚不至于亡国。到了19世纪，有帝国主义者环绕着，长期内战就能引起亡国之祸。

在与列强"联手"合作攻击太平军的问题上，曾国藩虽然赞同"借夷兵助剿"，但他的原则性很强。就是与洋人一切说清楚，以免日后有纠葛。李秀成移师进击上海，英法侵略者悍然宣布"保卫"上海周围百里以内土地，曾国藩批示李鸿章说："会防上海则可，会剿它处则不可。"这就是说不能让英法插手到英法租界以外的中国内部事务中来。天京之战结束之后，曾国藩尽其所能，削减了"洋枪队"的势力，限定他们的人数，致使"常胜军"屡屡受挫。洋枪队首脑白聚文因索饷不遂，殴打地方官，曾国藩让其得力助手李鸿章革职严惩，后溺毙于浙江兰溪。在当时状况下，曾国藩能做到这些，就算了不起了。

曾国藩从筹组湘军开始，就不能不考虑部队的武器装备问题。既然要购买洋枪洋炮，就牵涉到容许中外通商的问题；既然要试造船炮，则又牵涉到"开放"即进口外国机器的问题。曾国藩提出的新观点，涉及面很广，问题很多，而首先倡议"师夷智以造船制炮"的，正是曾国藩。

不仅如此，曾国藩认为既然外国人可以"走进来"，我们何以不可"走出去"？因此，曾国藩抛弃了"天朝上国"的陈腐观念，推动清政府派遣驻外使节，培养了一大批熟悉各国情况的外交人才。其中最出色的，要算是曾国藩的长子曾纪泽了。

曾纪泽自幼受严格教育，通经史，工诗文，精算术，在父亲的影响下，致力学习英语，研究西方科学文化。光绪四年，曾纪泽派充出使英国、法国大臣，在英办理订造船炮事宜。在出使任内，他深入了解各国历史、国情，研究国际公法，考察西欧诸国工、商业及社会情况。又将使馆馆址由租赁改为自建，亲自负责图书、器物购置，务使使馆规模不失大国风度，亦不流于奢靡。驻外严于操远，节约公费，摒弃贪劣，倡导廉洁之风，为外人所敬重。

光绪四年六月，清政府曾派崇厚赴俄谈判索回失地，崇厚在沙俄的威胁下，在清廷不知情的情况下，擅自与沙俄签订了丧权辱国的《里瓦几亚条约》，除割去霍尔果斯河以西和特克里斯河流域大片富饶的领土外，还赔款500万卢布。伊犁名义上归还中国，实际上却是"已成弹丸孤注，控守弥难"的残破空城了。清廷得知后极为震怒，派曾纪泽兼任出使俄国大臣，与沙俄谈判修改崇厚擅订的《里瓦几亚条约》。曾纪泽抵达俄国后，"与俄外部及驻华公使布策等前后谈判历时十月，正式会谈辩论，有记录可稽者五十一次，反复争辩达数十万言"。至光绪七年正月二十六日，终于达成《中俄改订条约》（即《中俄伊犁条约》）。与崇厚所签条约比较，虽然伊犁西境霍尔果斯河以西地区仍为沙俄强行割去，但乌宗岛山及伊犁南境特克斯河一带均予收回；取消俄人可到天津、汉口、西安等地进行经济活动诸条款；废除俄人在松花江行船、贸易，侵犯中国内河主权等规定。

光绪五年，巴西通过其驻英公使与曾纪泽联系，谋求与中国建交、通商，并招募华工垦荒。曾纪泽建议清廷予以同意。只有招募华工一事，曾纪泽深知美洲各国资本家虐待"苦力"，请予以拒绝。

光绪九年中法战争爆发后，曾纪泽不断抗议法政府挑衅。主张"坚持不让"，"一战不胜，则谋再战；再战不胜，则谋屡战"。与法人争辩，始终不

曾国藩长子曾纪第两岁时因天花早殇，曾纪泽成为曾家长子

挠。又疏筹"备御六策"。虽在病中，犹坚守岗位，进行斗争。

光绪十年，曾纪泽晋升兵部右侍郎，仍为驻英、俄大臣，与英国议定洋药税厘并征条约，几经周折，终于为清政府争回每年增加烟税白银200多万两。

光绪十二年，曾纪泽返国帮办海军事务，协助李鸿章创办北洋水师，旋为兵部侍郎入总理衙门郎。在任出使英、法、俄三国大臣期间，订造了"致远"、"靖远"舰，为了订购军舰不受制于洋人，深入的学习过近代海军知识，在有关舰船技术的论述上极有见地。他关心外交诸事，如驻外领事部署，何地当设，何地宜缓，何地不应役，都随时向总理衙门各国事项建议。还改进驻外公使与国内联系电报通讯办法。他在外交界享有声誉，与郭嵩焘齐名，时人并称"郭曾"。在出使英俄期间，在伦敦《亚洲季刊》上发表《中国先睡后醒论》，指出外来的侵略适足以"唤醒中国于安乐好梦之中"，中国的"全备稳固可翘足以待"，对民族振兴满怀信心。

除了派遣使节，曾国藩还尝试派遣留学生，到欧美国家学习先进技术。其中最有名的就是由容闳主持的"留美幼童"计划。

容闳是中国最早系统接受西方资产阶级教育的人。他广泛地学习了西方先进的自然科学和社会科学文化，因此，当他回国后尤其感到教育落后。筹建江南制造局时，他就建议曾国藩在厂中设兵工学校。容闳认为"予之一身既受此文明之教育，则当使后予之人，亦享此同等之利益。以西方之学术，灌输于中国，使中国日趋于文明富强之境。"怎样才能达到"以西方之学术灌输于中国"的目的，容氏第一个想法就是中国派遣留学生到外洋先进国家学习。早在耶鲁大学读书时，他已在"他的头脑中酝酿着中国留学计划"了。

关于留学事宜的建议，容闳最先直接与谈的官员是被他称之"志同道合"的丁日昌。同治九年，丁日昌会同曾国藩办理天津教案，屡与曾商榷并建议："选聪颖幼童，送赴泰西各国书院学习军政、船政、步算、制造诸学。约计十余年业成而归，使西人擅长之技中国皆能谙悉，然后可以渐图自强。"曾国藩"深韪其言"，认为这是"收远大之效"的好事。显然，派幼童出洋留学，是为了直接在洋人那里将先进科学技术学到手以图自强。这个用意应该说是可取的。于是在同治十年，曾国藩以南洋大臣，李鸿章以北洋大臣会衔如奏，请清廷批准。他们的办法是先设一个专门机械，派专人到沿海各省选拔一些聪明的小童，派往外国学习。第一批留学幼童30人，于同治十一年出国，由陈兰彬、容闳带领，其中15岁的梁敦彦、13岁的黄开甲、12岁的詹天佑后来皆有名于时。此后又有陆续三批幼童东渡美国。

但是，因为保守派看不惯幼童们逐渐西化的生活方式，清廷内部经过争议，决定撤回留学幼童。近百名回国的幼童留学生中，在实业界铁路、电报等企业任工程师、经理等技术和管理者有44人，外交官和翻译官16人，海军、海关官员、学校教员、医生等方面工作者约20余人。除众所熟知的铁路工程师詹天佑在中国铁路建设中所作贡献外，黄仲良先后担任沪宁、津浦铁路总经理长，黄耀昌、陈荣贵、唐国安、梁普照、邮荣光、邝景扬、陆锡贵等成了首批矿业工程师，朱宝奎，周万鹏、袁长坤、程大业、吴焕荣等均在电线电报方面作出重要贡献。但中途撤回留学幼童，使当时不少有心人均为之惋惜。早期民族资产阶级代表人物郑观应说："全数撤回，甚为可惜。既已肄业八九年，算学文理俱佳，当时应择其品学兼优者，分别入大学堂，各习一艺，不过加四年工夫，必有可观。何至浅尝辄止，贻讥中外。"

总之，曾国藩在同治年间，是中国"自强运动"的主要推动者。凡制造轮船枪炮、翻译西书、派遣留学生赴美，每一件工作，都凭着他坚挺地支持或指导擘画，才得顺利推动。

留美幼童在棒球赛后，他们的生活已经西化

忠疑十五

萧何刀笔之吏也,委之关中,无复西顾之忧。陈平亡命之虏也,出捐四万余金,不问出入。韩信轻猾之徒也,与之百万之众而不疑。是三子者,岂素著忠名哉?盖高祖推己之心而置于其心,则他人不能离间而事以济矣。

——[北宋]王安石《委任》

一　君子立身

【原典】

盖君子之立身，在其所处。诚内度方寸，靡所于疚，则仰对昭昭，俯视伦物，心宽不怍，故冶长无愧于其师，孟博不惭于其母，彼诚有以自伸于内耳。足下朴诚淳信，守己无求，无亡之灾，翩其相戾，顾衾对影，何悔何嫌。正宜益懋醇修，未可因是而增疑虑，稍渝素衷也。国藩滥竽此间，卒亦非善。肮脏之习，本不达于时趋，而逡循之修，亦难跻于先进。独是蜎守介介，期不深负知己之望，所知惟此之兢兢耳。

【释文】

君子安身立命的根本，在于他处世的态度。确实做到反省内心，毫无愧疚之处，那么仰望天地昭昭，俯视人伦万物，就会心胸宽宏，无畏无惧。所以公冶长无愧于他的老师，孟博无愧于他的母亲，他们都是修为有度，无愧于自己内心的人。您质朴真诚，淳厚有信，严于律己而无过分要求，无妄之灾却降临到你的头上，仔细检点，实在没什么地方做错。遭此变故，更应该加强自己的道德修养，不可因为变故而对前面的做法产生疑虑，从而违背你的初衷。我曾国藩也是滥竽充数，并非完美之人，一些肮脏的习气，我并不认为是当下应该风行的趋势，而自己的闭门修炼，也难说能跻身贤德之中，之所以默守这些耿直之气，就是为了不让好友失望，为此我小心谨慎。

【要义】

古人曰："惟忠疑之际，人臣最难处。"屈原忠心为楚，却见疑于怀

王，不禁发出"宁溘死而流亡兮，恐祸殃之有再，不毕辞而赴渊兮，憎壅君之不识！"的悲叹。

君疑臣，怕的是功高盖主，最后丢了御座。忠而见疑的典型教训是明朝大臣于谦。于谦以"意欲"罪名被杀，同样应了"功高震主者危"这句话。

正统十四年，瓦剌贵族率军攻打明朝。明英宗在宦官王振挟持下，发兵50万亲征。命兵部侍郎于谦代理兵部事，守卫北京城。后来英宗被俘，50万大军几于全军覆没。这就是"土木之变"。英宗被俘后，瓦剌军直驱北京。留守北京的于谦组织军民坚决抵抗，取得北京保卫战的决定性胜利。

瓦剌以武力进攻不能取胜，而诱降、反间等政治图谋也不能得逞，英宗在瓦剌手中已失去作用，就决定把英宗送归明朝。此时英宗的弟弟朱祁钰已成为明朝皇帝了，是为代宗。代宗不愿接英宗回来，怕影响自己的皇位。于谦认为，如果瓦剌送英宗回来不是诡计，对明朝还是有利的。代宗同意了于谦的意见，派人去把英宗接了回来，但把他软禁在南宫。

于谦，与岳飞、张煌言并称"西湖三杰"

景泰八年正月，代宗病重不能临朝，石亨、徐有贞勾结太监曹吉祥等，秘密将英宗拥上皇位。英宗复辟后，当即传旨逮捕于谦。原来英宗被俘以后，希望明朝和瓦剌讲和，能把自己赎回来。于谦坚决抗击瓦剌，使他在瓦剌吃了不少苦头，便对于谦恨之入骨。

但是要不要杀于谦，英宗尚犹豫说："于谦，实在是有功。"徐有贞秘密进言道："不杀于谦，您的皇位就算来历不明！"遂下毒手。

于谦遇害时，"行路嗟叹，天下冤之"。京城百姓无不失声痛哭，切齿痛骂奸佞小人。

据说当湘军克复武汉时，咸丰皇帝曾仰天长叹道："去了半个洪秀全，来了一个曾国藩。"当时洪秀全的太平天国已是走下坡路，而曾国藩的声威正是如日中天，俩人又都是汉人，无怪咸丰帝有此慨叹。所以当清廷委署曾国藩为湖北巡抚，曾国藩照例要谦辞一番，奏章尚未出门，"收回成命"的诏谕，已经下达。仅嘱咐他以"礼部侍郎"的身份统兵作战。这些明来暗去的猜忌，曾国藩岂能不知。

而臣也疑君，怕的不是别的，正是惧怕"君已疑臣"。这样君臣相忌，最后倒霉的大多还是没有权力的臣子。

曾国荃攻陷天京后，当天夜里就上奏报捷，满心以为会受大赞扬，不料上谕指责曾国荃破城之日晚间，不应立即返回雨花台大营，以致让千余太平军突围，语气相当严厉。数日之后，又追查天京金银下落，令曾国藩迅速查清。上谕说："曾国藩以儒臣从戎，历年最久，战功最多，自能慎终如始，永保勋名。惟所部诸将，自曾国荃以下，均应由该大臣随时申儆，勿使骤胜而骄，庶可长承恩眷。"寥寥数语，暗伏杀机。

曾国藩具有丰富政治经验和历史知识，熟悉历代掌故，当然能品出这些话的味道，掂出它的份量。此时曾国藩的处境，恰似唐代的中兴名臣郭子仪一样。郭子仪晚年声色自娱，府中的奇花异木，不禁游人入内观赏，用"府门大开"表明"无所隐讳"，藉此远祸。曾国藩的忠心引起众多的猜疑，只好裁去湘军，刊行家书，来表明心迹，剖白于慈禧太后及朝中大臣之前，以示无隐，求取谅解，不但有韬光养晦、洁身自保的意思，也可以澄清朝臣的猜疑，确实是煞费苦心。

清廷对湘军将领们的疑忌是无时或释的。俞樾曾向彭玉麟进言说："在同治五六年间，因为湘军已多被资遣，你又辞高官不就，朝中官吏多说你矫情、目中无人，因此清廷早已暗中派人监视你的行动，时刻没有放松。一旦抓到你的小纰漏，便是'小题大做'，会给你颜色看的，到那时，你再分辨，也是白搭，我劝你何妨现在'为文训子'，立碑在祠堂，表示忠民君国，并无二心，不妨对朝廷多方歌功颂德，自可买静求安，搏取慈禧的欢心，减不少必要麻烦。"彭玉麟从善如流，马上照办。

这是自上之疑，此外还有自下之疑。为官理政，自然有上司下属。即使上司不怀疑你的忠心，下属也有可能向你的上司进谗。发明"厚黑学"的李宗吾就阐述过"隔山打牛"之法，即"拉住上司的上司打你的上司"，上司打下去，就可以占住他的位置。要破解此法，最重要的是不要树敌。平时宽宏大量，与人为善，遇到下属向你的上司告状，上司自然会明白那不过是"隔山打牛"之法，是有人想谋你的位置，就少了对你的怀疑。

俗话说"大人有大量"、"宰相肚里能撑船"，说的是胸怀和气度。人的职位越高，气度应该越大，二者是正比关系。曾国藩最爱读《资治通鉴》，他十分钦佩唐代宰相，认为都有胸襟，所以国家气运旺盛。他总结了开国宰相与中兴宰相的不同，认为前者必须见识远略，有大胸襟、大气度。中兴宰相则侧重于具体事务，一步一个脚印，稳扎稳打。曾国藩还特别注意到：古往今来的大失败者包括那些英雄们，也都败在不能"降龙伏虎"上，即不能自我控制，没有气度。

曾国藩还把度量的大小列为区分君子小人的又一重要标尺。他说："所谓小人者，识见小耳，度量小耳。致使君臣、朋友、父子、兄弟、夫妇之间，此皆量褊而易以滋疑者也。君子则不然，广其识，则天下之大，弃若敝屣；尧舜之业，视若浮云。宏其度，则行有不得，反求诸己。"他以此作为处理人际关系的指导思想，即使被骗也不寻求报复。

曾国藩求才心切，有一个冒充校官的人拜访曾国藩，高谈阔论，有不可一世之感。曾国藩礼贤下士，对投幕的各种人都倾心相接，但心中不喜欢说大话的人。见这个人言词伶俐，心中好奇。中间论及用人须杜绝欺骗事，此人正色大言说："受欺不受欺，全在于自己是何种人。我纵横当世，略有所见，像中堂大人至诚盛德，别人不忍欺骗；像左公严气正性，别人不敢欺。而别人不欺而尚怀疑别人欺骗他，或已经被骗而不知的人，也大有人在。"

曾国藩察人一向重条理，见此人讲了四种"欺法"，颇有道理，不禁大喜，对他说："你可到军营中，观我所用之人。"此人应诺而出。第二天，拜见营中文武各官后，煞有介事地对曾国藩说："军中多豪杰俊雄之士，但我从中发现有两位君子式的人才。"曾国藩急忙问是何人，此人举涂宗瀛及郭远堂以对。曾国藩又大喜称善，待为上宾。但一时找不到合适的位置，暂时让他督造船炮。

多日后，兵卒向曾国藩报告此人挟千金逃走，请发兵追捕。曾国藩默默良久，说："不要追。"兵卒退下，曾国藩双手捋须，说："人不忍欺，人不忍欺。"身边的人听到这句话，想笑又不敢笑。过了几天，曾国藩旧话重提，幕僚问为什么不发兵追捕。曾国藩的回答高人一筹："现今发、捻交炽，此人只以骗钱计，若逼之过急，恐入敌营，为害实大。区区之金，与本人受欺之名皆不足道。"

清代有个叫钱大昕的人说得好："诽谤自己而不真实的付之一笑，不用辩解。诽谤确有原因的，不靠自己的修养进步是不能制止的。"器量阔宏，使我们能检点自己，大度本身就是一种魅力，一种人格的魅力，那不仅是对自己缺点的正视，而且也是对自身力量的自信。

中国古语中有"雅量"这个词，就是倡导人们，要有容人容事的大气量，应该具有心胸宽广的"雅量"，这样才能善于吸收各种丰富的知识和经验，善于听取各方面的意见，也才能使自己不断地长本事、长智慧。曾国藩虚怀若谷，雅量大度，深深影响了他的同僚。

李鸿章就深受曾国藩的影响，为人处世也处处大度为怀。当发现有人指出他犯有各方面的错误时，他便立即改过不吝。

一次某个下官进见李鸿章，行半跪的礼节。李鸿章抬着头，眼睛向上拈着胡髭，像没看见一样。等到进见的官员坐下，问有何事来见，回答说："听说中堂政务繁忙，身体不适，特来看望你的病情。"

李鸿章说："没有的事，可能是外间的传闻吧。"

官员说道："不，以卑职所看到的，中堂可能是得了眼睛的疾病。"

李鸿章笑道："这就更荒谬了。"

官员说："卑职刚才向中堂请安，中堂都没有看到，恐怕您的眼病已经很严重了，只是您自己反而没有觉察到吧。"

于是李鸿章向他举手谢过。

相交以诚，大度宽容，不仅使人自身增加了人格的魅力。博取人们对你的支持和真诚相助，给周围的人产生了好的影响，更重要的是使你少树了许多仇敌。

君子向外进取有所建树，在于他所处的环境地位。但只要他确实做到了反省自己的内心，毫无愧疚之处，那么仰观苍天，俯视大地，他也会宽心放怀不惭不羞。千万不要认为停顿于坎坷之中，退身江湖之外而寻求虚静养智，向内潜修的人是"消沉"。用双向人生、两个世界的观点看，无论入世、出世、玩世、逸世都是生命之树的不同组成部分和不同生长形态，都有着维护生命本体生生不息、久郁长青的功能作用。胸怀苍生，兼济天下的人往往深藏着超尘脱世、移情山水的奢望，就是这种本能使然。向外进取困顿之时，一个人的阅历会跳跃式地加深；在周遭人际关系向深层演绎时，他需要破解的人生课题会更深更广地展开；他对同一问题的认识会顺利地深化下去；他要更加深沉地重新审视自己的位置取向和价值取向，再次作出新的抉择；他需要更深地挖掘自己的智慧潜能。改进智能结构以适应变化了的外界；他获得的知见会更加深邃、更加沉实。越是向内心深入、再深入，他越会发现这里的学问同外部世界一样，且有吸引力、新奇性和趣味性。上天给灵性的人预留了精神世界这个广博无垠的空间，原是一切寻道者的天堂。极乐世界，却只为陷入困塞境遇而又不放弃前进的人所饱享。

二 守一不贰

【原典】

持矫揉之说者，譬杞柳以为桮棬，不知性命，必致戕贼仁义，是理以逆施而不顺矣。高虚无主见者，若浮萍遇于江湖，空谈性命，不复求诸形色，是理以汞恍不顺矣。惟察之以精，私意不自蔽，私欲不自挠，惺惺常存，斯随时见其顺焉。守之以一，以不贰自惕，以不已自循，栗栗惟惧，斯终身无不顺焉。此圣人尽性立命之极，亦即中人复性命之功也夫！

【释文】

那些矫揉造作、强词夺理的人，就好比用杞柳的枝条编成杯子，不通晓人的心性与天命，这样必然会伤害仁义之道，这是把正义之道倒行逆施，做什么事都不会顺利。内心空虚而没有主见的人，就好像漂泊于江湖之中的浮萍，空谈心性与天命，而不去切身体验，所以对他们谈理就像对牛弹琴，是不会顺利的。只有深入细致，专心致志，不隐瞒自己的私意，不放纵自己的私欲，时刻保持警惕的心态，之后才会行事顺畅。坚持专一，时时告诫自己坚贞不贰，持之以恒，小心谨慎，这样就可以使自己一生无不顺利。这就是圣人将心性与天命贯通为一的极致，也是普通人致力于"性"、"命"之学的关键所在。

【要义】

老子说："功成身退，天之道。"曾国藩受儒家人世思想的影响，追逐功名，治国平天下；但他也受老庄出世思想的影响，委曲求全，明哲保身。当他叱咤风云时，俨然一儒者；当他功成身退时，仿佛一道家。

曾国藩自从"特开生面,赤地新立"拉起一支由团练民勇而成的湘军时,便汹汹然地冲在对抗太平天国革命的最前列,此时他完全把维护皇朝的义务感和炫耀自己的功业心交融在一起。但在以后的征战生涯中,不仅战事棘手,屡屡受挫,而且也时常受到来自清政府内部的多方掣肘,真可谓身陷炼狱,艰难备尝。在咸丰七年回家守制,他深深地反省了自己率湘军出征以来的经验教训,因此当他在咸丰八年再次出山时,则变得十分注意自我克制,特别注意调整自己和清廷之间的关系。他将周公旦视为自己的楷模,时常提醒自己以李德裕、霍光等人专横跋扈而不得善终为戒。由此不难理解他为什么在出任两江总督兼节制四省军务以后,对如此高位重权却显得喜不胜忧。

曾国藩说,凡是有才能的人总希望表现自己,希望被别人承认他高明,就像孔雀一样,遇见围观的人多了,就开屏展示自己的美丽。其实这很容易招来众怒。同时,胸中有是非,有判断,有取舍,但又佯装不知,这是很难做到的。

曾国藩曾经这样说:"做官的人,比一般人办事方便得多;做大官的人,往往他想都没有想到,就已有人帮他把事办好了。不仅他自己是这样,就是他的家人往往也是一言九鼎,颐指气使,翻手为云,覆手为雨,无限风光尽被占。这就叫一人得道,鸡犬升天。所以位高权重的人,就不能不对自己的行为特别小心,包括对自己家人的言语也当格外谨慎。"

早在道光年间,他就嘱咐家人,千万不能到衙门里说公事。如果闯入衙门,一方面有失乡绅的气度,一方面也使曾国藩蒙受羞辱;同时还会使地方长官难堪,有时会被地方长官所鄙薄。所以他多次嘱咐家人,即使自家有事,情愿吃亏,千万不可与他人构衅争讼,以免被地方长官怀疑为仗势欺人。

功与名,是曾国藩一生执著追求。他说:"古人称立德、立功、立言为三不朽。立德最难,也最空,故自周、汉以后,罕见以德传世的。立功如萧、曹、房、杜、郭、李、韩、岳,立言如马、班、韩、欧、李、杜、苏、黄,古今曾有几个?我辈勉力追求的只是尽吾心力之所能及,而不必马上希望自己成为千古万难攀跻之人。"他常说:"尽力在我,成功在天。"

一个"尽"字，反映他对"三立"追求的热烈、执著、坚韧和至死不渝。但是，他又说"名利两淡，寡欲清心"，"富贵功名，皆人世浮荣"，这与"尽力在我"的执著追求显然是矛盾的。

曾国藩解决这一矛盾的办法之一，叫"花未全开月未圆"。因为月盈则亏，日中则仄，花全开便是凋落的时候。他自誓："我蒙受祖先的荫蔽，身居高位，与各弟弟及子女、侄子谨慎遵守的只有两句话，是'有福不可享尽，有势不可使尽'。"可见，他求福求禄，只是"不可享尽"，在享福中注意一个"俭"字；他要权要势，只是"不可使尽"，在用权中注意一个"当"字。他称自己"平日最好惜入'花未全开月未圆'七个字，以为惜福之道、保泰之法，莫精于此。"

办法之二，叫"常存冰渊惴惴之心"。为人处世，必须常常如履薄冰，如临深渊，时时处处谨言慎行，三思而后行，才不致铸成大错，招来大祸。曾国藩总结说："余自经咸丰八年一番磨炼，始知畏天命、畏人言、畏君父之训诫。""天命"，在曾国藩看来，是至高无上，而又不可知的东西。今天来认识"畏天命"，当指不要违背已被人们认识的和尚未被人们认识的自然规律。用曾国藩本人的话说，"畏天命"，则"不敢丝毫代天主张"；"畏人言，则不敢稍拂舆论；畏训诫，则转以小惩为进德之基"，这样，才可以"于'畏、慎'二字之中养出一种刚气来"。

办法之三，叫"天地间惟谦谨是载福之道"。他深刻地指出："若一面建功立业，外享大名，一面求田问舍，内图厚实，二者皆有盈满之象，全无谦退之意，则断不能久。"

咸丰皇帝在临死之前曾留下遗言说，"克复金陵者王"。但事实上，曾国藩攻克天京以后，却仅仅得到了一个一等侯的

咸丰皇帝爱新觉罗·奕詝，后人评价他无远见、无胆识、无才能、无作为

爵位。许多官吏更是乘机制造事端，散布谣言奏劾湘军。于是曾国荃、彭玉麟、左宗棠、鲍超等四人便秘密活动要拥戴曾国藩出面，反抗清廷。

有一天晚上，曾国藩亲审李秀成后，进入卧室小憩。忽然，湘军的高级将领约有三十余人齐集大厅，请见大帅。中军向曾国藩报告，曾国藩即问："九帅有没有来？"九帅即曾国荃。

中军回答说未见九帅，曾国藩即传令召曾国荃。听见曾国荃已到，曾国藩整装步入大厅，令大家就坐，也不问众将来意。众将也不敢出声。如此相对片刻，曾国藩乃命巡弁取纸笔，就案挥毫，写了一幅对联，然后一语不发，从容退入后室。

众将不知所措，屏息良久，曾国荃乃趋至书案前，见曾国藩写的是："倚天照海花无数，流水高山心自知。"

曾国荃读联语时，起初好像很激动，接着有点凛然，最后则是惶然。而围在他身后的众将也表情各异。最后，曾国荃用黯然的声调宣布说："大家不要再讲什么了，这件事今后千万不可再提，有任何枝节，我曾九一人担当好了。"

这一段笔记显示南京城破后的湘军确曾有过拥立曾国藩做皇帝的一幕，可是在专制王朝，这种非常之举是成则为王，败则诛九族的，所以将领们也不敢说出口。曾国藩明知众将的来意，也不说破，只用联语作答。

曾国荃和湘军攻灭太平天国，再造清朝，立下了盖世大功，以当时湘军士气之盛，战功之伟，如果拥立曾国藩，是用不着费气力的。其实早在安庆战役后，曾国藩部将即有劝进之说。

左宗棠曾写过一幅对联："神所凭依，将在德矣；鼎之轻重，似可问焉。"派专差送给胡林翼，并请代转曾国藩。胡林翼读到"似可问焉"四个字后，心中明白，乃一字不改，加封转给了曾国藩。曾国藩阅后，将下联的"似"字用笔改为"未"字，又原封退还胡。胡见到曾的修改，乃在笺末批了八个字："一似一未，

265

我何词费!"

　　向以霸才自居的王闿运为人慷慨激昂。他在咸丰五年劝曾国藩自立不成，咸丰十年再入曾府，仍喋喋而谈，其意也是"彼可取而代之"。但曾国藩却正襟危坐，以食指蘸杯中茶水，在几案上点点划划。不多时，曾起立更衣，王闿运便站起窃视几案，只见上面依稀有个"妄"字。

　　几次劝进不成，王闿运对曾国藩的看法大为改变。说曾国藩再次出山已"变节为恭顺"，虽功成名就，但"避事"不敢担当。直到晚年，王闿运经历了清朝灭亡、袁世凯复辟败亡等重大的历史事变，才对曾国藩当初不自立为帝的看法有了改变。

　　正因为如此，曾国藩虽身居高位，也时时犹履薄冰，大功告成之日，更是益觉如蹈危局，倒使得曾国藩该得到的也得到了，不终也"终"了，不胜也"胜"了。

袁世凯，一生事业毁于复辟闹剧

三　尽性知命

【原典】

阅王夫之所注张子《正蒙》，于尽性知命之旨，略有所会。盖尽其所可知者，于己，性也；听其不可知者，于天，命也。《易·系辞》"尺蠖之屈"八句，尽性也；"过此以往"四句，知命也。农夫之服田力穑，勤者有秋，散惰者歉收，性也；为稼汤世，终归礁烂，命也。爱人、治人、礼人，性也；爱之而不亲，治之而不治，礼之而不答，命也。圣人之不可及处，在尽性以至于命。尽性犹下学之事，至于命则上达矣。当尽性之时，功力已至十分，而效验或有应有不应，圣人于此淡然泊然。若知之若不知之，若着力若不着力，此中消息最难体验。若于性分当尽之事，百倍其功以赴之，而俟命之学，则以淡泊如为宗，庶几其近道乎！

【释文】

读王夫之注解的张载《正蒙》一书，对于"尽性知命"的含义，略有体会。大概是讲尽最大的努力去做好你能知道和了解的事，关键在于自己，这就是"性"；事情的结果也会受到不可知的影响，关键在天，这就是"命"。《易经·系辞》中的"尺蠖之屈"这八句话，讲的就是尽性，"过此以往"四句，讲的是知命。农民耕种庄稼，勤劳的人有望秋后有收成，散漫懒惰的人秋后一定歉收，这就是"性"；在大旱之年种庄稼，无论怎么勤劳最终也可能绝收，这就是"命"。敬爱他人，教化他人，礼遇他人，这讲的是"性"；敬爱他人，而人家却不亲近，教化他人，他人却不接受，礼遇他人，他人却不回应，这就是"命"。圣人不可企及的地方，就是能够做到"尽性"而且达到"知命"。"尽性"还跟读书读过了一样，

而"命"就是读了之后还经过深入思考形成学问。当一个人做到"尽性"时，他已经十分努力了，而最终期盼的结果有的能得到有的得不到，圣人对此平静淡泊。好像知道也好像不知道，好像尽力也好像没有尽力，这个里面的分寸最难把握。如果对于"性"这种分内应当尽力去做的事情，就要百倍努力去做以求成功，而对于要听"命"的事情，则以淡泊视之为宗旨，这样就差不多接近"道"了。

【要义】

曾国藩既然抱定只做曾国藩而不做洪秀全的位置观，那么他在处于"忠疑"状况下要做的就是去疑以安上，化雍塞为通泰的功夫。

曾国藩心中完全清楚，他与满族皇室的关系只是奴才与主子的关系。既然定位是做奴才，就要受得了主子的气。受得了主子的气才能从主子那里获得人身安全和发展的机会，继续用主流社会的大舞台来施展自己的才华。受不了主子的气，连主子的门都进不了，怎么做"国之藩篱"，哪来机会治国平天下？

一心为公的人往往容易受到他人的妒嫉，由此使自己陷于矛盾之中，受到不公正的待遇。这样的不平之遇要善于忍受，否则稍有不慎，就会让小人得意，自己反而会受到更大的打击。西晋的石苞面对不平，心底无私，坦然相对，使晋武帝终于自省，也消除了自己的不平之境。

石苞是西晋初期一位著名的将领，晋武帝司马炎曾派他带兵镇守淮南，在他的管区内，兵强马壮。他平时勤奋工作，各种事务处理得井井有条，在群众中享有很高的威望。

淮北监军王琛看不起贫寒出身的石苞，向晋武帝报告说："石苞与吴国暗中勾结，想危害朝廷。"在此之前，风水先生也曾对武帝说："东南方将有大兵造反。"等到王琛的秘密报告上去以后，武帝便真的怀疑起石苞来了。

正在这时，荆州刺史胡烈送来关于吴国军队将大举进犯的报

告。石苞便指挥士兵修筑工事，封锁水路，以防御敌人的进攻。武帝听说石苞固守自卫的消息后更加怀疑，派遣太尉司马望带领大军前去征讨，又调来一支人马从下邳赶到寿春，形成对石苞的讨伐之势。

石苞想："我对朝廷和国家一向忠心耿耿，坦荡无私，怎么会出现这种事情呢？这里面一定有严重的误会。一个正直无私的人，做事情应该光明磊落，无所畏惧。"于是，他放下身上的武器，步行出城，来到都亭住下来，等候处理。

武帝知道石苞的行动以后，顿时惊醒过来，他想："讨伐石苞到底有什么真凭实据呢？如果石苞真要反叛朝廷，他修筑好了守城工事，怎么不作任何反抗就亲自出城接受处罚呢？再说，如果他真的勾结了敌人，怎么没有敌人前来帮助他呢？"想到这些，晋武帝的怀疑一下子打消了。

石苞的故事告诉我们：在大是大非面前和紧急关头，应该冷静地对待和妥善地处理。对于自己所遇到的不平遭遇，要勇于忍受，不要因此而惊恐不安或是气愤不已，轻举妄动，那样只能是把事情搞得更糟。

因为被怨恨、不理解而至前景暗淡的事例，着实不少，但能够顽强地坚挺下去，直至留芳于世，才是值得人景仰的。

晁错是西汉文景时代的政治家，早年随张恢学申商刑名之术，号称"智囊"。

景帝即位后，晁错擢为御史大夫。他受到景帝的信任，更定法三十章，力求剥夺同姓诸侯王的封地，以巩固中央集权。晁错的父亲从家乡赶来，劝他不要"侵削诸侯，疏人骨肉"，以免树敌招怨，晁错却不以为然，明确回答："固也。不如此，天子不尊，宗庙不安。"他父亲不由得叹息说："刘氏安矣，而晁氏危。"随即饮毒药自杀，说是"吾不忍见祸延身"。

父亲的反对和自杀，并没有动摇晁错削藩的决心。削藩触犯

了诸侯王的利益，景帝三年，吴楚七国借口请诛晁错以清君侧，终于发动武装叛乱。

晁错建议景帝御驾亲征，自己留守京师，而晁错的政敌爰盎乘机向景帝建议斩晁错以谢诸侯。景帝授意官员劾奏晁错"不称陛下德信，欲疏群臣百姓，又欲以城邑予吴，无臣子礼，大逆无道"。根据这一无中生有的罪名，判处晁错腰斩。景帝虽然批准了这一判决，却无法消除负罪感，只好让中尉哄骗晁错，结果晁错穿着朝衣被斩于东市。

晁错

晁错虽然被冤而死，吴楚七国却丝毫没有罢兵的迹象。一天，校尉邓公从平叛前线返回，向景帝报告军事。

上问曰："道军所来，闻晁错死，吴楚罢不？"

邓公曰："吴为反数十岁矣，发怒削地，以诛错为名，其意不在错也，但臣恐天下之士柑口不敢复言矣。"

上曰："何哉？"

邓公曰："夫晁错患诸侯强大不可制，故请削之，以尊京师，万世之利也。计画始行，卒受大戮，内杜君臣之口，外为诸侯报仇，臣窃为陛下不取也。"

景帝喟然长息曰："公言善，吾亦恨之。"

晁错"为国远虑，祸反及身"，令世人叹息。《汉书》作者班固感叹说："晁错锐于为国远虑，而不见身害。其父睹之，经于沟渎，亡益救败，不如赵母指括，以全其宗。悲夫！错虽不终，世哀其忠。"

"为国远虑，而不见身容"，可说是历史对晁错的评价。

人生在世，有可为之事，也有不可为之事。有可为之事，当尽力为之，这就是尽性；有不可为之事，当尽力从之，这就是知命。

所谓性，就是对可知的事物尽其所能去知道它；所谓命，就是对不可知事物只好听天安排。理解了这两层意思，也就明白了人力和神力的界限，进而也就明白了自己的责任，以及所应采取的态度。

《易·系辞》中说："尺蠖之屈，以求伸也。龙蛇之蛰，以存身也。精义入神，以致用也。利用安德，以崇德也。"这句话的大意是说，尺蚁虫收缩身体，是为了爬行。龙蛇的冬眠，是为了求生。精通义理出神入化，是为了学以致用。利用所学安身立德，是为了弘扬德行。此外还有四句："过此以往，未之或知也。穷神知化，德之盛也。"这句话的大意是说，离开了上述所讲而谈别的，我就不知道了。至于超越神奇、懂得教化，那就是最完美的德行。

一般人之所以赶不上那些圣人，就在于圣人既可尽性又能知命。尽性，就像学习普通的道理，至于知命则一种极高的境界了。当尽性的时候，如果功力已经达到了十分，然而所得到的效果或者有相应的回报，或者没有相应的回报。对此圣人则能淡然处之；好像知道这样，又好像不知道这样；好像很在意，又好像不太在意，这其中的滋味最难体会。

平常人之所以不能正确对待尽性与知命，就在于太在乎事情的结果。他们有意或无意会产生这样的倾向，我流了多少汗就该有多少收获，不然的话，就会悻悻然、愤愤然、牢骚满腹、怨天尤人。他不知道谋事在人，成事在天，这个天就是命。但相信天并不等于放弃努力，得过且过，无所作为；而是要正确看待你的努力以及所产生的结果。因此，在尽性上，不妨盲目一些，在知命上，不妨透彻一些。总之，所谓尽性，就是尽力竭力；所谓知命，就是淡泊达观。

曾国藩对自己、对他人都有客观的认识。他说："人皆为名所驱，为利所驱，而尤为势所驱。"说孟子生活的时代，苏秦、张仪、公孙衍辈"有排山倒海、飞沙走石之势，而孟子能不为动摇，真豪杰之士，足以振砺百世者矣"。

放眼历史长河，那些叱咤风云的英雄豪杰、先贤智者，无论经历多少

辉煌，无论外表何等风光，在他们心中始终会抱有一块淡定的净土。那是灵魂的圣地，是自我的天堂。追求淡定的人，在经过世事的纷乱和跌宕起伏的人生之后，在人生的历练中涵养出了一份淡定从容的定力。追求淡定的人，在潮起潮落的人生舞台上，举重若轻，淡定自若，荣辱不惊！尽管生活把岁月刻在了他们的脸上，也刻在了他们的心里，但他们总是以淡定从容的态度面对人生，以一份洒脱娴静的心态来面对喧嚣的红尘。

曾国藩真的做到了"于性分当尽之事，百倍其功以赴之"，尽性之事做得完满无缺了，忠疑现象随之缓解。

从曾国藩尽性知命以释忠疑这件事上，我们看到，人主与人臣之间的微妙关系不是一成不变的，它是一个"吸引力"与"排斥力"相反相成的互动过程。同性相斥，异性相吸，作用与反作用，把握得好是良性互动，把握不好就恶性循环。当清廷怀疑曾国藩有不臣之心时，这是排斥力上升。而当曾国藩表明了心迹，证明自己是主流社会所稀缺的资源，对清廷不仅无害，而且有益时，吸引力大过排斥力，曾国藩被重新认识，再度倚重。

对于人臣来说，不存在什么委屈不委屈的问题。他与人主只是在进行一种资源交换。人主借其舞台资源给人臣表演，人臣以其才力资源巩固和扩展这个舞台，产生舞台效应。至于表演得精彩了，还需不需要褒奖什么，或者再交换什么资源，或者把舞台的经营权交给你，或者转让一部分舞台的所有权等等，这都是双方的事情，不是单方面可以成立的。所谓委屈，只是不懂这种双方互动互利的游戏规则而已，一种自作多情的单相思。这里很难说得上什么公平不公平。好比做生意，双方自愿就叫做公平，一方自愿就算是赔本买卖，也做不成的。

荷道十六

文,所以载道也。轮辕饰而人弗庸,徒饰也,况虚车乎?文辞,艺也;道德,实也。笃其实,而艺者书之,美则爱,爱则传焉。贤者得以学而至之,是为教。故曰:"言之无文,行之不远。"

——[北宋]周敦颐《通书·文辞》

一　文章之道

【原典】

文章之道，以气象光明俊伟为最难而可贵。如久雨初晴，登高山而望旷野；如楼俯大江，独坐明窗净几之下，而可以远眺；如英雄侠士，裼裘而来，绝无龌龊猥鄙之态。此三者皆光明俊伟之象，文中有此气象者，大抵得于天授，不尽关乎学术。自孟子、韩子而外，惟贾生及陆敬舆、苏子瞻得此气象最多，阳明之文亦有光明俊伟之象，虽辞旨不甚渊雅，而其轩爽洞达，如与晓事人语，表里粲然，中边俱彻，固自不可几及也。

【释文】

文章的做法，以气象光明俊伟最难，也最可贵。就如同雨后放晴之时，登临高山，远眺旷野；就好像身处俯临大江的高楼之中，独自坐在明亮的窗户下、干净的几案旁极目远望；就好比英雄侠士，虽里衣袒露，但决没有龌龊、猥琐、卑鄙的气质。这三种都是光明俊伟的气象，文章中有这样的气象的人，大多是出自天赋，不仅仅与后天学问好坏相关。除孟子、韩非子之外，只有贾谊、陆贽、苏轼三人的文章这种气象最多，王阳明的文章也有这种光明俊伟的气象，虽然他的文章表达不是很雅致，但文章豁达爽朗、清晰透彻，就像与通晓事理的人叙谈一样，里里外外无不清晰通透，这自有他不可企及的地方。

【要义】

《荷道》篇讲治文之道。所谓"文以载道"，治文先治身心，将"我"字放到一边，于是可以言大道，可以悯民苦、启民智、挽民心、正风气。

读书、写作与为人可以说是齐头并进的。读了什么书，就会成为什么人；是个什么样的人，便会写出什么样的书。读书，是为了做人，而写作就是表现人。读书，是看别人如何做人，写作，则是自己如何做人，因而写作比读书更重要。孔子讲述而不作，但他还是有"作"，只不过是他的弟子帮助他完成的，不然我们就读不到《论语》，也就不能深刻理解孔子。读书需要学习，写作更需要学习。曾国藩强于一般人的地方在于，他提出了为人与为学齐头并进的主张。这一主张反映出了曾国藩对人的基本观念，那就是既要重人品，又要讲才学。

曾国藩为文，主张思路宏开，意义宽广，济世载道。曾国藩最不愿意看的，便是无病呻吟的文章。

文章的运行方式是多种多样的，有的豪放，有的婉约，有的雄奇。就说雄奇吧。如何使文章雄奇呢？文章并不是选用了雄奇的词语就会雄奇的，当然它与选词造句有关，但不单是选词造句。曾国藩说，文章的雄奇首先在于有生气灌注其中，造句在其次，选字又在其次。

曾国藩最喜欢古人的那些雄奇的文章，他觉得韩愈第一，扬雄次之，他们两位的行气，都是天性使然。至于说到后天的个人努力，如果说韩愈造句的功夫比较深，那么扬雄的选字功夫就比较深。可见，曾国藩读书不仅能从大处着手，也能在细微处见功力。所以，要使文章雄奇，不仅要在选词造句上下功夫，更应把自己的生命气息灌入其中，这才是雄奇之道。

曾国藩的文章理论，偏重于雄奇一途，所以他的文章，也在雄奇的一方面见长，他的比较著名的文

韩愈，明人推他为唐宋八大家之首，有"百代文宗"之名

章如《原才》和《湘乡昭忠祠记》等，气势之壮，句之不俗。曾国藩之所以好雄奇瑰玮之诗文，首先是他的个性使然。他秉性刚强，不屈不挠，年富时且有几分傲骨。咸丰四年在湖南，咸丰六年在江西，颇不为当道所容，与他的性傲气盛不无关系。后来他屡受挫，"打脱牙，和血吞"，仍不失其刚强之气。其次是政治上的需要。曾国藩既决心建功立业，与太平天国在军事上、精神上决一死战，成为"末世扶危救难之英雄"，自然须要有一种雄奇阳刚之气来支撑。他总结道："未有无阳刚之气，而能大有立于世者。"曾国藩正是这样努力修养自己的政治上的刚正无畏，发为文章，必然归于瑰玮雄奇一路。曾国藩正是要以瑰玮雄奇之文，以写"经国体野"那样的重大政治题材。第三是文学上的需要。曾国藩既推崇望溪先生，又赞美姚鼐古文"雄伟而劲直"，可以说他前有师承。

但阳刚与阴柔不是对立的。曾国藩指出风格阳刚之文，须揉以阴柔之气；风格阴柔之文，须运乎阳刚之气。这是曾国藩的一个重要的美学主张。道光二十三年正月，他在日记中写道："车中看义山诗，似有所得。"唐代李商隐，在中国诗史上历来被人称为纤巧柔和风格的代表者。对宋诗人黄庭坚，曾国藩很赏识和提倡他的诗风。黄诗历来以风格奇崛著称，而曾国藩认为，只有黄庭坚才最能领会李商隐诗的渺绵奥缓的风格，可见曾国藩坚决反对阳刚与阴柔"画然不谋"的作法，曾国藩提倡阳刚之美，却亦不废阴柔之美。至于阳刚之美的主要体现，曾国藩认为是气势。他说："古文之法，全在'气'字上用功夫。"又说："为文全在气盛。"

如何才能气盛？他认为，必须具体落实到章法和句法上，其中的关键在布局。而"布局须有千岩万壑、重峦复嶂之观，不可一览而尽，又不可杂乱无纪。"杂乱无纪，则不能体现出气势；只有直道而无曲径，则气势不能蓄；气不能蓄，则其发也必不盛。这也如蓄流水一样，蓄之愈久，积之愈厚，一旦开闸，则势必澎湃，故气势存在于峰回路转之中，发泄于一唱三吟之时，曾国藩说："古文之道，谋篇布势是一段最大工夫。"他具体地谈到自己的读书体会说："《书经》、《左传》，每一篇空处较多，实处较少，旁面较多，正面较少。精神注于眉宇目光，不可周身皆眉，到处皆目也；线索要如蛛丝马迹，丝不可过粗，迹不可太密也。"写文章，须注意详略疏密，该详者详，刻略者略，所谓密处不能插针，疏处可以走马。详处密处，即文章的眉宇目光，亦即文章的精神之所由体现。

写文章，又须注意正反中傍之法，做到正反相衬，中傍互用，正话反说，反话正说，中心用周边扶持，周边围中心转动。至于贯通正反、中傍、起承、开合的线索，曾国藩说得极深切："欲气盛，全在段落清。每段分束之际，似断非断，似咽非咽，似吞非吞，似吐非吐，古人无限妙境难于领取。每段张起之际，似承非承，似提非提，似突非突，似纾非纾，古人无限妙用亦难领取。"他的意思是，文章的开合伸缩之间的线、索，要如蛛丝可见，如马迹可寻。而线索必以气贯之，线索就是气在文章中的运行，线索混则气难张，线索清则气必顺。

曾国藩还认为，文章的气势与遣词、造句密切相关。雄奇以行文的气势为上，造句次上，选字又次之。然而字不古雅则句必不古雅。句不古雅则气势也不会古雅。同时，字不雄奇则句子也不会雄奇，句不雄奇则气势也不会雄奇。文章的雄奇之妙，从内看全在于行文的气势，从外看全在于选词造句的精当。用心在精处，着笔在粗处，这大概是曾国藩古文作法的中心之点。

有人把曾国藩、胡林翼、左宗棠列为晚清奏牍"三大家"。值得注意的是，三人都互相砥砺，以学问作为肩负社会责任的依托。曾国藩本是乡里小儒，幸而得入翰林。在北京时，得与宋学家唐鉴、倭仁等做朋友，受其影响，然后下决心研究宋儒义理，讲究慎独功夫。从那时起，每日写日记，多能自责之语。后来他觉得专搞宋儒学说，无非做个理学名臣，于国何补，遂不再拘于门户之见，跳出宋儒这个框子，扩大他的视野。研究古文考据，尤留心经世之学，从而博览群书，丰富了自己的学问，不肯再为程朱一派所限制。

话虽如此，他仍自律谨严，始终如一，因此治清代学术史的人，仍称之为理学名臣。胡林翼、左宗棠、李鸿章就没有得到这样崇高的头衔了。胡林翼虽无此荣誉，但曾国藩却佩服他晚年进德之猛。

曾国藩说过，大凡作文赋诗，应在真挚的感情达到了极点，不吐不快的时候。如果你有了这种不吐不快的压力，那就表示你已到了可以作文赋

荷道十六

诗的时候了。

世界上很多东西都可以作假，唯独在作文时动之以情，不可作假。你一故作多情，或者硬着头皮煽情，那破绽马上就会显露出来，甚至根本就无法完成下去。因为你在写作时面对的不是别人，而是自己，一个人或许可以欺骗别人，但他无法欺骗自己。若想达到这种不吐不快的境地，一定要在平日注意情感与材料的积累，这样他在写作时，才会不假思索，左右逢源；而他所讲的道理，才会足以表达他心中的至真至正之情。一个人若在作文时没有雕章琢句的痛苦，在文章写成后也没有郁塞不吐的烦恼。

曾国藩说过这样的话："在真情实感激荡生发的时候，一定要审视一下心中的理念和思想是否具备，以及在何种程度上具备？如果像随手取摘身边的物品一样方便，顷刻而来，脱口而出，那就可以作文赋诗了；不然的话，如果还须临时去搜寻思想和意义，那还不如不作，勉勉强强，必然会以巧言伪情媚惑于人。"

所以说，一个不动感情的人，是写不出好文章的。一个感情积累不深厚的人，是写不出好文章的。这并不是因为他不具备写作的知识和才具，而是因为他不具备写作的内在欲望，要求和驱动力。在我国古代，就有很多这种蓬蓬勃勃的文章。如贾谊的《治安策》、贾山的《至言》、司马迁的《报任安书》、韩愈的《原道》、柳宗元的《封建论》、苏东坡的《上神宗书》，以及后来的如黄遵宪、袁枚等人的文章。他们的文章就具有一种非凡的生命力和旺盛的气势。

二　文出精远

【原典】

古人绝大事业，恒以精心敬慎出之。以区区蜀汉一隅，而欲出师关中，北伐曹魏，其志愿之宏大，事势之艰危，亦古今所罕见。而此文不言其艰巨，但言志气宜恢宏，刑赏宜平允，君宜以亲贤纳言为务，臣宜以讨贼进谏为职而已。故知不朽之文，必自襟度远大、思虑精微始也。

【释文】

古人成就的宏大事业，都是由于精心尽力，谨慎勤勉而成功的。就拿偏安的蜀汉来说，以一隅之地，而打算出兵到关中，向北讨伐曹操的魏国，这种志愿的宏大，事势的艰难，从古至今都是罕见的。但诸葛亮在《出师表》一文中却不谈事情的艰巨，只说军队志气要恢宏，赏罚要公允，君王要以亲近贤人，采纳忠言为根本，臣子要以讨贼进谏为职守。由此可见，不朽的作品，一定是从胸怀远大，见识高远，思虑精微开始的。

【要义】

曾国藩是一个深通运势之道的人物。他认为要使整个社会风气为之一变，不能用强力，而只能诉诸文事。要有孟子、韩愈那样精纯雄奇的文章发古今之浩气，一吐胸中之奇。这样的文章，使人开智去惑。而最好的文章是作者本人慷慨以赴道、杀身以成仁的心曲坦陈。

曾国藩以诸葛亮《出师表》为例。当时"以区区蜀汉一隅，而欲出师关中，北伐曹魏，其志愿之宏大，事势之艰危，亦古今之罕见"，但《出师表》却一句不提事情的艰巨，只说志气宜恢宏，刑赏宜公允，为君者必

亲贤臣而远小人，为臣者应以讨贼进谏为职责。诸葛亮的文章，是用他殚精竭虑、死而后已的行为做出来的，故成不朽之文。只想文章名世，却避身事外，害怕牺牲尽责，这样的便宜是捡不到的。

曾国藩说："天下事在局外呐喊议论，总是无益，必须躬自入局，挺膺负责，乃有成事之可冀"。这段话说得很明白，心动不等于身动，看准了非办不可的事，就要挺身而出，溯流而上，义无反顾，跳入局中。这样做还只是有"事成之可冀"。因为成功的机率人事天命各半。但是，如果你真的尽了全力，做出了最大的牺牲还不能成功，那人们就已经可以把你当成功者看了。如灭楚于前身败于后的韩信，如守城于前失守于后的张巡、许远，人们就不是当失败者看而是当成功者看的。

曾国藩的文章在清代是第一流的。他写得最好的文章也正是因为"躬身入局"，尽了全力，作出了最大的牺牲而挤出的心语。如其代表作《湘乡昭忠祠记》，气势之壮，句之不俗，使人觉得大有韩文不可及处。其文曰：

君子之道，莫大乎以忠诚为天下倡。世之乱也，上下纵欲，奸伪相吞，变诈相角，自图其安而予人以至危，畏难避害，曾不肯捐丝粟之力以拯天下。得忠诚者起而矫之，克己而爱人，去伪而崇拙，躬履诸艰而不责人以同患，浩然捐生，如远游之还乡而无所顾悸。由是众人效其所为，亦皆以苟活为羞，以避事为耻。呜呼！吾乡数君子所以鼓舞群伦，历九载而戡大乱，非拙且诚者之大效欤？

在这一段话里，曾国藩喊出了"以忠诚为天下倡"的时代最强音，至今音犹在耳，使人谈之如黄钟巨响，为之动容。读着这样雄奇的文字，我们仿佛看到靖港河面、鄱阳湖口那火炮连天，血光照水的激战场景。那位指甲长长、胡子粗粗，弯腰曲背，瘦骨嶙峋、不懂打仗也置身于战场的穷翰林，声嘶力竭地高喊："过旗者斩！过旗者斩！"于是潮水般后退的湘军士卒又潮水般涌向敌阵，接着是父唤子，兄呼弟，一排排号叫，一排排战

死。当湘军水师行将覆灭之际,那位绝望已极的曾大帅以苟活见耻,避开左右,一闪身跃入血光荡漾的水中。我们又仿佛看到被人从水中捞出的曾国藩昏迷着让幕僚连哄带劝拥进军帐,呆若木鸡,半响一言不发。智清神明之后,长叹一口气,挥手屏退左右,一把鼻涕一把泪地拖着病体向闻报必怒的皇上写奏章……

号称"初唐四杰之冠"的王勃,很早就显示出了读书的渊博和过人的才华。年仅六岁的他就会写文章,而且构思无滞,词情英迈,常常文惊四座。

唐高宗龙朔三年,14岁的王勃只身前往吴越一带。在越州,他受到当地一位姓季的富绅的热情接待。被季富绅请来作陪的大都是当地青少俊彦。酒酣兴浓,初次远离家门壮游的王勃,不禁豪情逸兴大发,挥笔作了《秋日宴季处士宅》,他在诗序中说:"兰亭有昔时之会,竹林无今日之欢。丈夫不纵志于生平,何屈节于名利?人之情矣,岂曰不然。人赋一言,各申其志,使夫千载之下,四海之中,后之视今,知我咏怀抱于兹日。"从这篇序中,可以想见少年王勃便立有雄心壮志。此时虽然寄情山水景物,但却胸怀天下长久,逸兴遄飞之中,流露了他切望建功立业、名垂不朽的志向。

离开越州,王勃溯江西上来到南昌,正值洪州都督阎伯屿整修滕王阁落成。阎公闻知这位少年才子来到洪州,便发帖邀请他参加滕王阁的盛宴。正是在这次宴会上,王勃写下了不朽的名篇《滕王阁序》。

王勃此时不过是个14岁的少年童子,写出如此杰作的确不可思议,所以后人说这是神授之笔,由此附会

王勃

出许多神话般的故事来。其实，王勃幼年苦读，积累厚实；游历江南名山大川，胸罗奇峰幽壑，阅历渐丰。加之他以少年羁旅之身，浪迹江湖，诸多磨砺，对时事人生均感慨良多。可是，就是这样一个满腹珠玑的才子，却"伤迫乎家贫，道未成而受禄"，出仕之后两遭打击，一生处于下位。短短的27个春秋，他在政治上留下的足迹只是挫折和失败，一生不得其志。然而，仕途的挫折反促成了他在文学上的成功。虽然他年不到而立，著述却有不少，其中以诗赋、文章成就最高，更涉及哲学、医学、历史、训诂、历法等等方面。

与王勃相比，南唐后主李煜虽也留下不少传世之作，但气度胸怀却远远不及。李煜工诗词、善格律、精于书画，但唯独对处理政事不感兴趣，对日渐强大的北宋政权处处委曲求全。北宋建立十几年后灭掉南唐，李煜被押往汴京。在离开自己的都城的时候，李后主有一首词写道："最是仓皇辞庙日，教坊犹奏别离歌，挥泪对宫娥。"后来，宋朝的大文学家苏东坡评论说："国破家亡之后，李后主应该首先想到的是自己丢掉了祖宗创下的基业，应到宗庙前痛哭，并向百姓谢罪。但是他根本没有这么做，而是去倾听教坊乐手演奏的《别离歌》，惋惜自己再也没有机会与宫娥彩女寻欢作乐了。有这样的国君，南唐不亡才怪呢！"

李煜算不上"襟度远大、思虑精微"，所以他的诗词虽能传世，却离"不朽"的标准还差得很远。

曾国藩服膺于孟子的"天爵论"，常以"不为圣贤便为禽兽"自警警人。孟子的原话是这样说的："有天爵者，有人爵者。仁、义、忠、信，乐善不倦，此天爵也。公卿、大夫、此人爵也。古之人修其天爵，而人爵从之。今之人修其天爵以要人爵，既得天爵，而弃其天爵，则惑之甚者也，终亦必亡而已矣。"

这段话的意思是说，人虽然也是动物的一种，但他更是万类中独一无二的精神贵族。仁、义、忠、信这些秉性是人类作为精神贵族所独具的。人以具备这些秉性之多少来区分他是不是完善的人，是纯粹的人还是杂质多的人。失落了这些秉性就是动物性一面占了上风，完全丧失了这些秉性那就是禽兽了。人之善性，就叫人的"天爵"。上古时期人们依据各人

"天爵"的档次，来推举公爵、大夫等不同档次的"人爵"，即社会职位。现在的人通过修"天爵"来攫取"人爵"，得了"人爵"就失了"天爵"，带头把人的思想搞乱了，风气搞坏了，其结果只会导致人性的泯灭，人类的自亡。

曾国藩是力图恢复"天爵"与"人爵"的一致性的。他的猛进力行曾使腐败的官场带来一线生机。薛福成撰《代李伯相拟陈督臣忠勋事实疏中》曾特别强调了曾国藩在转福化社会风气方面的作用。其文说："曾国藩自通籍后服官侍从，即与大学士倭仁，前侍郎吴庭栋，故太常寺卿唐鉴，故道员何桂珍，讲求先儒三书，剖析义理，宗旨极为纯正，其清修亮节，已震一时。……虽祸患在前，谤议在后，亦毅然赴之而不顾。与人共事，论功则推以让人，任劳则引为己责。盛德所感，始而部曲化之，继而同僚谅之，终则各省从而慕效之。所以转移风气者在此，所以宏济艰难者亦在此！"

一个穷翰林要去管正民风清吏治这种不着边际的闲事，既不得名，又不获利，除了扫上司的兴，添自己的祸患，就是徒招谤议。但是，这对于以正德为己任，以修身为底功的曾国藩来说，他不怕，他要管，社稷中兴中匹夫有责的责任感驱动着他"勉强行道，庄敬日强"。

三　道多文醇

【原典】

三古盛时，圣君贤相承继熙洽，道德之精，沦于骨髓，而学问之意，达于闾巷。是以其时罝兔之野人，汉阳之游女，皆含性贞娴吟咏，若伊莘、周召、凡伯、仲山甫之伦，其道足文工，又不待言。降及春秋，王泽衰竭，道固将废，文亦殆殊已。故孔子睹获麟，曰："吾道穷矣！"畏匡曰："斯文将丧！"于是慨然发愤，修订六籍，昭百王之法戒，垂千世而不刊，心至苦，事至盛也。仲尼即没，徒人分布，转相流衍。厥后聪明魁桀之士，或有识解撰著，大抵孔氏之苗裔，其文之醇驳，一视乎见道之多寡以为差：见道尤多者，文尤醇焉，孟轲是也；次多者，醇次焉；见少者，文驳焉；尤少者，尤驳焉。自荀、扬、庄、列、屈、贾而下，次第等差，略可指数。

【释文】

夏、商、周三代鼎盛的时候，圣明的君主和贤德的宰相和睦融洽，延绵不绝，当时的道德的精要，深入人们的骨髓，学问之要义，传播于民众之中。所以，当时就算是罝兔的野人，汉阳的游女，也都性格贞节，擅长吟咏。至于伊莘、周召、凡伯、仲山甫等人，他们的高尚道德，精深的文字表达，那就更不用说了。往后到了春秋的时候，王道的传统就衰竭了，道德就开始沦丧了，随之而来的文风就大不如前。所以孔子看到有人猎获麒麟这样的祥瑞之物时，说："我们崇尚的道德到尽头了！"在匡这个地方受到威胁时说："斯文将要丧失了！"于是慨而发愤，修订六部经典，来弘扬先前圣君的法度，历经千年都不用更改，正是对现状的极度痛苦，从而

成就了伟大的事业。孔子去世之后，他的弟子分布各地，广为传播他的思想。到后来有一些聪明的人，撰写了有关道德的文章，大多是孔子的传人，他们的文章的醇厚还是驳杂，主要取决于他们对道的理解的深浅。对道理解特别深的人，他们的文章就特别醇厚，孟子就是对道理解特别深的人；稍差点的，他的醇厚就差点；见解少的人，他的文章就驳杂；见解特别少的人，他的文章就特别驳杂。从荀子、杨雄、庄子、列子、屈原、贾谊往下算，水平参差不齐，能够到达这些人的层次的已经屈指可数。

【要义】

文章的品位高低，文字的醇厚与驳杂，其区别只在见道之多寡。曾国藩的禀性是由于家庭环境养成的，可是他的学问成就，却得力于北京做官的时代。他在翰林院一共九年，自庶吉士升到侍讲学士，都是一种清闲的职务。翰林院好像高级研究院，不过研究院只作纯粹的学术研究，而翰林院则是储备人才的总机关，平素为皇帝皇子讲书，可充经筵讲官，左右春坊庶子；放考差，可充乡会试主考总裁、同考官及各省学政。

清代翰林院遗迹

或纂校殿阁秘书，总不外乎文墨之事，所以很有研究的工夫。曾国藩前几年多看些历史书，兼及词章，注重经世之学，颇有心得。

郭嵩焘撰《曾文正公墓志铭》也说："公始为翰林，穷极程朱性道之蕴，博考古物，熟书典礼，以为圣人经世宰物，纲维万世，事无他，礼而已矣。"可见"经世宰物"的理学，非从义理考据词章入手而综合是不行的，这也就是历史学的功用了。

庄子说:"《春秋》经世,先王之志。"顾亭林说:"夫《春秋》之作,言焉而已,而谓之行事者,天下后世用以治人之书,将欲谓之空言而不可也。庄、顾均以《春秋》为经世治人之书,犹藩以《史》、《汉》、《通典》为经世之典。"古代的著作极简单,分科更不详,经世是寄托在历史学中的,所以孟子说《春秋》"其事则齐桓晋文,其文则史,其义则丘窃取之矣。"义是什么?就是经世了。可见经世学和历史学在古代是不可分的。

曾国藩曾对弟子等言:"君子之为学,以明道,以救世也。"曾国藩所扛旗的"桐城派",亦主张文以载道,因文见道。近人大多只看到曾国藩仅是一个文学家,其实不然,曾国藩在教导人做学问方面,主张义理、考据、辞章、经济四方面都要兼顾,其治学道路很开阔,又能做到做人治学二者并重——通经学而立身可为师法的人,不偏重哪一边。在他的家书家训中有不少方法对此加以指点,虽然这种指点很谦和,没唱什么高调,但也很亲切。就像他说的那样:治学贵在有恒心,读一本书时要从头到尾通盘细读。其实读书如果不能从头到尾通读,无论是讲用科学方法也好,还是提倡本位文化也好,总之都是空论,并非真正的学问。曾国藩以儒家思想作为他的立身态度,道光二十年九月十八日致诸弟书说:

> 吾辈读书,只有两事。一者进德之事,讲求乎诚正修齐之道,以图无忝所生。一者修业之事,操习乎记诵辞章之术,以图自卫其身。

在这番话中可以看出,曾国藩在功名事业之外,极其重视荷道修业之事,以为如此方能无愧其所生。这还是他在初为翰林时的思想。及至晚年,功业已成,身名俱泰,他所时切在念的仍是他自己的德行与学问。曾国藩以文荷道的理念,使他成为桐城学派一杆旗帜。

曾国藩认为天下之大事,宜考察者有十四宗:官制、财用、盐政、漕务、钱法、冠礼、婚礼、丧礼、祭礼、兵制、兵法、刑律、地舆、河渠。曾国藩对秦蕙田所著《五礼通考》产生了极大兴趣,但认为此书"食货稍缺","乃取盐课、海运、钱法、河堤各事,抄辑近时奏议之切当时务者,

别为六卷，以补奏议所未备。"总之，凡是涉及国计民生的大事，便成为曾国藩的兴趣点。而为解决其中一个问题，他便要博取众家，旁综九流，以"拙井九仞，必见清泉"的精神，寻其主脉，辩其支流，而后融会贯通，自定主见，付诸实施。

曾国藩治学早年主攻程、朱，中年取法申、韩，晚年侧重老、庄。他作文人而不迂腐，作武人而不草莽，其治学之道始终在实事求是，经世致用。清朝政府当时限定读书人只读四书五经，做八股诗赋。曾国藩却力倡读百家之精，通经致用，这是对专制文化的一剂改良妙方，客观上起到了整合民族文化遗产，发掘祖国智力资源，向新一轮大华厦文化演进的推进作用。而经世致用的心法要诀，只在曾国藩所概括的"能立能达"四字。什么叫"能立能达"呢？曾国藩说：立者，发奋自强，站得住也；达者，办事圆融，行得通也。

中国社会是一个积淀了五千年文化遗产的复杂社会。复杂的社会不能没有复杂的阅历和复杂的性格与之适应。百行兼修，万善俱汲，融会贯通，方能站得住，行得通，有所作为。如果只抱一家之学，只会做一种人，那就只是单纯可爱而做不了成功者。而曾国藩正由于娴熟地掌握了"站得住""行得通"的知行合一要诀，故能在一大群经世致用优秀人物中脱颖而出，成为中国历史上为数不多的"办事而兼传教之人"。

藏锋十七

与时屈伸,柔从若蒲苇,非慑怯也;刚强猛毅,靡所不信,非骄暴也。以义变应,知当曲直故也。诗曰:"左之左之,君子宜之;右之右之,君子有之。"此言君子能以义屈信变应故也。

——《荀子·不苟》

一　屈伸之道

【原典】

《扬雄传》云："君子得时则大行，不得时则龙蛇。"一曲一直，一伸一屈。如危行，伸也。言逊，即屈也。此诗畏高行之见伤，必言逊以自屈，龙蛇之道也。

诚中形外，根心生色，古来有道之士，其淡雅和润，无不达于面貌。余气象未稍进，岂者欲有未淡邪？机心有未消邪？当猛省于寸衷，而取验于颜面。

【释文】

《扬雄传》中说："君子得天时就要大展拳脚，不得天时就要像龙蛇一样蜷伏起来。"为人要能够有曲有直，有伸有屈。比如行为端庄，这就是伸的一面。言语谦恭礼让，这就是屈的一面。这诗讲的是害怕品行高居当世而被伤害，所以采用言语谦恭礼让，以自屈求全，这就是"龙蛇"之道。

内在至诚必然在外貌中显露，心中的想法会形成外在的表现，自古以来的道德高尚的人，他们的淡泊高雅、亲近平和，都会在外表上自然流露出来。我的外表上流露出来的状态没有一点进步，这难道是我的贪图享受的意念还没有变得淡泊吗？难道是我的处心积虑算计别人的心思还没有消除吗？我应当强烈反省自己，以达到从外表上能得到验证出来。

【要义】

"藏锋"本是书法专用词，指用笔藏头护尾，不露锋芒，这样写出字来圆润，内力厚实。这里的"藏锋"是知强守弱的处世技巧，它与"内挺内实"的关系是手段与目标、战术与战略的关系。人生的总目标是进取，是自强不息，是成人成事的双向进取，是自强不息、成人成事的双向成功，这是"势"；但对于每处置一件事，每相与一个人，即在具体战术动作上则要注意与外界的相互适应和协调平衡，要克制，要藏匿锋芒，要顺势随缘而后动，这是为"势"服务的"虚实"手段了。前面《砺志》、《明强》、《刚柔》、《荷道》各篇都强调天下事要挺身自任、躬身入局，大有倔强挺进而不让人之势，容易使人误解为处处要锋芒毕露，只进不退，故在此专辟一章讲藏锋之法，以防偏颇。

书法之要在意、手、墨三者灵动互应，而见之于作品效果。意到、手到、墨到方可挥洒自如，创造出好的书法作品。为人处世之藏锋也一样，要表现自己，就要心、身、事相契，意在事先，身随意后，不可不看效果。对内的"看重自己"是为了保持自信，但每一个人都"看重自己"，成全了别人才能成全自己。"看轻自己"就叫谦虚，就叫"藏锋"。这不是什么高姿态的问题，而是还人之常情、还事物原样、还人之平等心根本智慧。做好一个人，或做成一件事，都必须讲究藏锋技巧，其道理就是这样简单。

《庄子》中有一句话叫"直木先伐，甘井先竭"。一般所用的木材，多选择挺直的树木来砍伐；水井也是涌出甘甜井水先干涸。由此观之，人才的选用也是如此。有一些才华横溢，锋芒太露的人，虽然容易受到重用提拔，可是也容易遭人暗算。历史上这种例子比比皆是。

杨修曾是曹操的主簿，时值曹刘两军在汉水一带对峙。曹操屯兵日久，进退两难。一日，适逢厨师端来鸡汤，曹操见碗底有鸡肋，有感于怀，正沉吟间，夏侯惇入帐禀请夜间号令。曹操随口说："鸡肋！鸡肋！"军士们便把这当作号令传了出去。行军主簿杨修即叫随行军士收拾行装，准备归程。夏侯惇大惊，请杨修至帐中细问。杨修解释说："鸡肋者，食之无肉，弃之可惜。今进不能胜，退恐人笑，在此无益。来日魏王必班师矣。"夏侯惇

也很信服，营中诸将纷纷打点行李。曹操知道后，怒斥杨修造谣惑众，扰乱军心，便把杨修斩了。

后人有诗叹杨修："身死因才误，非关欲退兵"，这是很切中杨修之要害的。原来杨修为人恃才放肆，曾数犯曹操之忌。曹操曾造花园一所。造成，曹操去观看时，不置褒贬，只取笔在门上写一"活"字。杨修说："门内添活字，乃'阔'字也。丞相嫌园门阔耳。"于是翻修。曹操再看后很高兴，但当知是杨修析其义后，内心已忌杨修了。又有一日，塞北送来酥饼一盒。曹操写"一合酥"三字于盒上，放在台上。杨修入内看见，竟取来与众人分食。曹操问为何这样？杨修答说，你明明写"一人一口酥"嘛，我们岂敢违背你的命令？曹操虽然笑了，内心却十分厌恶。

杨修

杨修之死给我们留下了重要的启示。第一，才不可露尽。杨修才华横溢，其高盖主。这就犯了曹操的大忌。第二，事不要点破。譬如鸡肋，曹操正苦思于此，不知如何解脱，你捅穿这层薄纸，就是羞辱了他。

古语云："木秀于林，风必摧之；堆出于岸，流必湍之；行高于人，众必非之。"又俗语曰："人怕出名猪怕壮。"猪养壮了，必定是一刀的结局；人出名了，必会招人侧目而视，是惹祸的根由。所以，善于处世的人应该懂得在"名利"两字上瞻前而顾后，适可而止，有所节制。

在名利问题上，最能体现"全生保真"精神的历史人物大概应推范蠡了。范蠡在助越王勾践灭吴之后，"以为大名之下，难以久居，且勾践为人可与同患，难以处安"，就激流勇退，放弃了上将军之大名和"分国而有之"的大利，退隐于齐，改名换姓，耕于海畔，手足胼胝，父子共力，

后居然"致产十万",受齐人之尊。范蠡虽居相安荣,但又以为"久受尊名,不祥,"乃归相印,尽散其财,"闲行以去,止于陶",从事耕畜,经营商贾,又致货累矩万,直至老死于陶。这就是历史上有名的"范蠡三徙"。

范蠡之所以辞官退隐,就是考虑到不要让尊名大利给自己带来身家性命之忧。事实上他的考虑是有道理的。与他共扶勾践的文种就因不听范蠡的规劝接受了越国的尊荣大名,结果死在勾践手下。

明初的沈万三,是另一种不知进退,招致灾祸的例子。

沈万三是明朝初年江苏昆山一带著名的大富翁,竭力向刚刚建立的明王朝表示自己的忠诚,拼命地向新政权输银纳粮,讨好朱元璋,想给他留个好印象。朱元璋不知是想捉弄沈万三呢,还是真想利用这个巨富的财力,曾经下令要沈万三出钱修筑金陵的城墙。沈万三负责的是从洪武门到水西门一段,占金陵城墙总工程量的三分之一。可沈万三不仅按质按量提前完了工,而且还提出由他出钱犒劳士兵。

沈万三这样做,本来也是想讨好朱元璋欢心,但没想到弄巧成拙。朱元璋一听,当下火了,他说:"朕有雄师百万,你能犒劳得了吗?"

沈万三没听出朱元璋的话外之音,面对如此诘难,他居然毫无难色,表示:"即使如此,我依然可以犒赏每位将士银子一两。"

朱元璋听了大吃一惊。在与张士诚、陈友谅、方国珍等武装割据集团争夺天下时,朱元璋就曾经由于江南豪富支持敌对势力而吃尽苦头。现在虽已立国,但国强不如民富,这使朱元璋感到不能容忍。如今沈万三竟敢僭越,想代天子犒赏三军,仗着富有将手伸向军队,更使朱元璋火冒三丈。但他没将怒意马上表露出来,只是沉默了一会儿,冷冷地说:"军队朕自会犒赏,这事儿你就不必操心了。"

后来，朱元璋接骨下令将沈家庞大的财产全数抄没，又下旨将沈万三全家流放到云南边地。这一切都是他不知富不能显，富不能夸，为富要自恃，为富要谦恭，才能长久保持富贵的道理造成的。所以富也要忍，不忍教训惨重。

屈是为了伸，藏心本是蓄志。不屈不以伸展，不藏心志从何来？曾国藩的"藏心"表现在他与君与僚属的共同处事上，这种藏锋来自他对中国传统文化的体认，来自一种儒释道文化的综合。曾国藩屈伸的典型事例很多。

同治三年，天京攻破，红旗报捷，他让官文列于捷疏之首，即有谦让之意，尤其是裁撤湘军，留存淮军，意义极为明显。不裁湘军，恐权高震主，危及身家，如裁淮军，手中不操锋刃，则任人宰割，因此他叫李鸿章按淮军不动，从自己处开刀。

当时曾国藩所统湘军约计12万余人，但左系（左宗棠）湘军进入浙江以后，已成独立状态，早在攻陷天京以前，江忠义、席保田两军一万人已调至江西，归沈葆桢统辖，鲍超、周宽世两军两万余人赴援江西以后，随即也成为沈葆桢的麾下人马，剩下的便只有曾国荃统率的五万人，而这些人也正是清政府最为担心的。于是曾国藩从这五万人开始进行裁撤。

曾国藩留张诗日等一万余人防守江宁，一万五千人由刘连捷、朱洪章、朱南桂率领，至皖南、皖北作为巡防军队。裁撤了助功天京的萧庆衍部近万人和韦俊的两千五百余人。但实际上，曾国荃的嫡系部队基本被保留下来。同治四年正月，又裁撤了八营。五月，曾国藩奉命北上山东剿捻，当时江宁未撤防军还有十六营八千人，但只有张诗日一营愿随曾国藩北上，其余都不愿北上，于是曾国藩又裁撤了其余的七千五百人。之后，又陆续裁撤了刘连捷、朱洪章、朱南桂三军。此时，曾国藩能够调动的部队只剩下张诗日一营和刘松山老湘营六千人。

早在裁湘军之前，曾国藩就写信给李鸿章说："惟湘勇强弩之末，锐气全消，力不足以制捻，将来戡定两淮，必须贵部淮勇任之。国藩早持此议，幸阁下为证成此言。兵端未息，自须培养朝气，涤涤暮气。淮勇气方强盛，必不宜裁，而湘勇则宜多裁速裁。"

曾国藩信中之意极深，只有李鸿章才能理解他的苦衷：朝廷疑忌握兵权的湘淮将领，舆论推波助澜，欲杀之而后快，如湘淮并裁，断无还手之力，若留淮裁湘，则对清廷可能采取的功高震主者起到强大的牵制作用。李鸿章即窥见到清廷的用心，又理解了曾国藩的真实意图，因而决定投双方之所好，坐收渔人之利。他深知在专制制度下"兵制尤关天下大计"，淮军兴衰关乎个人宦海浮沉。他致函曾国藩表示支持裁湘留淮的决策，说"吾师暨鸿章当与兵事相终始"，淮军"改隶别部，难收速效"，"惟师门若有征调，威信足以依恃，敬俟卓裁"。由于曾、李达成默契，所以裁湘留淮便成定局。

"龙蛇伸屈之道"，是一种自我保护、自我实现价值的生存之道。实际上藏锋露拙与锋芒毕露，是两种截然相反的处世方式。锋芒引伸指人显露在外表的才干。有才干本是好事，是事业成功的基础，在恰当的场合显露出来是十分必要的。但是带刺的玫瑰最容易伤人，也会刺伤自己。露才一定要适时、适当。时时处处才华毕现只会招致嫉恨和打击，导致做人及事业的失败，不是智者的所作所为。有志于做大事业的人，可能自认为才具很高，但切记要含而不露。

二 君子退藏

【原典】

凡民有血气之性，则翘然而思有以上人。恶卑而就高，恶贫而觊富，恶寂寂而思赫赫之名。此世人之恒情。而凡民之中有君子人者，率常终身幽默，暗然退藏。彼岂异性？诚见乎其大，而知众人所争者之不足深较也。自秦汉以来，迄于今日，达官贵人，何可胜数？当其高据势要，雍容进止，自以为才智加人万万。及夫身没观之，彼与当日之厮役贱卒，污行贾竖，营营而生，草草而死者，无以异也。而其间又有功业文学猎浮名者，自以为才智加人万万。及夫身没观之，彼与当日之厮役贱卒，污行贾竖，营营而生，草草而死者，亦无以甚异也。然则今日之处高位而获浮名者，自谓辞晦而居显，泰然自处于高明。曾不知其与眼前之厮役贱卒，污行贾竖之营营者行将同归于澌尽，而毫毛无以少异，岂不哀哉！

【释文】

所有有血气之性的人，都会油然生出想超过他人的念头。他们讨厌卑下，追求高位，讨厌贫贱而希图富贵，讨厌默默无闻而思慕显赫的名声。这是世人的常情。而普通人中间的那些君子，常常是终身沉寂，悄悄退守。难道他们跟一般人天性相异吗？事实上他们是看到了大的方面，而知道一般人所争逐的是不值得计较的。自从秦汉以来，直到今天，所谓达官贵人，哪里能数得清呢？当他们高居权势要职时，举止仪态从容高雅，自以为有超过他人万倍的才智。但等到他们死后再观察，就跟当时的品格低贱的杂役、地位低下的商人、浑浑噩噩地活着又死去的人，没有什么不同。而其中又有所谓依靠功业文章猎取虚浮名声的人，也自以为有超过他人万倍的才智。但等到他们死后再观察，也跟当时的品格低贱的杂役、地

位低下的商人、浑浑噩噩地活着又死去的人，没有什么不同。既然这样，那么今日那些身居高位而取得虚名的人，自以为自己言辞蕴含高深的义理而地位显贵，因而毫无愧色地自认为高明，而不知道自己跟眼前那些浑浑噩噩的执劳役、供使唤的杂役贱卒、地位低下的商人，其实是殊途同归，没有丝毫差异，难道不让人感到悲哀吗！

【要义】

有人说曾国藩能够功成名就的最大原因，就是深谙藏锋技巧。曾国藩常用"厚藏匿锐，身体则如鼎之镇"这两句话教育僚属及家人。"藏"是什么？曾国藩解释说："藏，匿也，蓄也；锋，尖也，锐也。藏锋乃书家语，言笔锋藏而不露也。吾谓言多招祸，行多有辱。是故，傲者人之殃，慕者退邪兵。为君藏锋，可以及远；为臣藏锋，可以至大。讷于言，慎于行。乃吉凶安危之关，成败存亡之键也。"

锋芒本意是刀剑的尖端，比喻显露出来的才干。一个人若无锋芒，那就是提不起来，所以有锋芒是好事，是事业成功的基础，在适当的场合显露一下既有必要，也是应当。但锋芒可以刺伤别人，也会刺伤自己，运用起来应该小心翼翼，平时应插在剑鞘里。所谓物极必反，过分外露自己的才华只会导致自己的失败。尤其是做大事业的人，锋芒毕露既不能达到事业成功的目的，又失去了政治前途，甚至身家性命。所以，有才华的人应该含而不露，该装糊涂时一定要装糊涂，切勿恃才放旷，这样你就有双份的才华。

梁启超评价曾国藩："非有超群轶伦之天才，在并时诸贤杰中，称最钝拙。"曾国藩自己也说："自以秉质愚柔，舍困勉二字，别无他长处。"又说："吾平生短于才，爱者或谬以德器相许，实则虽曾任艰巨，自问仅一愚人，幸不以私智诡谲凿其愚，尚可告后昆耳。"

难道他真是一个钝拙愚柔短才的人吗？实在说起来，这又不尽然了。一个人的成就有小有大，小者或可从困勉铢积寸累得来，若成就大业，只靠辛苦强学还是不行，尤必有超人的领悟天才，才能相济为用。曾国藩论才德说：

司马温公曰:"才德全尽,谓之圣人;才德兼亡,谓之愚人。德胜才,谓之君子;才胜德,谓之小人。"余谓德与才不可偏重。譬之于水,德在润下,才即其栽物溉田之用;譬之于木,德在曲直,才即其舟楫栋梁之用。德若水之源,才即其波澜;德若木之根,才即其枝叶。德而无才以辅之,则近于愚人;才而无德以立之,则近于小人。……二者既不可兼,与其无德而近于小人,毋宁无才而近于愚人。自做之方,观人之术,皆以此为衡可矣。

可见曾国藩并不漠视才与德的相对作用。何以他反自称无才呢?这不过是他的一种谦德。因为才是靠不住的,如果恃才傲物,就容易泛滥横流,近于小人了。这完全都是勉人为学的意思。

张居正,明隆庆元年入阁,后为首辅。万历初年,神宗年幼,国事都由他主持,前后当政10年。当时,财政破产,农民起义此伏彼起,危机严重。他以"竿盗即斩"的手段加强镇压,并进行一些改革。万历六年,下令清丈土地,清查大地主隐瞒的庄田。三年后在全国范围内推行了一条鞭法,改变赋税制度,把条项税役合并为一,按亩征银,使封建政府的财政情况有所改善。但他排斥异己,结党营私,生活腐化堕落,喜爱声色犬马,家中财物珍玩无数,还和妃子勾搭成奸,名声很糟。他贪婪权势而怕为父奔丧时权力被人剥夺,终于没有奔丧,终于以"夺情"为世俗所不容,等万历皇帝长大后,就没收了他的财产,还扒了他的坟墓,并为受张居正排挤的人逐渐恢复了官位。

一代权相张居正

如果张居正收敛一下锋芒,学会保护

自己，一边为天下黎民着想，为社稷着想，一边实施自我保护，哪里还有这么多悲剧发生呢？实际上，两者完全可以兼顾，并不一定非要顾此失彼。历史上事业成功而且下场很好的人不少，他们或者归隐，或者仍身居高位，这不是取得了双份的成功吗？事业成功而个人生活失败，怎么能算完全的成功呢？怎么能是大智大慧的人所为呢？所以，无论是初涉世事，还是位居高官，无论是做大事，还是一般人际关系，锋芒不可太露。《诗经》说："战战兢兢，如临深渊，如履薄冰。"这首诗大概是周代大夫之作，原用来告诫周幽王。曾国藩常背诵这首小诗，那战战兢兢，胆怯而谨慎的样子，如同面临深渊，唯恐掉下去，在冰川上行走，唯恐陷下去。那些已掌握大权的人，不要忘乎所以，狂燥乱为，应时时思考自己，警戒自己。这是掌权做官的人的警戒。

《庄子》中有一句话叫"寿则多辱"。讲的是古时，尧帝到华地视察。当地的官员为尧祈福说："希望你能获得很多男孩，获得丰富的财富。"但是，尧帝拒绝接受这种祝福。他对官员们说："男孩子多了，操心的事情便会接连不断出现。钱财丰厚了，麻烦的事情就会多起来了。活的时间越长，遭受耻辱的机会也一定更多。"这的确是一种高见。

中国人历来提倡以"不贪为主"的品德。

> 春秋时宋国有贤人子罕，官至辅政。国中有人得了一块硕大的美玉，于是赶快去献给他，可是子罕不受。献玉者问他："你为何不要这块玉？这是件玉匠鉴定过的宝物，价值连城啊！"子罕听了回答说："我以不贪为宝，而你以玉为宝，我们俩应该各安其宝。请你把玉拿回去吧！"

在子罕看来，此玉不过是"刀刃之饴"，有何可羡？持身藏去贪锋，才是最可宝贵的品德。在我们的生活里，常会有这种"玉"，即使无人拿来献给你，它也会在那里诱惑着你。有多少人受了这种灿烂的诱惑，步趋而去，结果把立世的"宝"给失去了。所以人不要为欲望所驱使，做欲望的奴隶而不能自拔。藏去欲望之锋，便能得到安宁。

挺经

藏锋十七

现实中，确实有些人能够对客观的、外在的出身、家世、钱财、生死、容貌都看得很淡泊，他们只追求精神的超脱、洒脱，正所谓"去留无意，任天空云卷云舒；宠辱不惊，看窗外花开花落"。庄子曰："荣辱立然后睹所病"。意思是说，人们心中有了荣辱的得失，就只得忧虑烦恼，无以摆脱。他在《徐无鬼》篇中说，追求钱财的人因钱财物积累不多而忧愁，贪心者永不满足；追求地位的人常因职位还不高而暗自悲伤；迷恋权势的人，特别喜欢社会动荡，以便从中扩大自己的权势。同时庄子也从正面阐述其观点。他说，不追求官爵的人，不因为高官厚禄而喜不自禁，不因为前途无望、穷困贫乏而随波逐流，趋势媚俗，荣誉面前一样达观，所以他也就无所谓忧愁。因而在庄子看来最大的荣誉就是没有荣誉。把荣誉看得很淡很轻，名誉、地位、声望都算不得什么，即使行善做好事也不要留名。

千万不要以为曾国藩用藏锋法只是一种谋略小技，他是那类既精明又高明的人物，深谙柔远至大之要。曾国藩懂得，人的生命有限，人的能量积聚有限，而耗散既快且易。生命的能量既然积慢耗快，聚难耗易，那就要珍惜它，把积聚不易的能量点点滴滴用到立功、立德的双向成功上，用到刀刃上，而不能白白浪费在口舌之辩、笔墨之争、无谓之斗、无效之劳上。那是逐妄谋虚，只图一时痛快，徒招祸患，而身心不得实惠的愚蠢行为。这就是以"夫唯不争，故天下莫能与之争"为内涵的藏锋法对于生命价值的实际意义。

曾国藩崇尚谦虚退让，在内心常怀愧对之意，并认为这是"载福之器，入德之门"。藏锋作为一种谦虚退让方法，是心身必须，大道自然，只有当人的内心有了这种需求时，才不会把它仅仅当作谋略看，不会觉得不露才、不逞强是吃了亏，总想着再捞回来。正是这样一种从内部世界发出的需求信息，使曾国藩在他的言行中处处表现谦恭退让。从清光绪三年刊行的《曾文正公日记》中可以充分看出曾国藩这种基于柔远致大之道的藏锋观念。他很少在日记中批评有地位的人物，平时与亲信幕僚评论时人长短的话决不见诸文字；下笔慎重，不轻发议论，所有对朝廷，及对同僚下属的不满，都尽量避免入日记；反省自励的文字居多，体现了存理遏欲以治己，温厚和平以待人的敬恕之道。这些做法，足供后人终身取法。

三 英雄恭谨

【原典】

古之英雄，意量恢拓，规模宏远，而其训诫子弟，恒有恭谨厚藏，身体则如鼎之镇。以贵凌物，物不服；以威加人，人不厌。此易达事耳。声乐嬉游，不宜令过。蒱酒渔猎，一切勿为；供用奉身，皆有节度。奇服异器，不宜兴长。又宜数引见佐吏，相见不数，则彼我不亲。不亲，无因得尽人情；人情不尽，复何由知众事也。数君者，皆雄才大略，有经营四海之志，而其教诫子弟，则约旨卑思，敛抑已甚。

【释文】

古代的英雄，胸怀恢宏宽广，事业规模宏大，而他们教育、告诫子孙，总是显得恭谨慎深，隐而不露，身家就如同鼎一样稳固无忧。依仗身份尊贵来欺凌别人，他人是不会服气的；以威望加于人，人们就不会厌恶。这是容易办到的事情。声色嬉游之类活动，不应该让它们太过度了。赌博、酗酒、钓鱼、狩猎，这些都不做；供身体享用的开销，都有规定尺度。奇异的服饰与玩物，不应有太大兴趣。应该适宜地多引见帮助你的下属官吏，与他们相见次数不多，他们与我就不亲近。不亲近就无法了解他们的心情和人际关系，不了解他们的心情和人际关系，又如何知道各类事情呢？这些英雄都具备雄才大略，有统治天下的志向，而他们教育告诫子孙，都要简单明确，从小处着想，很强烈地收敛自己。

【要义】

在这里，曾国藩主要表述了他的自我抑敛的思想。为什么要自我抑

敛？主要是因为自身的渺小和人生的短暂，切不可因所处地位高于别人就自高自大、不可一世。这也是"挺经"中的重要一条：虚心才能容物，容物才能有大的成就。

虚心，并不表示你低人一等。因此，你大可不必因虚心而觉丢面子，恰恰相反，人生中的许多机遇往往是因你的虚心而得来。张良与黄石公的故事就说明了这个道理。

张良曾有一次闲暇无事，到下邳的桥上从容散步。有一个老人，穿着粗布短衣，走到张良跟前，故意将鞋子掉到桥下，回头对张良说："小孩子，下去拣回我的鞋子！"张良很惊讶，想揍他一顿。但因为他是老年人，便勉强忍耐，到桥下拾回鞋子。老人说："给我穿上鞋子！"张良既然已经把鞋子拾上来，就挺身跪着给他穿鞋。老人伸着脚让张良穿上鞋，然后笑着离开了。张良很惊奇，随着老人的去向注视着他。老人走了一里地左右，又返回来，对张良说："你这个孩子，可以教育。五天之后天将亮时，和我在这里相会。"张良感到他很奇怪，便跪着说："可以。"

五天后的天将亮时，张良就到下邳桥上去，可是老人已经先在那里。老人生气地说："与老年人约会，为什么后到呢？"说罢离去，但留下话说："五天之后早点来！"第五天，鸡一叫，张良就去桥上，老人又先在那里了。老人又生气地说："为什么又来晚了？"说罢离去，又留下话说："过五天后早点来！"第五天，还不到半夜，张良就到桥上去了。不一会儿，老人也来了，高兴地说："应当这样做。"而后拿出一部书，对张良说："读了这部书，就能够做王者的老师了。十年之后，你会转

清康熙青花瓷盘《张良纳履》（局部）

运；十三年之后，你到济水之北见我，谷城山下有块黄石就是我。"天亮后，张良看这本书，原来是《太公兵法》，张良对此很珍视，经常诵读它。后人常把此书称为《黄石公三略》。

张良喜得这部兵书后，就开始认真地学习、研究。汉高祖刘邦在沛县兴兵反秦后，张良就成为汉高祖刘邦的谋略大师，帮助刘邦夺得天下。尔后，张良激流勇退，到了济北，果然见谷城山下有块黄石。

正是因为懂得虚心的好处，唐太宗李世民贵为帝王，仍恪守虚心的原则。贞观二年，唐太宗对侍臣说："人们说当了皇帝就自认为尊贵高尚，没有什么可畏惧的，我却认为应当保持谦逊恭谨，经常感到畏惧。从前舜告诫禹说：'你只要不自以为是，那么天下就没有人能和你争贤能；你只要不自我夸耀，那么天下就没有人能与你争功劳。'另外《周易》中说，做人的准则应当是厌恶骄傲自满而崇尚谦逊恭谨。大凡做皇帝的，如果自认为尊贵高尚，不保持谦逊恭谨的作风，那么自身若有了不对的事，谁还肯冒犯威严上疏劝谏？我每说一句话、办一件事，必定上畏惧苍天，下畏惧群臣。苍天高高在上体察着人世间的善恶，怎么能不畏惧？我的一言一行都被众公卿大臣、有识之士看在眼里，又怎么能不畏惧？从这样的角度去考虑，就应经常谦逊恭敬，经常小心谨慎，尽管如此，还时常担心所作所为不符合上天的意旨和百姓的心愿。"

魏征附和说："古人讲，没有一件事是没有开头的，但坚持到最后的却很少。希望陛下坚持这种谦惧的作风，一天比一天谨慎，那么国家就会永远巩固，而不会灭亡了。尧、舜时代之所以太平，实际上就是遵循了这个原则。"

孔子曾经拜访过老子，向他请教礼。老子告诫孔子说："一个聪明而富于洞察力的人身上经常隐藏着危险，那是因为他喜欢批评别人。雄辩而学识渊博的人也会遭遇相同的命运，那是因为他暴露了别人的缺点，因此，一个人还是节制为好，即不可处处占上风，而应采取谨慎的处世态度。"

《老子·洪德》章说："大巧若拙，大辩若讷"。意思是最聪明的人，真正有本事的人，虽然有才华学识，但平时像个呆子，不自作聪明；虽然能言善辩，但好像不会讲话一样。无论是初涉世事，还是位居高官，无论是做大事，还是一般人际关系，锋芒切不可毕露。有了才华固然很好，但在合适的时机运用才华而不被或少被人猜忌，避免功高盖主，才算是更大的才华，这种才华对国对家对人对己都有真正的用处。《史记·游侠列传》记载了侠客郭解的一段故事。

　　在洛阳有一位男子因与人结怨而处境困难。许多人出面当和事佬，但对方一句话也听不进去，最后只好请郭解出面。为排解纠纷，郭解晚上悄悄地造访对方，热心地进行劝服，对方逐渐让步了。

　　如果是普通人，一定会为对方的转变而沾沾自喜，但郭解却不同。他对那位接受劝解的人说："我听说你对前几次的调解都不肯接受，这次很荣幸能接受我的调解。不过，身为外地人的我，却压倒本地有名望的人，成功地排解了你们的纠纷，这实在是违背常理。因此，我希望你这次就当作我的调解失败，等到我回去，再有当地有威望的人来调解时才接受，怎么样？"

这种做法实在是异于常人，细想起来真是一种使自己免遭众人嫉恨的明智之举。既保护了自己，又留下了为人称道的美名。谁能说郭解不是大智之人呢？比较起来，那些极力显示自己才能的人，不过是小聪明罢了。

"人不知而不愠"是很难做到的。所以有些人便以语言和行动的锋芒毕露来引起大家的注意。但更有一些深藏不露的人，好像他们都是庸材，都胸无大志，实际上只是他们不肯在言语上露锋芒，在行动上露锋芒而已。因为他们知道，言语露锋芒，便要得罪旁人，得罪旁人，旁人便成为阻力，成为破坏者；行动露锋芒，便要惹旁人的妒忌，旁人妒忌，也会成为阻力，成为破坏者。

隋代薛道衡，13岁便能讲《左氏春秋传》。隋高祖时，作内史侍郎。炀帝时任潘州刺史。大业五年，被召还京，上《高祖颂》。炀帝看了颇不高兴，讲："不过文词漂亮而已"。因炀帝自认文才高而傲视天下之士，不想让他们超过自己。御史大夫乘机说薛道衡自负才气，不听训示，有无君之心。于是炀帝便下令把薛道衡绞死了。

天下人都认为薛道衡死得冤枉。他不正是太锋芒毕露遭人嫉恨而命丧黄泉的吗？而南朝刘宋王僧虔，是东晋王导的孙子。宋文帝时官为太子中庶子，武帝时为尚书令。年纪很轻的时候，僧虔就以善写隶书闻名。宋文帝曾看过他写在扇子上的字，赞叹道："不仅字超过了王献之，风度气质也超过了他。"当时，宋武帝一心想以书法名闻天下，僧虔便不敢露出自己的真迹。故而，常常把字写得很差，因此也平安无事。所以有才华的人必须把保护自己也算作才华之列。表现本领的机会，不怕没有，只怕把握不牢，反受其害。

"知足不辱，知止不殆"。《老子》中的这句话就是告诫人们要懂得荣辱的分寸。知道满足就不会受辱，知道适可而止，就不会遭遇不幸。又说"祸莫大于不知足，咎莫大于欲得"。不知足是最大的祸患，贪得无厌是最大的罪过。把钱财物、家世、容貌视为荣辱标准的人，一般都不知足，越有越想有，越有欲望越盛；欲望太盛，就会生出邪念，为拥有更多的财权欲而不择手段。

大丈夫不论得不得志，皆能恬然处之。孟子说："穷不失义，达不离道。穷不失义，故士得己焉；达不离道，故民不失望焉。古之人，得志，泽加于民；不得志，修身观于世。穷则独善其身，达则兼济天下。"在不得志的时候也不忘记义理，在得志的时候更不违背正道。孟子还认为君子是不受外界动摇的，只要不做欠缺仁德、违反礼义的事，则纵使有什么突然降临的祸患，也能够坦然以对，不以为祸患了。

孔子带着弟子们周游列国时，在陈国被困，连吃的东西都没

有，连续几天动弹不得。最后，弟子子路忍不住大叫："君子也会遇到这种悲惨的境遇吗？"

孔子对于子路的不满视而不见，只是淡淡地回答："人的一生都会有好与坏的境遇，最重要的是处在逆境时如何去排遣它。"

荀子根据这段故事指出："遇不遇者时也。"任何人的一生总会有不遇的时期，无论从事什么工作，都会有和预期相反的结果。长此以往，任何人都不免产生悲观情绪。然而，人生并不仅有这种不遇的时候。当云散日出时，前途自然光明无量。所以，凡事必须耐心地等待时机的来临，不必惊慌失措。相反，在境遇顺利的时候，无论做什么事都会成功；可是总有一天，不遇的时刻会悄然来临。因此，即使在春风得意之时也不要得意忘形，应该谨慎小心地活着。

身处顺境要藏锋，身处逆境也要藏锋，这才是聪明人所应采取的生活态度。

盈虚十八

持而盈之,不如其已;揣而锐之,不可长保。金玉满堂,莫之能守;富贵而骄,自遗其咎。功遂身退,天之道也。

——《道德经·运夷》

一　人恒有缺

【原典】

尝观《易》之道，察盈虚消息之理，而知人不可无缺陷也。日中则昃，月盈则亏，天有孤虚，地阙东南，未有常全而不缺者。"剥"也者，"复"之几也，君子以为可喜也。"夬"也者，"姤"之渐也，君子以为可危也。是故既吉矣，则由吝以趋于凶；既凶矣，则由悔以趋于吉。君子但知有悔耳。悔者，所以守其缺而不敢求全也。小人则时时求全；全者既得，而吝与凶随之矣。众人常缺，而一人常全，天道屈伸之故，岂若是不公乎？

【释文】

我曾经研究《易经》中的道理，了解盈虚转化的原因，才知道人不可能没有缺陷。太阳到了正午就开始下降，月亮到了满月就开始缺失，天有孤立虚幻，地少了东南一角，没有什么是完美无缺的。"剥"卦含着与之对应的"复"卦，所以君子就认为得到了"剥"卦是可喜的，"夬"卦暗含着相应的"姤"卦，所以君子就以为得到"夬"卦就暗伏着危机。所以本来是好事，由于错误而逐渐转变为坏事，本来是坏事，却由于批评自省而变为好事了。君子只知批评自省，不知其他，知道应当批评自省，所以才会忍得住缺陷而不去苛求完美的东西了。小人就时时刻刻追求圆满；圆满的结果来到了的时候，那错误与灾祸也随之而来了。众人都有缺陷，而唯独一人十全十美，难道这是天道转化的缘故，才会造成这样的不公平吗？

【要义】

此篇从《周易》所阐述的此消彼长规律说起，谈君子当守其缺而不敢求其全的道理。有了求满心态，必会陷入与人攀比、妒火中烧的恶鬼道中。曾国藩十分形象地描述这种攀比状态说："己拙忌人能，己塞忌人遇。己若无事功，忌人得成功。己若无党援，忌人得多助。势位苟相敌，畏逼又相恶。己无好闻望，忌人文名蓄。己无贤子孙，忌人后嗣裕。争名日夜奔，争利东西鹜。但期一身荣，不惜他人污。闻灾或欣幸，闻祸或悦豫。问渠何以然，不自知其故。"一系列的攀比，如鬼附身，发展到对他人幸灾乐祸，唯恐别人不倒霉，问他为什么会堕落到如此境地，他自己也莫名其妙，不知故。真是魂不附体，妒似妄妇。其结果呢？"天道常好还，嫉人还自误"。命运不捉弄顺天适人者，而专捉弄着意攀高者。攀高嫉人者希望强过自己的人不得好死，结果机关算尽，反而伤害了自己而高抬和做强了别人。

同治元年，曾氏家族处于鼎盛时期，曾国藩身居相位，曾国荃统领的人马达二万之众，曾国华统领的人马也达五千多。曾国荃在半年之内，七次拜受君恩，犹自斤斤计较。曾国藩于喜出望外之余，深为这位曾老九求满求盈之贪而忧心如焚。曾国藩给自己的书房取名"求缺斋"。他崇尚缺陷美，因为这是珍惜福祉，保全安康最有效的法宝。

曾国藩深悉"盈虚"之间的转换之理，不求十全十美，只求平稳退路。他时常提醒自己要注意"富贵常蹈危"这一残酷的历史教训，因为他十分清楚"日中则昃，月盈则蚀，五行生克，四序递迁，休旺乘除，天地阴阳"这种古朴的变易观。曾国藩更清楚"狡兔死，走狗烹；飞鸟尽，良弓藏；敌国破，谋臣亡"的封建统治术，认为平定大功足以"千古"，其他则听之任之，而关键是怎样收场。因而，只有推美让功，才能持泰保盈。曾国藩最推崇周公的美德，也即辅佐成王，不掠王室，不夺王权。

周公是周文王的儿子、周武王的同母弟弟。他一生经历了商末周初王朝更替的历史，辅佐武王灭商，在武王死后平定"三监"叛乱，分封诸

侯，制作礼乐，还政成王。他曾对中国历史上的统治阶级代表人物和中国传统文化产生过很大影响。

灭商二年后，武王病死，成王年幼，由周公摄政。武王的另外两个弟弟管叔和蔡叔心中不服。他们散布流言蜚语，说周公有野心，有可能谋害成王，篡夺王位。周公闻言，便对太公望和召公说："我所以不顾个人得失而承担摄政重任，是怕天下不稳。如果江山变乱，生民涂炭，我怎么能对得起列祖列宗，和武王对我的重托呢？"

周公又对将要袭其爵，而到鲁国封地居住的儿子伯禽说："我是文王之子、武王之弟、成王之叔父，论身份地位，在国中是很高的了；但是我时刻注意勤奋俭朴，谦诚待士，唯恐失去天下的贤人。你到鲁国去，千万不要骄狂无忌。"

不久，管叔、蔡叔勾结纣王的儿子武庚，并联合东夷部族反叛周朝。周公奉成王命，率师东征。经三年的艰苦作战，终于讨平了叛乱，征服了东方诸国，收降了大批商朝贵族，同时斩杀了管叔、武庚，放逐了蔡叔，巩固了周朝的统治。

周公平叛以后，因成王年幼，他摄政六年。当成王长大，便坚决决定还政成王；在还政前，周公作《无逸》，以殷商的灭亡为前车之鉴，告诫成王要先知"稼穑之艰难"，不要纵情于声色、安逸、游玩和田猎。然后"还政成王，北面就臣位"。

周公退位后，便把主要精力用于制礼作乐，继续完善各种典章法规方面。在他临终前，还一再叮嘱说："一定要把我葬在洛邑，以表

周公姬旦

示我至死也不能离开成王。"

只要不是神仙鬼怪，平凡人的一生不可能总是春风得意。人生最风光、最美妙的时候都是最短暂的。"人无千日好，花无百日红"。就像打牌一样，一个人不能总是得手，一副好牌之后往往就是坏牌的开始。所以，见好就收便是最大的赢家。张良所以能成为千古良辅，被谋臣推崇备至，不仅在于他能运筹帷幄，决胜千里，佐刘邦创立西汉王朝，还在于他能因时制宜，适可而止，最后，既完成了预期的事业，又在那充满悲剧的封建王朝保存了自己。

张良与萧何、韩信，并称"汉初三杰"，却未像萧何那样遭受锒铛入狱的凌辱，也未像韩信那样落得兔死狗烹的下场。自从汉高祖入主关中，天下初定，张良便托辞多病，杜门不出，屏居修炼道家养身之术。汉元年正月，汉高祖剖符行封。因张良一直随从策划，特从优厚，让他自择齐地三万户。张良只选了个万户左右的留县，受封为"留侯"。他曾说道："今以三寸舌为帝者师，封万户，位列侯，此布衣之极，于良足矣。愿弃人间事，欲从赤松子游。"

在秦汉之际的谋臣中，张良比陈平思虑深沉，比蒯彻积极务实，比范增气度宽宏。他看到帝业建成后君臣之间"难处"，欲以退让来避免重复历史的悲剧。张良堪称功成身退的典型。而骄傲自满者，则往往功亏一篑。李自成就是由一个成功者变成一个失败者的典型。

崇祯十七年三月十九日，李自成率领大顺农民军开进北京城，安排好崇祯皇帝的遗体和其他善后工作，就忙着进行稳定京师人心和安定社会秩序的工作。不几天，北京城就恢复了正常的秩序，百姓安居，商贾乐业，一片和睦繁荣的气象。

大好的形势，使不少农民起义军的领袖们开始自我陶醉了，

也随之产生了骄傲轻敌的思想。在京的文武官员都忙于筹备皇帝即位典礼。此时以宰相自居的牛金星，则往来拜客，遍请同乡好友，俨然是一副太平宰相的样子。以刘宗敏为首的武官则忙于追赃助饷，如有不交者，则严刑拷打。追赃风从北京波及各地，追赃范围竟扩大到幕僚小吏以至于商人，手段也日益残酷。李自成虽然生活简朴，但是却以帝王自居，深居内宫，对部下的所作所为也不像以前那么清楚了。

这时，已经答应归顺李自成的明宁远总兵吴三桂等重要将领，正带领部众向京师进发。行至半途，吴三桂得知自己的父亲也受酷刑，爱妾陈圆圆又被刘宗敏强占，大怒而叛，出卖民族利益，与后金政权联合进攻北京农民起义军。李自成对久怀入侵关内之心的后金政权本来就缺乏必要的警惕，只率领六万兵马贸然出城迎战，结果仓皇败退。义军内部因为认识不统一，不少将领图享安逸，主张退回关中。李自成匆忙称帝之后，率军西退，最后以失败告终。

李自成的教训是相当深刻的。成功之后应该怎么做，他并不懂，所以放纵部下，不再谨慎行事，使浴血奋战夺得的政权很快丢失了。刚刚取得胜利，就被这一点点胜利冲昏头脑，最终导致了自己的失败，所以成功与失败之间，往往只有一步。这看似是命，其实不然。成败虽多靠时运，更在于自身的努力程度。

人世间的是是非非、功名利禄，不是你想排除掉就能排除掉的，而是你必须面对的问题：要知道，世上有多少人都是在是是非非、功名利禄中挣扎的，每天都要绞尽脑汁与各种人过招。这还不够，还要私下里练拳法，才能不被打败。一点功名、一点利禄能引起轩然大波、毁掉多少人心啊。那些让他唾弃的事，反而让他锻炼了眼力。看透天下是非皆由人造。曾国藩的一生中不能缺少"平衡"两个字，他心明眼亮，能容不能容之人，能存不能存之事，这与他深厚的个人涵养有关。

南朝刘宋大将檀道济，智勇过人，攻城略地，与北魏30余战，雄名大震,北人惮之,图之以禳鬼。结果也因功高震主,在文帝刘义隆疾笃病死之前,召而执杀。道济临死愤怒,脱帻投地曰:"乃坏汝万里长城!"魏人闻而喜庆。在中国历史上,常常可以看到许多大大小小的官员身在朝廷心在野,脚踏两只船,好像随时准备溜之大吉的样子。还有不少或赋闲、或在野的白衣士子,在接到帝王公侯的招聘书时,也常常推三托四,像躲避火炕一样躲避仕宦。

严子陵是西汉末年人,年轻时就很有名望,后来游学长安时,结识了刘秀和侯霸等人。后来王莽称帝,侯霸趁机出来做官了,刘秀却参加了绿林起义军,决心推翻王莽政权。严子陵当时也多次接到王莽的邀聘,但他均不为所动,最后索性隐名换姓隐居去了。

刘秀击败王莽,建立东汉王朝后,立即派人带了聘礼,备了车子去请严子陵。严子陵实在推诿不过去了,才终于来到了洛阳。

这时,侯霸已经当上了刘秀的丞相,一听到严子陵来了,不敢怠慢,马上派人携书问候。严子陵却对侯霸那种追名逐利的行为十分鄙视。看到侯霸这样的人居然当了丞相,也就不愿再在洛阳呆下去,每天只在宾馆里睡大觉,甚至刘秀亲自来看望他,他也闭着眼睛,不理不睬。刘秀知道这位老友性情高洁、孤介,便抚着他说:"子陵呀子陵,你到底为啥不肯出来辅助我治理国家呢?"严子陵突然睁开眼来,盯着刘秀说:"唐、尧得天下,是因为德行远闻,

东汉光武帝刘秀

才使隐者洗耳。你何必苦苦逼我呢！"

过了几天，刘秀又将严子陵请到宫中，晚上还与严子陵同榻而卧。严子陵在睡梦中把脚搁到他的肚皮上，他也毫不介意。不料此事被侯霸知道了，他便在第二天叫太史官上奏，说"昨夜客星犯帝座甚急"。刘秀听了却哈哈大笑，说："这是我和子陵同睡啊，没事！"然而严子陵却料定其中必有缘故，终于悄然离去，隐居于富春山下。

在古人看来，做官第一难难在不得不做违心事，说违心话。所以明朝李笠翁说："要进衙门，先要吃一付洗心汤，把良心洗去；还要烧一份告天纸，把天理告辞。"做官第二难难在一举一动都要察言观色、看风使舵，别人随口说的话，不得不仔细揣度言外之意，别人郑重说的话，却又要假装没听见；这样虽说能左右逢源，然而在心机上毕竟负担太重，弄不好得神经衰弱不说，还可能聪明反被聪明误，迟早把自己赔了进去。做官的第三难，也是最难的地方，就是难以把握进退行止的尺度。虽然前有覆车之鉴，但事到临头又不知所从。仕途中人，以了解自己、了解环境为要紧，知己知彼，方能见可而进，知难而退。这样对国、对民、对己都不无益处。

二　持盈保泰

【原典】

天下事焉能尽如人意？古来成大事者，半是天缘凑泊，半是勉强迁就。

金陵之克，亦本朝之大勋，千古之大名，全凭天意主张，岂尽关乎人力？天于大名，吝之惜之，千靡百折，艰难拂乱而后予之。老氏所谓"不敢为天下先"者，即不敢居第一等大名之意。弟前岁初进金陵，余屡信多危悚敬戒之辞，亦深知大名之不可强求。今少荃二年以来屡立奇功，肃清全苏，吾兄弟名望虽减，尚不致身败名裂，便是家门之福。老师虽久而朝廷无贬辞，大局无他变，即是吾兄弟之幸。只可畏天知命，不可怨天尤人。所以养身却病在此，所以持盈保泰亦在此。

【释文】

天下之事哪能有如此尽如人意的？自古以来成就大事的人，一半是天缘巧合，一半是后天努力勤勉侥幸所得。

攻克金陵，也是本朝的一件大功劳，能够流传千古的大名声。这都是上天的安排，哪会是完全由人力所能做到的？上天对于这样的大功名，是非常吝惜的，要经过千锤百炼，艰难平乱之后才会给予。老子所说的"不敢为天下先"这句话，就是说的不敢领受天下第一等的大功名的意思。我弟前年刚进金陵时，我给你的信大多是写的恐惧警戒的话，也是深深地了解到这样的大名是不可强求的。李鸿章这两年来屡立奇功，已肃清江苏全境，我们兄弟的名望虽受影响而下降，还不至于身败名裂，这就是家门之福。湘军疲劳困顿已很长时间了，但朝廷没有一句贬斥之词，现在的状况

没有其它的变故，就是我们兄弟的幸运了。我们要敬畏上天，认知天命，不要怨天尤人。这样做就可以保养身体，除却疾病，也可以在功业圆满时保全自己。

【要义】

大凡做官的人，尤其是做高官的人，没有不想自己要有一个好的结局的。然而，很多时候却事与愿违。那么，怎样才能保证自己有一个好晚景呢？曾国藩以他自己的体验开出三个药方，以防居官之败。

曾国藩说，身居高位的规律，大约有三端：一是不参与，就像是于自己没有丝毫的交涉；二是没有结局，古人所说的"一天比一天谨慎，惟恐高位不长久"，身居高位、行走危险之地，而能够善终的人太少了；三是不胜任，《周易·鼎卦》上说："鼎折断足，鼎中的食物便倾倒出来，这种情形很可怕。"说的就是不胜其任。方苞说汉文帝做皇帝，时时谦让，像有不能居其位的意思，难道不是在不胜任这方面有体会吗？孟子说周公有与自己不合的人，仰天而思虑事情的原委，以致夜以继日，难道不是在惟恐没有结局的道理上有体会吗？越走向高位，失败的可能性越大，而惨败的结局就越多。因为"高处不胜寒"啊！那么，每升迁一次，就要以十倍于从前的谨慎心理来处理各种事务。他借用烈马驾车，绳索已朽，形容随时有翻车的可能。做官何尝不是如此？

曾国藩详细阐发说："国君把生杀予夺之权授给督抚将帅，如东家把银钱货物授给店中众位伙计。如果保举太滥，对国君的名器不甚爱惜，好比低价出售浪费财物，对东家的货财不甚爱惜一样。"介之推说："偷人家的钱财，还说成是盗，何况是贪天之功以为是自己的力量。"曾国藩引申说："偷人家钱财，还说成是盗，何况是借国君之名器获取私利呢！"曾国藩认为利用职权谋取私利，这就是违背了不干预之道，是注定要自食恶果的。一事想贪，则可能事事想贪，一时想贪，则可能时时想贪。在这个方面，应视手中的权势于虚无，因而，也会少生无妄之想。

至于不终、不胜，曾国藩则更深有体会，他说："陆游说能长寿就像

得到富贵一样,开始我不知道他的意思,就挤进老年人的行列中了。我近来混了个虚浮的名誉,也不清楚是什么原因就得到了这个美好的声名了。古代的人获得大的名声的时候正是艰苦卓绝的时候,通常不能顺利地度过晚年!想到这些不禁害怕。想要准备写奏折把这些权利辞掉,不要再管辖这四省吧,害怕背上不胜其任、以小人居君子的罪名。"

唐代宰相李德裕是曾国藩经常引以为戒的人物。

李德裕是唐代后期的著名宰相,牛李党争中李党的领袖。他历任四朝,很有作为。

会昌年间,德裕为相,深得唐武宗李炎信任。这时回鹘被黠戛斯所破,部落南移。武宗采纳德裕意见,发粮赈济回鹘,同时又严加备御。会昌三年,回鹘乌介可汗大掠云朔北边,德裕命河东节度使刘沔与幽州节度使张仲武协办招抚。刘沔部将石雄率骑夜袭乌介牙帐,乌介遁走,唐军取得重大胜利。同年,泽潞节度使刘从谏卒,侄刘稹擅称留后,意图继位。德裕力主讨伐,武宗支持他,组织诸镇军队进击;同时让李德裕起诏书给成德、魏博二镇,说明朝廷对河北的政策不变,允许子孙世袭,两镇遂奉命出兵助攻刘稹。经过一年的战斗,泽潞平定。在这次战役中,德裕从流配军人中提拔起来的石雄为泽潞西面招讨,首破刘稹军。

李德裕是个有作为的宰相,但度量不宽,二十余年间,他和牛僧孺等相互排斥。会昌时,他当国用事,僧孺和李宗闵都被贬黜到岭南。会昌六年,武宗死,宦官拥立武宗叔光王怡,是为宣宗。宣宗即位,德裕罢相为东都留守,牛党白敏中、崔铉等为相。不久,德裕又

李德裕

被贬为潮州司马，再贬崖州司户。

李德裕在曾国藩的心中是英雄人物，又常常引以为戒，主要是戒"骄妄"。李德裕结党自固，曾国藩认为是不足取的。他十分赞赏唐代郭子仪，认为是自己学习的榜样。

郭子仪武举出身。天宝十四年，安禄山起兵反唐后，玄宗以郭子仪为朔方节度使，诏其率朔方健儿东讨。后来叛军攻破长安，玄宗入蜀，肃宗至朔方即帝位。郭子仪率步骑五万自河北急赴灵武，数月之间，河东、河西、河南失陷各郡亦皆平定。及郭子仪入朝，肃宗遣兵仗戎容迎于灞桥，并说："虽吾之家国，实由卿再造。"

乾元元年七月，郭子仪再度出征，宦官鱼朝恩为观军宣慰使。因"军无统帅，进退无所承禀，自冬徂春，竟未破贼"。唐军溃败，郭子仪以朔方军断河桥，退保东都。鱼朝恩素来忌妒郭子仪多次建功，便借九节度之师大败，推卸责任，向肃宗进谗。郭子仪被召回京，"虽失兵柄，乃心系王室，以祸难未平，不遑寝息"。

上元二年，肃宗病危，嘱托郭子仪："河中之事，一以委卿。"不久，肃宗驾崩，代宗即位。宦官程元振"忌嫉宿将，以子仪功高难制，巧行离间"，郭子仪又被留在京师。

广德元年吐蕃入寇，程元振不报，直到吐蕃攻陷泾州，长驱深入，满朝上下计无所出之际，才"遽诏子仪为关内副元帅，出镇咸阳。"郭子仪自留京师，部曲离散，及至奉诏，部下仅20骑。赶赴咸阳时，吐蕃20万众已过渭水，直逼长安。代宗出逃，京城再度陷落。郭子仪收整六军溃逃将士，暗接内应，不日收复长安。代宗后悔地对郭子仪说："朕不早用卿，故及于此。"

永泰元年，回纥、吐蕃分数道逼近京畿，代宗急召郭子仪。郭子仪军万余人，杂于敌围数重之间。年近七旬的老将，自率甲

骑两千出没于敌阵。回纥知是"郭令公",欲与相见,诸将以"戎狄之心,不可信也,请无往"。郭子仪说:"今战,则父子俱死而国家危;往以至诚与之言,或幸而见从,则四海之福也。"说罢,免胄释甲投枪而进敌营,指责回纥负约,吐蕃无道,并许以重叙旧好,酹酒盟誓。于是朔方兵马与回纥部众联合,吐蕃连夜奔退。郭子仪挥军追击,大败吐蕃。

郭子仪握兵权20多年,为振兴唐室东征而讨,可谓"至勤"。程元振、鱼朝恩等肆意谗毁而无怨,朝廷遇有危难,闻声即出,力挽狂澜,堪称历代重臣的楷模。

曾国藩引为人生楷模的郭子仪是一位旧史评价很高的人物,称他是"以身为天下安危者二十年","再造王室,勋高一代"。中唐之际的郭子仪功高名著,多次被谗失权,仍以"祸难未平"而"不遑寝息",不仅后来的皇帝尊他为"尚父",隔代的史家也都盛赞他的业绩,歌颂他"权倾天下而朝不忌,功盖一代而主不疑,侈穷人欲而君子不之罪"。之所以会出现这种情况,原因恐怕是郭子仪一生行为更符合封建社会纲常伦理的规范。在他身上集中体现了一名封建将帅应具备的优良品质。即所谓"不幸危而邀君父,不挟憾以报仇雠,晏然效忠,有死无二,诚大雅君子、社稷纯臣。自秦汉已还,勋力之盛,无与伦比"。

郭子仪严己宽人的品德,使得满朝官员及普通百姓深深景仰,甚至连那些奸佞小人,骄横藩镇也不得不表示佩服。

田承嗣盘踞魏州时异常骄横,可是当郭子仪派人出使魏博时,田承嗣却当着来使的面,面向西边望空而拜,并指着自己的膝盖对来使说道:"兹膝不屈于人若干岁矣,今为公拜。"又如李灵曜在汴州独霸一方,不论公私财物,只要途经汴州,都一概予以截留。唯独郭子仪的钱财粮饷从汴州通过时,不但不加扣留,而且还"令持兵卫送"。至于郭子仪麾下的宿将,不管其身为"王侯贵重",在他面前更是唯命是从,毕恭毕敬,听凭郭子仪

"颐指进退，如奴仆焉"。

古人说："仁以附众，敬以招贤。"郭子仪严己宽人的品德修养为后人们树立了楷模，更深为曾国藩所推崇。

曾国藩是事实上的湘军领袖，凡是湘军出身的将领，无论是执掌兵权亦或出任疆圻，都视他为精神上思想上的领导者，而湘军在裁遣之后，被裁者多至数万，功名路断，难免有很多人感到心怀不满。

曾国藩如果在此时请求解官回籍终制，皇帝当然不能不接受他的要求。但如他在回到乡间之后，以一个在籍乡绅的地位，忽然为一群图谋不逞之人所挟制，并奉之为领袖人物，即使曾国藩知道如何应付，而对清朝政府来说，也仍然不是保全功名之道。如果清政府怀有过分的恐惧，以为曾国藩之辞卸官职，正表示他有不愿继续为朝廷效力的意愿，那就更容易发生不必要的猜忌了。

所以，曾国藩在此时一方面自动解除兵柄，一方面更留在两江总督上继续为清政府效力，决不轻言去留，无疑正是使清政府绝对感觉放心的最好办法。试看他在两江总督任内因奉旨剿捻而不以劳苦为辞，逢到军事失利，立即趁机推荐李鸿章自代，亦无非仍是远权势而避嫌疑的做法，不过在表面上不太显露痕迹而已。至此，我们当然要相信曾国藩之功成不居与远嫌避位，正是他的一贯作风了。

三　惜福节势

【原典】

谆谆慎守者但有二语，曰"有福不可享尽，有势不可使尽"而已。福不多享，故总以俭字为主，少用仆婢，少花银钱，自然惜福矣；势不多使，则少管闲事，少断是非，无感者亦无怕者，自然悠久矣。

【释文】

诚恳恭敬、谨慎坚守的人其实只是坚持两句话，一是"有福气的时候，不要过度贪图享受"；二是"有权势的时候，不要纵权过度"。有福气的时候不要过分贪图享受，还是要以节俭为主，少用仆人奴婢，少花钱，这样就是惜福了；有权势的时候，就要少管闲事，少评论是非，这样既不受恩，也不结仇，自然就能够保全长久了。

【要义】

<u>盈虚</u>之道，盛衰之理也。世事本无久泰长盛可言。弓满则断，月满则亏，天下没有不散的筵席。故君子求全不如求缺，求满不如寻漏。苏东坡说："大略如行之流水，初无定质，但常行于所当行，举止于所不可不止。"既应"当行"，又应知"不可不止"，讲的也是驾驭此道。世人常谓"明道"，其实最需要明了的道，就是"识所止"这三个字。

一个人的生命就如日月有阴晴圆缺一样，是一个由弱及盛，又由盛及衰的周期，这是每个人都无法改变的自然规律。当生命周期的全盛之时，英雄豪杰可以旌旗蔽日，可以挥鞭断流，可以力拔山兮气盖世。可是当其风烛残年，回天无力之际，才突然领悟"逝者如斯夫"的天数，痛感求满

反缺，求强反弱，霸图虚妄，后继寥落；英雄盖世的人物也同贩夫走卒一样化为泥尘。于是有壮士断臂、美人迟暮、大鹏折翅、落雁低鸣，以及古道残阳西风瘦马等感慨词章流传千古，令人荡气回肠。

曾国藩得意之时，强调"势不使尽"、"弓不拉满"，深得"阴阳盛衰"之道。古代实行"人治"，"人存政在，人去政亡"是十分普遍的现象。前事不忘后世之师，"前人跌蹶，后人拾级"，都是讲事业有传人。但在古代却很少有人做到。相反，有的权臣总不想放弃权力，虽"势不使尽"，但因作恶太多，而受到惩罚，明代的权相严嵩就是这样。

严嵩柄政时，朝野上下流传着"大丞相"、"小丞相"的称呼，"大丞相"指的是严嵩，"小丞相"指的就是严嵩独子严世蕃。

严世蕃不是经过科举走上仕途，而是借他父亲的光，先入国子监读书，后做官，累迁至尚宝司少卿和工部右侍郎。严嵩再任首辅时已经年近七旬，年迈体衰，已经没有精力处理政务。如遇事需要裁决，多依靠其子，甚至私下让严世蕃代其票拟。严世蕃的票拟多能迎合嘉靖帝的心意，严嵩干脆就将政务都交给其子，严世蕃一时"权倾天下"。

当时严氏父子把持着朝中官吏的任选、升迁。官无大小，皆有定价，不看官员的口碑、能力，一切都以官员的贿金为准。严世蕃利用各种手段大肆搜刮，家财富可敌国。据说，严世蕃与妻子要将金银埋藏到地窖里，想起这都是仰仗他父亲得来的，于是就请严嵩来观赏，严嵩一见数量之巨出乎想像，顿时目瞪口呆，隐约感到

"奸相"严嵩

大祸将至。

嘉靖四十一年，嘉靖皇帝夺去严嵩一切官职，勒令回乡，严世蕃谪戍雷州卫。严世蕃在谪戍中途跑回江西老家，继续作恶多端，又被御史弹劾。嘉靖帝大怒，将严世蕃逮捕下狱。第二年严世蕃被斩，严嵩被削籍为民，家产尽抄。严嵩只得在祖坟旁搭一茅屋，寄食其中。嘉靖四十五年，一代奸臣严嵩在孤独和贫病交加中去世。

历代的儒家，很少推重庄子的，可是曾国藩把庄子捧为圣哲，列入圣哲三十二人之林。《庄子·刻意》中说："平易恬淡，则忧患不能入，邪气不能袭，全其德而神不亏。"这样心情神宁，漠然无魂，才能"安时而处顺，哀乐不能入也"。曾国藩身处名利中，又能时刻戒惧名利，因此他能对功名保持一定距离的窥伺。他说："天下的事情每件都要求回报，那一定会有大失所望的时候。佛教的因果报应的说法不能全部相信，也有有了原因但没有结果的事情。回忆苏轼的词有：'治生不求富，读书不求官。譬如饮不醉，陶然有余欢。'我更添了几句说：'治生不求富，读书不求官。修德不求报，为文不求传。譬如饮不醉，陶然有余欢。中含不尽意，欲辨已忘言。'"

饱食伤心，欲多伤心。为官者修养思想，培养高尚的情操，最好的办法是减少私欲。"不使吾之嗜欲，戕害吾之躯命"，是曾国藩提出的养心原则与方法，它对于促进与保持心理健康是很有意义的。他认为，养心的方法没有比尽量减少物质欲望更好的了。在那些平素物质欲望少的人中，虽然也有失去善良本心的，但为数却是不多的，而在那些物质欲望多的人中，保存善良本心的却为数不多。

怎样才能达到养心的目的呢？按曾国藩的意思，最好的方法就是"寡欲"。现代心理学认为，需要是人们对一定的生活和发展条件的需求性与占有性的倾向，是人们全部心理活动赖以形成和发展的基础或动力。适当的、合理的需要是应当予以满足的，但过多的、不合理的需要却必须加以节制。因为前者有利于人们的身心健康，后者则对身心健康有害。曾国藩

以廉养心的思想，是在道家"去甚"和孟子"养心莫善于寡欲"等观点基础上形成的。

欲望过多，就会妨碍道德人心的发展。欲也是人心，情也是人心，但它们有所不同，欲是受外物之"引"而有的，这就会出现冲突。"其为人也寡欲，虽有不存焉者，寡矣；其为人也多欲，虽有存焉者，寡矣。"这里所说的"存"与"不存"者，就是指道德感或良心而言的。寡欲之人，其道德感虽有不存者，但不多；多欲之人，其道德感虽有存者，但已经很少了。这说明欲望与道德情感有相冲突的一面。"寡欲"并不是不要欲。"寡欲"和"无欲"还是有区别。曾国藩并不是完全地反对欲望。在他看来，欲求富贵是人人同心的，但是每个人自己都有更尊贵的东西，只是不去思考罢了。孟子说："欲贵者，人之同心也。人人有贵于己者，弗思耳矣。"这"贵于己者"就是"良贵"，即自己的道德情感及其善性，这是别人不能给予的，也是别人拿不走的，因而能够表现人的尊严与价值。如果当二者发生冲突时，那就别无选择，只能选择道德人格。

人生有如在漆黑险峻的山路上攀登，时常与危险、迷茫为伴。于是，那些希望达到顶峰的人们，就迫切地需要一束月光、一盏明灯、一丝星火，抑或一切能够带来光明的事物，以便照亮他们未知的道路。然而，越是急功近利的人，往往越是难以达到成功的顶峰。相反，最终能够攀上顶峰的人，是那些从容行事、追求淡定的人。

"海纳百川，有容乃大，壁立千仞，无欲则刚。"这句话是对淡定一词的完美诠释。淡定不同于淡漠，也不同于消极。它是一种平和，一种从容，也是一种原则，一种品质。平淡地对待得失，冷眼看尽繁华，畅达时不张狂，挫折时不消沉。淡如烟云、定如磐石！这是一种淡然，一种朴实，它不张扬、不喧嚣、不妖艳，不再做年少时的无病呻吟，不再有不切实际的幻想，不再会手高眼低地去投机。这种"淡"是一种脚踏实地的平实，它丰富而不肤浅、它恬淡而不聒噪、它理性而不盲从。只有这样，才能快乐满足。